# 新手上路

## ——一年级班主任要面对的 N 个问题（实操建议）

周　虹　张松珺　编著

## 编委会

| | | | |
|---|---|---|---|
| 周　虹 | 张松珺 | 谷芳平 | 韩　榕 |
| 宋铖铖 | 王怡忱 | 高蒙爱 | 汪紫薇 |
| 章　燕 | 周　芮 | 陈晓静 | 杨赵毢 |

ZHEJIANG UNIVERSITY PRESS
浙江大学出版社
·杭州·

图书在版编目（CIP）数据

新手上路 : 一年级班主任要面对的 N 个问题 : 实操
建议 / 周虹，张松珺编著 . -- 杭州 : 浙江大学出版社，
2024. 8（2025. 8 重印）. -- ISBN 978-7-308-25324-6

I. G625.1

中国国家版本馆 CIP 数据核字第 2024QE7033 号

## 新手上路
——一年级班主任要面对的 N 个问题（实操建议）

周　虹　张松珺　编著

| | |
|---|---|
| 责任编辑 | 戴　田 |
| 责任校对 | 丁佳雯 |
| 封面设计 | 周　灵 |
| 出版发行 | 浙江大学出版社 |
| | （杭州市天目山路 148 号　邮政编码 310007） |
| | （网址：http://www.zjupress.com） |
| 排　　版 | 杭州晨特广告有限公司 |
| 印　　刷 | 浙江临安曙光印务有限公司 |
| 开　　本 | 710mm×1000mm　1/16 |
| 印　　张 | 15.25 |
| 字　　数 | 250 千 |
| 版 印 次 | 2024 年 8 月第 1 版　2025 年 8 月第 2 次印刷 |
| 书　　号 | ISBN 978-7-308-25324-6 |
| 定　　价 | 58.00 元 |

# 序

　　美国著名学者波斯纳曾提出教师成长公式：教师成长＝经验＋反思。按照这样的公式，说明教师的成长是有一定周期的。而当代社会对教育高质量发展的要求，又势必要求教师快速成长。

　　经验的累积需要时间的沉淀。有人说，经验都是血泪史。这种说法虽然夸张，却道出了教师通过试错来成长的艰辛。这样的成长路径可以说是"术——法——道"的过程，通常会走很多弯路。因此，新手班主任亟须一些具有手把手指导价值的书籍，《新手上路—— 一年级班主任要面对的 N 个问题（实操建议）》一书，就是这样一本接地气的实操手册，可以为处于迷茫之中的新手班主任提供切实的帮助。

　　我认为，班主任工作要勤于细微处，爱在寻常处。而本书的作者团队将勤观察、勤动脑、勤实践、勤总结融入日常工作中，对已有经验进行提炼，又对棘手难题进行分析，完成了这本操作性极强的书，让班主任工作迸发出真实而真诚的育人力量。这本书犹如一张地图，可以让新手班主任避免很多坑，少走很多弯路。他们的做法不一定是最好的，但很接地气，解决问题思路清晰，为新手班主任提供了可借鉴的经验和智慧，很有参考价值，使新手班主任能很快走上"道——法——术"的教育之路，缩短成长期。

　　《新手上路—— 一年级班主任要面对的 N 个问题（实操建议）》，分为五个章节，涵盖了"班集体初建的流程与关键环节、学生日常行为规范的要求与落实措施、学生管理岗位的设置与管理能力培养、学生常见问题的干预与解决策略、班主任与家长沟通的困难与技巧"等内容，各部分内容既有生动具体的案例，又有可操作的策略方法，为从未担任过班主任或未担任过一年级班主任的教师提供了学习样板。

　　班主任工作千头万绪，管理班级是其中的头等大事。新手班主任在学校里学到的理论知识，在教育实践中往往会使不上劲。《新手上路—— 一年级班主任要面对的 N 个问题（实操建议）》一书，是理论走向实践的一个链接，它梳理了班主任工作中的难点和痛点，并提出了具体可行的建议。无论是班集体的建设，还是学生的日常管理，抑或是与家长的沟通合作问题，本书都以一种深入浅出、实用易懂的方式，让读者迅速掌握其中的要领，值得所有班主任学习借鉴，尤其适合刚入职或刚接手一年级的班主任放在案头参阅。

新时代对班主任工作提出了前所未有的挑战。希望本书能为广大班主任带来实实在在的帮助，助力教师探索更多班主任工作的奥秘；也衷心希望借助这本书，为我国教育事业的发展贡献一份独特的力量。

《班主任》杂志社社长、主编
北京教育科学研究院班主任研究中心主任
中国教育学会班主任专业委员会副理事长、秘书长　　赵福江

# 目　录

# 第一章
# 班集体初建的流程与关键环节

## 新生家长的焦虑

"张老师，你们学校今年哪些老师教一年级啊？"

"张老师，我的孩子今年要读一年级了，我们要做哪些准备？"

每年暑假，常常有家长朋友来打探关于孩子入学的各种问题。确实，对每一个重视教育的家庭来说，孩子要上一年级了，是一件大事。

对孩子来说，同伴、老师都是陌生的，家长会担心孩子在学习和生活方面出现问题。而此时，家长和家长之间、家长和老师之间也是陌生的，家长的很多疑问无法在第一时间得到解答，这很容易引起家长的焦虑。

## 新班主任老师的困惑

"马上就要开学了，班级里有很多杂事，打扫卫生、购买班级用品、布置环境……该怎么安排呢？"

"第一次家访，该问些什么内容？"

"家长委员会（简称"家委会"）怎么选比较合适？"

……

第一次担任一年级班主任的教师，一方面要面对纷繁琐碎的班主任工作，另一方面，要面对稚嫩纯真的学生，常常忙得焦头烂额。而且，刚升入一年级的学生年龄小，能力弱，很多开学的准备工作都要在家长的协助下才能完成。因此，班级群越早建立越好。班级群的建立，有利于家校沟通，有利于教育教学活动的开展，有利于家校共育的实施，有利于促进家长之间的联系。

# 第一节　班级群的创建与管理

当今的科技迅速发展，钉钉、微信、QQ 等社交平台层出不穷，这些平台是家校沟通最便捷的通道。因此，一年级班主任拿到班级名单的第一件事，就是联系家长，建立家长群。有了家长群，既方便老师发通知、联系家长，也有利于家长了解学校的相关信息。

有年轻班主任认为，钉钉便于工作，建立一个钉钉群就可以了，没必要再建立微信群、QQ 群。而在生活中，家长使用最多的 APP 还是微信。因此，更妥当的做法是建立班级微信群或 QQ 群，作为家长与老师日常交流互动的平台；钉钉群，可作为布置作业、发布通知、反馈学生作业等活动的学习平台。

有效地运用家长群，能够极大地便利我们的教育工作，然而，若管理不当，它也可能成为家校矛盾的导火索，不仅会加剧矛盾公开化，还可能给教师和家长带来不必要的压力。为了让班主任更好地发挥家长群的作用，以下是关于家长群创建与管理的一些建议。

## 一、班级群创建的注意事项

### （一）注意事项
* 避免家长群成为家长发泄情绪的平台。
* 避免家长在群里散布负能量信息。
* 避免家长群成为家长和学校对立的场所。
* 避免家长群成为发布广告、募捐、众筹等与教育教学无关的平台。
* 家长群建好以后，要及时关注群消息，适时与家长互动。

### （二）具体操作

**1.隆重开场 建和乐班级氛围**　在家长群创建之初，与家长素未谋面的班主任要主动做自我介绍，拉近与家长的距离；之后班主任作为群主可以在群里发一段欢迎致辞，以此表示班级群正式建立了。内容可以这样写："亲爱的家长朋友们，大家好！缘分从今天开始，从此我们就是相亲相爱的一家人。我们将一起带领孩子开启小学学习之旅！愿我们携手共进，为孩子健康快乐成长助力！"亲切的欢迎辞之后，群里马上会有家长通过"鼓掌""送花"等图片向老师问好，群里的气氛很快就能活跃起来。

等大部分家长都回复信息以后，班主任再把任课老师一个个拉进群，并逐个向家长们介绍：

"欢迎数学杨老师进群！"

"欢迎音乐许老师进群！"

……

在班主任老师的带动下，家长们也会热烈响应，欢迎任课老师们进群。很快，家长和老师之间的距离就拉近了。随后，家长们可能会有各种各样的问题在群内提出，班主任可以静静观望一会儿，再统一回复。

**2. 建立群规 创文明沟通平台** 班级群作为家校沟通的重要平台，功能强大。班主任及学科教师可通过此平台发布通知、布置作业、表彰学生，并分享优秀家长的教育经验。此平台使家长能及时获取学校信息，对班级管理和家校共育均具有显著推动作用。然而，若管理不善，家长群亦可能成为家校矛盾的焦点或家长情绪宣泄的场所。因此，班主任在建立家长群之初，即应及时制定并发布群规，防微杜渐，避免矛盾激化后再进行处理，带来更大的麻烦。

在发布群规时，语言应保持亲切且清晰，避免简单地抛出冷冰冰的规则。因为人与人之间的沟通语言是需要温度的，家长对老师的信任也是通过一系列小事逐渐累积起来的。作为指导者，班主任在建立家长群并发布群规时，可以采用以下说明：

亲爱的家长们，这是咱们班老师、家长的学习交流群，也是班级学习成果展示的公共平台，为了更好地发挥此群的功能，请大家以后自觉遵守以下群规：

××市××小学××班家长群规

1. 此群为老师与家长的教育、学习交流群，严禁发布广告等商业信息。

2. 此群为正能量传播群，拦截所有的负能量信息。如家长对学校、老师有什么意见，请私下与班主任沟通，不在群里讨论。

3. 家长群是一个小小的公众平台，请家长们在发布言论的时候，注意自己的公众形象，做到文明有礼。

4. 所有老师发布的信息，如果要求家长必须回复的，请家长们在小程序里接龙回复，以便老师及时了解相关信息。

5. 如果家长需要反映孩子的学习或者个人情况，请私信老师，以免被大量信息覆盖。

6. 由于老师们上课时间不能查阅手机，因此回复可能会不及时，敬请谅解！如果有紧急情况，家长可以留言后再拨打电话。

7. 请家长们不要私自将非本班学生家长的人员拉入群。

未尽之处，后续增补！

群规的发布，为后续工作的顺利开展做好了铺垫。群规发布后的最初阶段，班主任要及时反馈家长们遵守群规和配合老师工作的情况，不时发一些正能量照片，表扬主动为班级服务的学生和家长，进行正向引导。在班主任的引导下，班级凝聚力会渐渐增强，和谐的班级氛围就慢慢形成了。

**3. 互加好友 组建家校共育同盟** 班级群建好以后，班主任可以逐个加家长的微信。有的老师认为微信主要是一个私人社交平台，他们更倾向于保持其作为一个不受工作干扰的个人空间。然而，教师的职业特性使得其个人生活和职业生活在许多方面紧密相连。作为新班主任，通过微信与家长建立联系，不仅可以更便捷地进行沟通，还能在一定程度上增进与家长之间的信任。此外，和家长互加微信好友后，班主任可以关注家长日常在朋友圈分享的信息，通过这些信息，班主任可以获取许多关于学生和家长日常生活的情况，这些都可以作为家校共育的宝贵素材。班主任可以利用这些信息，适时地对学生进行教育，对家长进行引导，从而达到更好的教育效果。

## 二、如何发挥班级群的效能

为了更好地发挥班级群的效能，除了群规以外，班主任需和任课老师交流，对使用班级群达成共识。

### （一）注意事项

* 通知等重要信息利用群发布并置顶。

* 接龙信息尽量用小程序，以免覆盖。

* 不在群里公布学生成绩及排名。

* 批评教育学生的信息不在群里发布，须私信家长。

* 学生个体的教育问题不在班级群沟通。

### （二）具体操作

随着科技的发展和智能手机的普及，家长使用微信的频率日渐增高。班级群不仅是家校沟通的平台，也是班主任和任课老师与家长增进了解、学习交流的渠道之一。以微信群为例，班主任要在一个班级微信群发送的信息主要有以下几方面。

**1. 发布班级动态** 按照学校每个时间段的活动内容，班主任可适时发布班级动态，以便更好地促进家校沟通，让家长更直观地了解学生在校的表现和活动参与情况。以下是一些具体的做法。

**早读。** 将早早到校自觉参加早读的学生的学习情景录制下来，发到班级群进行表扬，同时提醒未能参加早读的学生养成早睡早起的习惯，今后按时参加早读。

**升旗仪式。** 及时发布学生在国旗下领奖的照片，传递学生获奖的信息，以此激励学生和家长。如果班级没有获得流动红旗，就把未获得流动红旗的原因进行说明，让家长督促学生养成文明卫生的好习惯。

**活动进展。** 班级开展活动的时候，让家长了解学生的活动情况。如开学迎新活动、春游、秋游、假日小队活动、庆六一活动等，从活动开始到结束，及时发布照片和视频，记录活动过程和学生参与活动的情况，以增进家长对学生活动的了解。

**放学整理。** 将家长未能按时接走的学生，拍照发到群里，提醒家长尽快接走自己的孩子。学生值日的进度有快有慢，可以把情况及时反馈到群里，方便家长按时接送，减少等待时间。

**2. 发布班级信息** 及时转发学校和班级公众号发布的学生获奖信息、问卷调查、家长会通知、学校大型活动通知、家长志愿者招募等事宜。

**3. 分享幸福故事** 班级里总有一些感人的小故事，有学生的，也有家长的，及时记录这些故事，可以起到示范引领作用。这不仅对学生是一种鼓励，也能带给家长一些启发，对营造和谐的班级氛围有积极的作用。

**【案例】**
**学生暖心故事示例**

**小小"快递员"**

因为常在课间面批作业或忙着处理各种事情没有时间喝水，我就在教室放了一个水杯。走不开时，就请学生帮忙倒水。

"郑同学，请你帮张老师倒一杯水。"

"李同学，请你帮张老师倒一杯水。"

"张同学，请你帮张老师倒一杯水。"

……

如果忘记叫，半天喝不上水是常有的事。

昨天我正低头批改作业，教室外传来了呼叫声："张老师，你的外卖到啦！"我一抬头，小麻同学举着倒满水的水杯向我走来。我并没有请麻同学帮忙倒水，是他看我水杯空了主动帮我倒水的。"谢谢麻小哥！"我接过水杯笑着回应。教室里的学生都笑了！

上课铃响了。我和全班学生分享了刚刚发生的故事。正面引导，榜样教育的力量永远大于说教。于是，第三节课下课，数学老师的水杯被灌满了，图书角的图书有人去整理了，地面上的废纸有人悄悄捡起来了……

上午听了半天课没有在班级，午间阅读开始前，有学生来问："老师，需要灌水吗？"我笑着道谢。

下午回到教室，讲桌上，温热的开水已经倒好了！

"是哪个小宝贝送的温暖？"我问。谈同学举手了，羞答答地站起来。原来是留在教室里搞卫生的学生做了小雷锋。

事后，我在班级群里发布了这件事的信息，同时附上了为我倒水的照片，写下了我感悟到的家庭教育启示：“每天发现孩子一个闪光点，在不同场合，用不同方式表扬，以此不断强化孩子的优点，孩子一定朝着你期待的方向发展！”并建议家长们可以尝试：孩子有没有自己主动要求剪指甲？如果有，及时表扬——你的小脑袋真厉害，这么多要记的事，你还是没有忘记剪指甲这件小事。

## 家校合力，为学生成长护航

2021年12月6日至10日，轮到我们班护学岗值岗，虽然气温较低，但是咱们班的家长们克服重重困难，圆满完成任务，让张老师十分感动、感恩、感怀！

尽心尽力，为学生的平安护航。家长们每天早早到岗，积极参与，配合学校工作。其中有带着小宝一起值岗的妈妈；有上了年纪的爷爷奶奶、外公外婆；也有为了值岗特意请假的爸爸妈妈……为家长们的责任意识、家校合力意识点赞！

团结一心，为做好工作甘于奉献。75个岗位，37名学生，多出一个岗位怎么办？硕妈主动认领了。彤父因临时有困难值不了岗，紧急时刻，乐妈、檬妈、洋爸主动接棒。辉爸因不熟悉规则，在同一时段领了两个岗位，造成一个岗位缺人，当他了解情况后立即联系家人进行补岗。我在这里感谢各位家长的支持。

开学至今我们班这个大集体总是抓住契机，为学生争取锻炼的机会。在助力学校护学岗期间，学校活动丰富，咱们班在素质运动会、板报制作比赛、艺术节合唱比赛、艺术节三独比赛等活动中都取得了不错的成绩，这和每一个家长的关心支持分不开！护学岗结束，鲁妈来协助张老师布置板报，因老师要开会提前离开，留下她一个人布置板报到很晚；合唱比赛时大部分学生都购买了崭新的鞋子；全体家委会委员（简称“家委”）为了购买三独比赛的服装讨论到深夜，以及不厌其烦地录视频参加三独比赛的学生家长……

值得回忆的人和事真的好多！我想正是这些暖心的故事，凝聚成家校育梦的磅礴力量。

**班主任和家长的日常交流示例**

（1）张老师：沈妈妈，我们班运动会入场式的表演牌子被学生弄丢了一块，怎么也找不到，让广告公司做已经来不及了，您能帮忙画一块吗？

沈妈妈：好的，我来做。

沈妈妈：张老师，明天有需要搬东西之类的活吗？沈爸爸刚好有空，可以过来帮忙。

张老师：非常感谢你们的参与合作！已经有 6 名家长志愿者报名了，如果你们来，也非常欢迎哦！

（2）张老师：星爸，今天孩子调皮捣蛋啦！不好好值日，还欺负女同学！

星爸：张老师，您尽管批评教育，让他认识到自己的错误。

一段时间后。

张老师：老师今天要表扬一下小星同学，以前值日总是捣乱，自从上次写了检讨以后，值日做得很认真，组长反映其表现也很好！今天我亲眼看见他擦了黑板又拖地，拖了地又对好了桌子，终于长大了，会干活了！以前是不会做，不肯做，现在不仅能做了，也主动做！

星爸：哈哈哈，太好啦！感谢张老师！

（3）鲁妈妈：张老师，这几天我比较空，周末如果要出板报，我可以带孩子过来一起出。我提前构思了一下版面设计。

张老师：真的太感谢啦！沈妈妈也说周末可以带孩子过来，你们真是我坚强的后盾！

**感动语录示例**

"张老师，没有给您添麻烦吧？没有添麻烦就好！"——辉爸

"张老师，您放心去开会吧，我一个人可以！"——鲁妈

"张老师，这次给您添麻烦了，下次学校班级如果有事需要我帮忙，我一定第一个报名！"——彤爸

"张老师，是我们不好，没有写好校服名字，您也不要找了，我们重新买一件吧！"——洋爸

……

尽管有时分身乏术，但我对学生们的爱是真心实意，也真切感受到了家长

们对我这份爱的回应。是啊，只有爱与被爱同时发生，双向奔赴的爱才会更有意义！再次感谢大家的理解与支持！期待继续携手共进，与爱同行！

经过长时间的实践观察和深入思考，我发现在班级群中发布这样的信息有以下优点。

（1）加强家校沟通与合作。通过分享这样的暖心故事，家长们能更深入地了解学生在学校的日常表现，感受到老师对学生的关心，同时也能增强家校之间的信任与合作。

（2）发扬积极行为。当学生在班级群中看到自己的善举被表扬时，会激励他们继续保持和发扬这种积极行为，形成良好的行为习惯。

（3）树立正面榜样。通过对学生优良行为的表扬，为其他学生树立了一个可学习的正面榜样，鼓励他们学习和效仿。

（4）营造温馨的班级氛围。分享这类暖心故事有助于营造温馨和谐的班级氛围，让学生们感受到集体的温暖和力量，增强班级的凝聚力。

（5）为家长提供教育启示。通过老师分享的教育感悟和具体的家庭教育方法，家长们可以获得有益的教育启示，帮助他们更好地进行家庭教育，促进学生的全面发展。

班级群的功能不仅限于发布学生的日常信息，班主任还可以有效利用这一平台，反馈家校互动的情况。比如：护学岗值岗期间，家长们认真完成了任务，班主任可以把家长们的表现进行记录分享，使家长们的付出被看见，被点赞，这样可以激发家长们参与班级管理、参与学校活动的工作热情。

**4. 家庭教育学习引导** 家长们每天忙于工作，家庭教育学习的时间有限。班主任可以利用班级群和家长们分享一些家庭教育讲座相关信息，并分享自己的学习心得。

【案例】

"家长们，大家好！今天是国际家庭教育日！我听了一个家庭教育直播，主讲的专家是沙拉老师。10多年前，我读过她的书《特别狠心特别爱》，书中的育人智慧给了我很多启发。今天再次聆听沙拉老师的直播，感觉还是耳目一新，意犹未尽。现在我把直播回放链接发给大家，希望对大家有所帮助。育人路上，家长只有理念先行，不断学习，才能在遇到教育问题的时候游刃有余。与您共勉！"

班主任通过这样持续不断的分享与引导，使家长们逐渐认识到了家庭教育知识学习的紧迫性和重要性。越来越多的家长开始积极参与进来，共同探讨育儿之道，班级群也因此成为老师、家长共同学习、共同进步的温馨家园。

**5.学习分享** 现在，学校都非常重视劳动教育、体育锻炼、朗读训练。班级群是家校分享教育经验的平台。家长和老师们把孩子们的劳动情况、体育锻炼情况、朗读视频及时分享到班级群里，不但可以相互学习，还会推动有拖延症的学生跟着行动起来。另外，寒暑假，学生回到家乡，家长把孩子参与家乡年俗活动的照片发到群里进行介绍，既是一次综合性学习实践，也促进了学生们对传统文化的了解。外出旅游时，学生把自己游览名胜古迹的照片、视频通过家长发在群里分享，不仅让其他学生感受到旅游的快乐，还拓宽了大家的视野，增长了见识。

## 三、家长不守群规的应对措施

有了班级群群规，不守规则的家长是极少数的。但只要有一两个这样的家长，班级氛围就会受到破坏。通常来讲，家长不守群规的常见原因有以下几条。

1.学生在校受委屈，而老师未及时向家长通报。

2.学生与同伴发生争执，老师提出的解决办法未能满足家长的期望。

3.对家委会收取的班级活动费用存在异议。

4.对任课教师或学校有不满，但未得到妥善处理或满意答复。

5.缺乏对群规的认知，在群内发布与家校沟通和学习无关的信息，如众筹、募捐或商业广告等。

一旦出现这样的情况，班主任就要采取措施妥善处理。

**（一）注意事项**

* 发现问题，及时处理，防止事态扩大。

* 控制情绪，不和家长起冲突。

* 同理心联结，分析群规意义。

* 处理结束后，要及时强调群规。

**（二）具体操作**

1. 发现问题后，班主任要第一时间在群里安抚当事家长的情绪，并立即电话联系当事家长，深入了解情况。

2. 安抚家长情绪，确保双方能进行真诚有效的沟通，防止事态扩大。

3. 若家长所反映的问题具有普遍性或有潜在的负面舆情风险，班主任需在群内进行公开引导，澄清误解。

4. 对于个别家长的具体问题，通过私下沟通，努力达成共识。

5. 事情处理完结，群里再次强调群规，以加强所有成员对规定的认识和遵守。

通过上述措施，班主任可以更有效地管理班级群，促进家校之间的良好沟通与紧密合作。

**【案例】**

学校艺术节要举行合唱比赛，家委会决定统一购买表演服，于是在群里发布了购买表演服的通知，每位家长上交服装费 130 元，由家委会负责统一购买。家长们纷纷响应。突然，小周爸爸在群里发了一条消息："我们不交，我们也不买，谁知道这钱会到哪里去了？"看到信息，群里安静了下来，不一会，有家长在群里开始回复了：

"不交可以，那你孩子就不要参加比赛了。"

"是啊，不要因为你一个人，影响其他孩子。"

"真不可思议。"

……

一下子，班级群成了家长观点对立的场所。一位家长给我打电话："张老师，您快看看群里信息，小周爸爸怎么这样啊？"

我打开班级群翻看了一下记录，马上在群里发布了一条信息：家长们，不好意思，我刚刚看到信息。小周爸爸一定是误会了，大家别着急，我了解一下情况。然后，我又在群里 @ 小周爸爸：小周爸爸，我私信你哦！

群里安静下来了，我立即拨通了小周爸爸的电话。

我：周爸爸，刚刚我在群里看到了您发的信息，看来您对家委会统一购买演出服的事情有意见，能说说您的想法吗？

周爸：一开学就买这个那个，谁知道这个钱到哪里去了？

我：周爸爸，您是对这笔钱的去向有疑问，是吗？

周爸：小学生的演出服，就一次性的，有必要买那么贵吗？

我：周爸爸，您是对这个演出服的价格不满意，对吗？

周爸：开学到现在，买这个买那个，已经买了好多东西了。刚刚买了那么多套校服，穿校服表演不也可以的吗？

我：周爸爸，我很理解您的心情。穿校服确实也是可以的，只是表演服更能彰显我们班所选的歌曲主题。因为是比赛，孩子们一定都想拿个好成绩，穿校服的话效果就没有那么好了。

周爸：比赛比的是能力还是服装？如果唱都唱不好，衣服穿得再好有意义吗？

我：周爸爸，您是对孩子们唱歌的能力没有信心，是吗？

周爸：学习都学不好，还这个那个表演，更没有心思读书了。

我：周爸爸，我理解您的心情，可能我的工作没有做到让您满意，我非常希望能和您做深入的沟通。

通过沟通，我发现，周爸爸不仅仅是对购买表演服有意见，还有对孩子学习的担心，说孩子学习不自觉，作业完成拖拉。于是，我决定进行第二次家访。

走进周同学"新搬"的家，眼前的景象让我心酸。这是一间十来个平方米的出租房，窄小又破旧的小屋里放着两张高低铺的床，没有像样的家具。这和我第一次家访时的房子差距有点大啊，我疑惑不解。原来，之前我家访的房子是亲戚家的。为了孩子上学，他们借亲戚房子办了暂住证，怕住户不一致影响孩子上学，就把第一次家访也安排在了亲戚家。通过和周妈妈交流得知，周爸爸刚刚做过大手术，家庭条件十分困难。家庭经济的压力加上身体状况欠佳，导致了他在班级群里作了情绪化的表达。我再次和周妈妈申明了群规的意义，并强调：班级群是公共平台，个体的情绪表达，容易引起其他家长的误解，会激发群体的应激性表达。家长们的负面信息，不仅会影响班级和学校活动的开展，也会破坏和谐的班级氛围，容易干扰学生的系统性成长。

周妈妈对周爸爸在群里发送负面信息一事向我表达了真诚的歉意。

我在充分了解小周家庭情况的基础上，向家委会说明了情况，并主动为小周购买了表演服。同时，我还积极为小周申请困难补助和伙食费减免，以实际行动解决其家庭困难。这些举措得到了家委会和其他家长的理解和支持。

真诚的沟通、热情的帮助，让周爸爸深受感动。从这以后，周爸爸再也没有质疑过老师和家委们的工作，对学校工作也给予了很大支持，在学生即将毕业的时候，还给我送来了锦旗。

【案例点评】

案例中的班主任处理方式的优点主要体现在以下几个方面。

**及时响应与介入。**当班级群中出现争议时，班主任迅速介入，避免了争端的进一步升级。这种及时响应有助于维护班级群的和谐氛围。

**私下沟通，避免公开冲突。**班主任选择通过私信和电话的方式与小周父亲沟通，这种一对一的交流方式既保护了家长的隐私和尊严，也更有利于深入了解家长的真实想法。

**倾听与理解。**在沟通过程中，班主任不仅倾听了小周父亲的担忧和不满，还试图理解其背后的深层次原因。这种倾听和理解的方式有助于建立信任，为后续的问题解决奠定基础。

**实地家访，深入了解。**班主任通过家访，亲身感受了小周家庭的实际困难，这种实地了解的方式使得班主任能够更准确地把握问题，并提供了更为精准的解决方案。

**积极解决问题，提供实际帮助。**在了解了小周家庭的困难后，班主任不仅向家委会说明了情况，还主动为小周购买表演服，并积极为其申请困难补助和伙食费减免。这种实际的帮助充分体现了班主任的人文关怀和解决问题的能力。

**恢复班级群秩序，强化共识。**在处理完个体问题后，班主任在群里再次强调群规，以强化所有成员对规定的共识，这有助于维护班级群的长期和谐与稳定。

## 第二节　新班主任的第一次家访如何开展

一年级的第一次新生家访，是班主任与学生、家长的初次会面，旨在初步了解学生的生活背景，为班主任后续工作的开展奠定重要基础。因此，班主任务必做好充分准备，确保家访取得实效。同时，此次家访也是班主任给家长和学生留下的第一印象，班主任应注重个人言行举止和穿着打扮，树立良好的师者形象。

## 一、家访前班主任要做的准备

一个班级三四十个学生，要在短短的几天时间里走访完，工作量很大，班主任要提前做好家访的准备工作，以便提高家访的效率。

### （一）注意事项

* 设计家访记录表对表格内容案例面。
* 要重新核对学生的家庭地址、家长的联系方式，以防错漏。
* 家访前要提前和家长约定家访时间。
* 要提前规划家访路线。

### （二）具体操作

**1. 设计家访记录表** 在首次家访时，班主任与家长、学生之间彼此并不熟悉，若不及时记录，很容易遗漏重要信息。因此，提前设计好家访记录表十分必要。这样，在家访结束后，班主任就能立即将相关信息整理、记录下来。家访记录表要有学生的详细信息：姓名、家庭地址、父母姓名、父母工作单位、联系方式、父母兴趣特长、学生第一联系人、家庭藏书情况、学习环境布置、家长陪伴情况等。（见表 1-1）

表 1-1 ××小学××班级家访信息记录表

| 学生姓名 | | 家庭住址 | |
|---|---|---|---|
| 父亲姓名 | | 工作单位 | |
| 联系方式 | | 兴趣特长 | |
| 母亲姓名 | | 工作单位 | |
| 联系方式 | | 兴趣特长 | |
| 第一联系人 | | 电话 | |

续表

| | |
|---|---|
| 家庭藏书情况 | |
| 学习环境布置 | 1.书桌和凳子尺寸是否符合学生身高标准？（①是　②否　）<br>2.书柜里的书是否适合学生阅读？（①全部适合　②部分适合<br>③不适合　）<br>3.书桌的光线是否从左侧射入？（①是　②否　）<br>4.台灯的光线是否舒适？（①是　②否　）<br>5.书包和学习用品是否准备齐全？（①是　②否　）<br>6.特别备注： |
| 学生文明礼仪 | 1.能主动和老师打招呼。（①是　②否　）<br>2.懂得基本的待客礼仪。（①是　②否　）<br>3.能大方和老师交谈。（①是　②否　）<br>4.穿戴整洁，坐姿文明。（①是　②否　） |
| 家长陪伴情况 | 1.每天有时间接送孩子上下学。（①是　②否　）<br>2.经常陪孩子去图书馆或者其他地方活动。（①是　②否　）<br>3.能和孩子一起阅读。（①是　②否　）<br>4.经常给孩子讲故事。（①是　②否　） |
| 家长育儿理念 | |
| 备注 | |

┃ 2.填写信息 约定时间 ┃ 根据学校提供的名单填写学生、家长的姓名及家庭住址、联系方式，并根据家庭地址进行分类，同小区或相同片区的，安排在

同一时间段，排出家访时间表。再把家访安排表发到群里，提醒家长注意查看。如果在该时间段有特殊原因不方便家访的，请家长私信班主任，班主任根据具体情况进行个别调整。

同时，要提醒家长，班主任此次家访，会重点关注学生的入学准备情况，包括学生在家的学习桌椅、台灯的准备，书包和文具的准备等。

班主任要给家长一定的准备时间，有助于家访目标的达成。

**3. 绘制家访路线图** 城市里的学生住得比较分散。家访前，班主任要先规划家访路线图，确定行走路线，并选择最合适的交通工具。

**4. 物品准备** 班主任出发前，要准备好水杯、鞋套，尽量不给家长添麻烦。

## 二、家访时班主任要注意的细节

家访访什么，这是很多新手班主任心中的疑惑，有些新手班主任第一次家访还会有一些紧张。那么，家访时要注意哪些细节呢？下面让我们来看一看。

**（一）注意事项**

* 进入学生家的时候，换上自己带的鞋套。

* 不接受家长任何礼物。

* 注意举止文明礼貌。

**（二）具体细节**

**1. 注意穿着** 一年级的家访，是班主任给家长和学生的第一印象。因此，老师着装要得体，女老师要化点淡妆，以示对家长和学生的尊重。

**2. 时间确认** 班主任虽然提前向家长发过具体的行程表，但在家访的过程中，家长可能会临时有事要变更家访时间。因此应该提前 1 小时与家长再次确认。班主任如有特殊情况不能按时前往，要和家长说明原因。

**3. 注意礼节** 第一次家访，班主任与家长都不熟悉。尽量不要增加家长的负担。如果有家长特别客气，要赠送礼品，一定要婉言谢绝。

## 三、家访时如何与家长沟通

曾经有一个家长，因为学生在学校受了一点点伤，与班主任沟通无果，产生家校矛盾。学校指派另一位老师来协助这位班主任处理问题。当这位老师向班主任了解家长的情况时发现，班主任不知道家长的工作单位，不知道这是一个单亲家庭，对于学生的家庭生活环境也知之甚少。所以，班主任与家长沟通的时候，找不到沟通的共鸣点，也给不出合理的建议，家校矛盾被不断激化。那么，班主任在家访时与家长沟通要注意什么呢？

**（一）注意事项**

* 以学生立场为出发点，了解学生特点。
* 以家长立场为出发点，避免打探家长的隐私。
* 以有利于学习为出发点，了解学习准备情况。
* 及时记录优秀家长和优秀学生的做法，可以在班级推广。

**（二）具体操作**

│ 1. 了解学生 │　家访能让班主任对学生建立一个初步印象，这个学生长什么样？学生的文明礼貌如何？待人接物怎么样？性格特点是怎么样的？班主任通过和家长简单的交谈，可以了解学生家庭做了哪些入学准备，学生学前有无阅读习惯，生活作息习惯和特长；班主任从与学生的交谈中，可以初步了解其目前存在的优点和需要改进的地方。

**和学生的交谈问题示例**

（1）某某小朋友好！能向老师介绍一下你的家人吗？（让学生介绍家人）

（2）某某小朋友，平时在家里，最喜欢做什么？（了解学生的兴趣爱好）

（3）某某小朋友，你在幼儿园里学到了什么本领呀？（学生回答不上来时可以举例子让学生选。如：你有自己的画画作品吗？能不能拿来给老师看一下？如果学生说会唱歌、跳舞或者乐器的，那就问，可不可以给老师展示一下呢？）

（4）幼儿园回来以后，谁陪你的时间最多？爸爸妈妈、爷爷奶奶还是外公外婆？（了解亲子陪伴情况）

（5）你喜欢看书吗？都看过什么书？能给老师介绍一下吗？（了解学生阅读习惯及书目偏好）

（6）你喜欢听故事吗？平时谁给你讲故事呀？（通过询问讲故事的主体，判断学生亲子互动的质量）

（7）你有自己的学习桌吗？能不能带老师参观一下？（了解学生学习环境）

通过这些问题的交流，班主任不仅对学生的表达能力、交往能力有了初步的了解，对家长的育儿理念、家长陪伴学生的时间和学生学习环境的情况也有了初步的概念，同时也可以为后续的家校沟通提供基本信息。

**2. 了解家长** 第一次新生家访，是班主任初步了解家长的好时机。通过观察家长接待班主任是否热情、家庭环境的布置、家长的文明礼仪以及与家长的沟通，可以比较清楚地了解家长的素养、性情及其育儿理念。

在和学生交谈的过程中，有些学生比较腼腆，不愿多说，这时，班主任可以就以上问题向家长进行了解，或者示意家长对学生的回答做补充。

班主任还可以了解一下家长的工作单位、工作内容、工作时间、接送孩子、兴趣特长的安排情况，为后续开展班级工作或进行家庭教育指导做准备。

**【和家长沟通问题示例】**

（1）请问两位家长是在哪里上班？

（2）两位家长的工作是否为周末双休制？

（3）平时，哪位家长更多地参与孩子的日常生活和学习？周末或休息日，您通常会安排哪些活动来丰富孩子的课余生活？

（4）关于孩子的上下学接送，您家是如何安排的？

（5）父母是否有特殊的技能或才艺？在培养学生的兴趣和特长方面，您有哪些计划或期望？

（6）新学期开始后，班级内有许多事务需要家长的支持和协助。如果计划成立家委会，您是否愿意参与其中？

通过这些问题，学生的成长背景渐渐立体化。班主任对家长的工作性质、工作内容、工作时间都有了一定的了解，为后续的工作开展打下了良好的基础。

**3. 了解学生的入学准备** 当班主任走进学生的家庭时，就要注意观察，主要观察学生有没有一个良好的学习、生活环境。

首先，要了解学生是否有独立的学习小空间。良好的学习环境创设是做好入学准备的基础工作，是学生学习最基本的保障。对于准备不足的家庭，老师要提醒家长给自己孩子准备好高矮适宜的桌椅、小书柜、台灯等物品，为孩子创设一个独立的学习小空间，做好入学的基本准备。对于有特殊情况而导致准备不足的家庭，老师要在之后的学习生活中对此类学生多加关心。

其次，班主任要了解家长是否已经为孩子购买合适的学习用品，如双肩书包、文具盒、橡皮、铅笔等用具，并对家长购买的这些物品进行检查指导。比如：一年级刚入学的学生，不要买自动铅笔，建议家长购买 HB 硬度的书写铅笔；橡皮要买简单大方的绘画橡皮，切忌购买花里胡哨的玩具橡皮。

最后，班主任需关注学生家庭的藏书情况，检查是否有适合学生阅读的书籍，并向家长提供选书建议。同时，转发语文教材中要求的必读书目，以便家长提前购置。针对家庭阅读氛围不浓厚的家庭，考虑到学生识字量有限且家长可能对阅读重视不足，建议班主任提供亲子共读的指导。

**给家长的亲子阅读建议示例**

（1）固定阅读空间。在家中布置一个亲子阅读小角落，激发孩子的阅读兴趣。

（2）固定阅读时间。每天为孩子讲述一个故事，边讲边引导其猜测情节，以激发阅读兴趣。确保每天与孩子共同阅读不少于 30 分钟。

（3）定期添置书籍。每月安排半天或一天时间，与孩子一同前往书店或图书馆，共同选书或借书，感受阅读氛围，培养阅读习惯。

提前进行亲子共读的指导，旨在帮助家长和学生提前调整状态，为进入小学学习做好充分准备。

**4. 听取家长的建议 回复家长的疑问** 家访是一种轻松而有效的家校沟通方式。班主任在进行家访时，不应只关注于提出自己的意见和建议，应该积极询问家长对老师和学校有什么好的建议。通过这样的双向沟通，班主任不仅能更好地了解家长的育儿理念和需求，还能为自身和学校工作的开展提供有益的参考。

**【家长常见问题答疑示例】**

（1）能不能把我的孩子位置安排在前面一点？

**答：**本着公平公正，便于管理的原则，学校安排座位一般按照高矮、男女生交错来排，有生理原因需要特殊照顾的学生除外。希望家长能理解。

（2）学校能不能安排校车或在学校设立公交车站点？

**答：**公立学校校车的安排由教育局和公安机关交管部门负责，学校周围能不能设立公交站点由交管部门审批。我可以把您的建议反馈给学校，让校领导向相关管理部门反映，但短期内不一定能满足您的需求。

（3）如何为孩子选择合适的书籍？老师有没有什么推荐的书目？

**答：**每一个孩子阅读的经历不同，老师很难为孩子列出个性化的清单。不过我们学校有一年级阅读建议书目，我把相关链接发到班级群里，您可以根据孩子的阅读情况进行筛选。

（4）老师，我们管不好自己的孩子，接下来孩子就交给您了。

**答：**某某家长，孩子上小学了，并不代表家长没有责任和义务了，我们国家已经颁布了《中华人民共和国家庭教育促进法》，对家长在家庭教育中的责任和义务都做了明确的规定，建议您去好好学习一下。教育孩子并不只是老师的责任，只有我们相互合作，才能呵护孩子健康快乐成长。

（5）注意力不集中怎么办？具体该用什么好方法引导？

**答：**注意力不集中的原因有很多，可能是生物学因素、心理因素、社会环境因素等单独或综合作用的结果。父母的教育方式、家庭环境、孩子的发育情况等都可能是孩子注意力不集中的原因，家长要先找出具体的原因，再找方法，可以去医院或找相关专家做咨询。

（6）有没有必要报班让孩子练习写字？

**答：**一年级我们一般不布置书面作业，如果孩子感兴趣，可以报班练习。但一定要注意孩子握笔的方法和写字的姿势。

（7）孩子内向该怎么做？

**答：**培养孩子的交往能力，多带孩子参加一些亲子活动，改善亲子陪伴质量。

**┃5. 家访的反馈和记录┃** 班主任家访结束后，要把登记表做一个整理，并留档。家访过程中，班主任如果注意到了一些家长具有借鉴意义的方法，要及时拍照记录，以便于后续分享学习（如舒适的学习空间布置等）。

新生第一次家访，是学校教育工作必不可少的内容，是老师与学生、家长彼此了解的重要途径，是班集体创建的基础工作。第一次家访工作做透、做细，是班主任工作顺利开启的重要一环。

在家访后，班主任不仅要当面对家长进行反馈，也要把一些共性问题在群里进行反馈，以便家长引起重视。以下是反馈的案例，可供读者参考。

## 【问题提醒式反馈】

各位家长：大家好！

通过昨天晚上和今天一天的家访，张老师有几点建议提醒大家。

1. 抓紧给孩子准备好学习桌和台灯等学习用具，这是最基础的上学准备。

2. 学习桌不要用家里的餐桌代替，建议孩子的学习场所要固定，要给他（她）一个独立的小空间。尽可能为孩子购买高矮适宜的一张学习桌和一把椅子、一个小书柜，营造良好的学习氛围。让孩子明白坐到书桌前就是学习，懂得整理自己的书桌，这是养成良好学习习惯的物质保证。

3. 台灯最好购买可调灯光的。要保证灯光从左侧射入，避免直射眼睛。

4. 除了学习用具以外，每个家长要为孩子准备一个水杯，水杯不要太大。学校的直饮水是温水，随时可灌。不要买玻璃材质的，万一打破了容易出安全事故。

5. 开学后有午睡时间，请家长给孩子准备好一个小枕头、一条小被子或者小毯子。

6. 骑电瓶车接送孩子的家长，如果没有头盔，请尽快准备。骑车上路，大人小孩都必须戴头盔，家长要做好榜样。

7. 老师发现很多孩子没有锻炼身体的习惯，建议孩子现在开始每天抽出几分钟时间跳绳，并进行 1 分钟跳绳计数。如果孩子有特殊体质不能运动，请家长一定要私信我。

感谢大家的支持，我会根据后续家访中遇到的问题，继续反馈，也希望大家继续努力，为孩子入学做好充分的准备。

## 【鼓励引导式反馈】

亲爱的家长们：大家好！

到现在为止，在我的大脑中，已经留下了 20 多个小朋友的印象啦！我能感受到 20 多个家庭对孩子成长的期待，孩子们对小学生活的向往。

初次家访，感想颇多，在此，再次和大家做个简单反馈，以便大家相互学习，相互促进。

1. 家长对入学准备很用心

自我把第一次家访后的感受反馈给家长们后，大部分的家长都能按照要求做积极的准备。书桌没有，下单！台灯不合适，换！课外书没有，买！居有定所，学有空间，读有书籍，写有文具。这是每一个即将进入一年级的学生的起码物质保证。庆幸的是，有好多家长意识到了，请看以下几个家长为孩子准备的书籍和书桌，真是用心至极。（示例图略）

2. 家长对家访工作很重视

有的家长接到通知后就和孩子早早做了准备，穿戴整齐，一家三口在小区门口迎接老师，让老师有浓浓的幸福感。家长重视老师的家访，就是给孩子做榜样，孩子从家长的言行中，知道了上学是一件很重要的事情，老师是值得尊敬的人，老师的建议要认真听取。

3. 家长对班级工作很支持

我在家访过程中，对家长做了一个简单的了解，并征求家长们参与班级志愿活动的想法，家长们都表示非常愿意参加，有好几位家长表示，愿意担任家委，协助老师开展好班级的各项活动，让我十分感动。

希望今后我们的家长一如既往地关心孩子，支持学校的工作，一起为孩子的成长助力。

**【感悟式反馈】**

家长们，到现在为止，我们班的家访工作已经接近尾声，张老师陆陆续续走访了 36 户家庭，收获了满满的感动！

学生们尊敬老师，礼貌待人，非常可爱。大部分的学生能大方地向老师介绍自己的家人、自己的学习桌、自己阅读的书籍。其中郑、李、刘、杨等同学向老师分享了他们的阅读计划。

家长要重视培养学生的兴趣特长。老师发现有 11 位同学有了自己坚持的训练项目。许同学针对自己个别语音发音不准的弱点，报了小主播兴趣班进行发音训练，效果不错。还有部分家长正在积极地咨询兴趣班报名事宜，准备以此培养孩子的兴趣特长。学生有自己的兴趣爱好，有助于丰富学生的学习生活，提升学生幸福感。我想：家长们理念提升了，行动一定也会跟上。

很多学生有新的阅读计划，准备在书架上添置相应的书籍。特别感叹郑、刘、谈、詹等几位同学的书柜藏书丰富，有一定的阅读量并有一定的阅读计划。

当然，张老师心中颇多忧虑：有的学生没有一个适宜的学习环境，难以保证学习的专注与效率；有的同学家中藏书匮乏，而家长似乎也缺乏培养孩子兴趣与特长的意识；还有的同学对学习没有合理的规划。

尽管如此，张老师依然满怀希望，相信通过家校共同努力，能够为学生们创造更好的成长环境，助力他们全面发展，快乐前行。

**特别提醒**

1."兵马未动，粮草先行。"不要怪自己孩子不喜欢读书，先查查自己家藏书够不够丰富，自己有没有给孩子营造阅读氛围，有没有定期的购书计划。

2."少年易学老难成。"现在是培养孩子兴趣特长的最佳时间，一定要让孩子学有所长，学有所获。

3.一定要重视书写，一手漂亮的字，能让孩子加分不少。

家访，让家校共育更加切合实际了，希望家长们看张老师的分享能相互学习，有所触动，有所改变！感恩遇见！

通过反馈，家长们既能看到自己的不足，也能学到别人的长处，能进一步为孩子后续的学习做出调整。

# 第三节　班级家委会如何组建

班级家委会是家校沟通的桥梁，是促进家校协同育人的重要纽带。《教育部关于建立中小学幼儿园家长委员会的指导意见》明确提出了家委会的职责："参与学校管理。对学校工作计划和重要决策，特别是事关学生和家长切身利益的事项提出意见和建议。对学校教育教学和管理工作予以支持，积极配合。对学校开展的教育教学活动进行监督，帮助学校改进工作。参与教育工作。发挥家长的专业优势，为学校教育教学活动提供支持。发挥家长的资源优势，为学生开展校外活动提供教育资源和志愿服务。发挥家长自我教育的优势，交流宣传正确的教育理念和科学的教育方法。沟通学校与家庭。向家长通报学校近期的重要工作和准备采取的重要举措，听取并转达家长对学校工作的意见和建议。向学校及时反映家长的意愿，听取并转达学校对家长的希望和要求，促进学校和家庭的相互理解。"

一年级班级刚刚组建，需要家校协作的事情很多，而班主任与家长之间的相互了解还不够深入，因此，家委如何选，也考验着班主任的智慧。家委选得好，就能充分发挥家长的优势资源，为学校教学活动提供支持，为学生开展校外活动提供教育资源，并做好志愿服务的保障，为学生健康发展服务，还能做好沟通学校和家庭的工作；及时向家长传达学校的重要工作，听取并转达家长对学校工作的意见和建议，也能及时反馈学校对家长们的希望和要求；并能在班级家长中做好示范带头作用，传递正能量。

一个优秀班集体的建设，一项班级活动的开展，光靠班主任一个人的力量是不够的。家委会是班主任坚强的后盾，参与班级管理，参与班级文化建设，是班级和学校发展的重要参谋和力量。

家委会可整合全班家长资源组织班级活动，为学生们搭建展示才艺、锻炼才干的平台。家委会的成员，不仅要有一定的组织策划能力，还要有热心为班级服务的奉献精神。家委会的成员一定要充满正能量，能对其他的家长起到示范引领的作用。因此，如何组建一支有战斗力的家委会，对一个班级的凝聚力和文化建设非常重要。

## 一、如何选出肯做事能做事的家委会

**（一）注意事项**

* 避免采用家长接龙报名家委这种简单方式来组建家委会。

* 避免对家长不了解就定人员、定岗位。

* 避免班主任单方面指定人员。

* 避免出现能力特长与岗位职责不相符的情况。

* 要填写初筛调查表，充分沟通，确认意愿。

**（二）具体操作**

**1. 梳理家委岗位清单** 家委会的工作，关系到一个班级能否走向卓越。班主任要根据学校计划，提前思考班级建设思路，梳理需要家委会参与的工作，确立相应的岗位，并明确具体的岗位职责，预估需要选聘的家委会人员数量。建议班主任写一份通知，告之家长相关事宜。具体事例见下。

> 各位家长：
>
> 　　为促进家校沟通，实现家校共育，打造优秀的班集体，拟建立班级家长委员会。预计设置家委会岗位如下：
>
> 　　家委会主席。全面负责家校工作的协调、统筹，参与班级重大活动。宣传学校的方针政策，宣传学校、班级的活动，做好家校沟通。
>
> 　　财务部长。负责管理开展班级活动的财务工作，及时收付并记录班级活动的财务开支，并公布班级活动财务信息。
>
> 　　宣传委员。协助班主任和学校做好宣传工作，负责班级的公众号推送。
>
> 　　组织委员。负责策划组织开展班级的社会实践活动、班级特色活动。
>
> 　　生活委员。负责购买开展班级活动的物品及需要统一购买的学习用品等。
>
> 　　以上岗位既有分工，又相互合作。需要家长们投入精力、时间、智慧，希望有爱心、有热情、有智慧的家长们积极报名！
>
> 　　另外，班级里还需要一批有专业特长的家长，协调班级后续工作的开展。未尽事宜，后续增补。

**2. 设计意愿调查表** 家委会选举前班主任要对家长的能力、学历、业余时间安排、兴趣特长、资源等有一定的了解，挖掘一些潜在的优质家长资源。怎么来详细了解呢？可以设计家委会成员意愿调查表（见表 1-2），示例如下。

表 1-2　家委会成员意愿调查表

| 学生姓名 | 家长姓名 | 学历 | 工作单位及职务 | 兴趣特长 | 单双休情况 | 参与家委会意愿（是或否） | 适合岗位 |
|---|---|---|---|---|---|---|---|
| | 父亲： | | | | | | |
| | 母亲： | | | | | | |

**3. 积极动员　人人参与** 家委会是班级正常运转必不可少的组织，关系到一个班级的建设，也是班主任和家长沟通的重要渠道。因此，应该让所有的家长都知晓并参与家委会组建工作。

（1）广泛宣传

班主任应当将写好的通知在班级群中发布，告知建立家委会的相关事宜，并鼓励家长们踊跃报名参与。鉴于一年级家长普遍对孩子抱有较高期望，并对学校工作给予大力支持，尤其是那些有过家委会经验的二孩家长，他们往往更愿意积极报名。然而，也有部分家长由于未曾担任过家委会成员，可能因担心无法胜任而犹豫不决。为此，采用纸质调查表，通过学生将表格带回家由家长填写，再由学生带回学校上交，是一种更为适宜的方式。这种通过纸质形式提交的方式，不仅能够增添一份特别的庄重感，还能进一步激发家长们参与的热情，让他们深切感受到自己在家校共育中的重要地位与责任。

（2）积极动员

班主任要鼓励家长为自己孩子的成长出力，为营造良好的班级氛围献计献策。

**动员示例**

**对学生。**亲爱的孩子们，我们的班级就是一个大家庭，要把我们的家庭建设好，老师一个人的力量太小啦！老师决定成立班级家委会，邀请一些爸爸妈妈来帮忙，共同建设我们的班级，能当上家委是一件很光荣的事，希望你们提醒爸爸妈妈都来报名哦！老师还要交给你们一个小任务，把这张表格带回家，让爸爸妈妈填写好，明天再带来交给老师，好吗？

**对家长。**亲爱的家长们，大家好！为了加强家校沟通，让家长们更快地了解学校常规工作，也为了更好地发挥我们家长的优势资源，把我们班建设得更好，现决定组建班级家委会，欢迎家长们踊跃报名，让我们携手共创一个优秀的班集体！报名表已经让学生带回，请各位家长填好表格后明天由学生上交给老师，感谢大家的配合！

通过这样的动员，大部分的家长都会认真填写表格，即便有个别家长觉得自己不适合当家委，也会说明原因，并表示：如果学校有需要家长协助完成的事情，只要在力所能及的范围，一定积极参与，并全力配合！

**4. 初筛确定家委成员** 班主任拿到意愿调查表，要对调查表内容进行汇总，筛选出优质的家长资源。班主任虽然在家访中对家长有了初步的了解，在意愿调查表中也获得了很多信息，但对于家长是否真愿意担任家委，适合什么岗位还得征求家长的意见。筛选出来的人员，班主任要与家长一一确认。

**5. 组建临时的家委会** 调查表虽然能反映家委的基本情况，但还需要在班级活动实践中检验其执行力。因此，刚开始的家委会，称为临时家委会，可设置试用期限，后续根据各个家委的执行力进行调整。

**6. 召开家委会会议** 临时家委会组建好以后，要马上召集开会。新的班级组建，班级的大小事情很多，如果不向家长借力，班主任会忙得焦头烂额。

第一次家委会会议地点最好在教室，因为涉及班级环境的布置、物品添置等内容，在教室开会等于现场办公，更便于家委会后续开展工作。

第一次家委会会议内容主要有以下几个方面：第一，确定家委会成员岗位；第二，明确各岗位的职责；第三，讨论班级近期工作事宜，如班级开学典礼活动、班级文化布置设计、班级物品添置等；第四，讨论班级活动计划，征求家长的意见和建议，完善班级活动计划等；第五，统一思想。

## 二、如何发挥家委会力量建设和谐班集体

### （一）注意事项

\* 班主任要明确岗位职责，合理分配任务。

* 家委会内分工合理，公平公正。
* 家委会的工作，班主任要适时指导。
* 及时公开表扬家委的付出，提升其获得感。

**（二）具体操作**

**1. 职位和职责** 家委会成立以后，就要赋予他们职责。通过前期的沟通和家委会议，每个家委都明确了自己的岗位职责，那么，就要各尽其职，开展相关工作。班主任要在班级群里公布家委会成员名单。

---

**热烈祝贺班级首届家委会成立**

家委会成员名单公布如下——

家委会主席：A（统筹）

财务部长：B（负责管理开展班级活动的财务工作，及时收付并记录班级活动的财务开支，并公布班级活动财务信息）

生活委员：C（负责购买开展班级活动的物品及需要统一购买的学习用品等）

宣传委员：D（协助班主任和学校做好宣传工作，负责班级的公众号推送）

组织委员：E（负责策划组织开展班级的社会实践活动、班级特色活动等）

家委会委员：F G H（协助家校沟通工作，参与班级重大活动。宣传学校的方针政策，宣传学校、班级的活动，做好家校沟通）

以上家委会成员既有分工，又有合作，希望大家相互配合，为建设和谐、积极向上的班级而努力！

---

公告发布以后，家委会的职位和职责也都清楚了，工作有方向，家委也有了被聘任的仪式感！对其他家长而言，对家委的工作多了一份信任。

**2. 组织与分工** 班级里大大小小的事情很多，如果单凭几个家委的力量是不够的，如何发动其他家长也积极参与进来呢？

可以根据学校的活动要求和班级活动开展需要，把家长们分成几个小组。为方便开展假日小队活动，可以根据学生们的居住地，把全班分成几个小队，每个小队设一名队长、一名副队长，其中队长由家委担任，副队长由家委任命。具体参考如表 1-3 所示。

表1-3　五福班假日小队活动分组（小队长负责组织假日小队活动的开展）

| 队名 | 组员 | | | | | | | |
|------|------|------|------|------|------|------|------|------|
| 第一小队 | ★ A | B | C | D | E | F | G | H |
| 第二小队 | ★ A1 | B1 | C1 | D1 | E1 | F1 | G1 | H1 |
| 第三小队 | ★ A2 | B2 | C2 | D2 | E2 | F2 | G2 | H2 |
| 第四小队 | ★ A3 | B3 | C3 | D3 | E3 | F3 | G3 | H3 |
| 第五小队 | ★ A4 | B4 | C4 | D4 | E4 | F4 | G4 | H4 |

注：队员（带★的为队长）

班级的宣传工作、板报设计及节日活动氛围布置等任务，可以依据家长的专长，分成若干小组来共同完成（见表 1-4）。

## 五福班宣传小队

为创建好班级的宣传窗口，维护好班级公众号，现建立班级宣传小队。推送内容主要为班级活动、家校共育相关文章、学生作品展示、学生获奖公布、优秀学生的家长教育经验分享等，也欢迎其他家长积极向我们投稿。经过调查沟通，特安排以下家长为我们班的宣传小队成员。具体安排如下。

表1-4　宣传小队岗位设置

| 岗位设置 | 职 责 | 人员安排 | |
|------|------|------|------|
| 总编 | 负责公众号的编辑和推送 | 宣传部长 | |
| 通讯员 | 报道文稿撰写<br>照片搜集 | 第一组 | 1.A1 家长　2.B1 家长 |
| | | 第二组 | 1.A2 家长　2.B2 家长 |
| | | 第三组 | 1.A3 家长　2.B3 家长 |
| | | 第四组 | 1.A4 家长　2.B4 家长 |
| 备注 | 1.通讯员写好报道以后将文稿和照片（照片多的要拼图）一起发给宣传部长。<br>2.总编编辑好文稿后发链接给班主任审核。<br>3.总编完成推送工作。推送末尾署名撰稿人：××家长。<br>4.各小组循环轮流完成工作，后续如有需要，再做补充调整。 | | |

众人拾柴火焰高。以上岗位既有分工，又相互合作，需要家长们投入精力，投入时间，投入智慧。希望接下来我们班级的公众号内容更丰富，品质更高！

××小学 ××班家委会

××年××月

同样，开学教室布置、班级的板报制作等工作，也可以采用类似的表格进行分工安排。班主任需根据家长的特长进行分工，没有特长的家长则可以配合做一些辅助工作，确保每位家长都能参与班级建设。这样，家委会在组织活动时就能更加轻松省力。

**3. 传递正能量** 家委作为班级家长中的核心力量，承担着重要的桥梁作用。为了更好地履行职责，班主任需指引家委关注如下要点。

（1）家委需密切关注学校和班级的官方公众号，随时掌握校园与班级的最新动态，积极传播正面的信息和文化。

（2）家委对于老师在群聊中分享的信息，应发挥表率作用，第一时间给予积极反馈。

（3）在班级各项活动中，家委应起表率作用，率先行动，带动其他家长共同营造积极向上的氛围。

（4）一旦家校、师生或学生之间出现难以调和的矛盾，家委应及时收集家长们的意见和建议，并与班主任保持紧密沟通，携手寻求最佳解决方案。

**4. 适时鼓励 提升价值** 家委会作为家长群体中的核心力量，对班级的发展方向具有重要影响力，承担着引领班级氛围、促进家校合作的关键角色，因此，他们往往需要投入更多的精力和时间。作为班主任，应确保家委会的努力被其他家长看见，并且得到认可，这是激发家委会成员积极性的关键。

（1）及时表达认可与赞赏。当家委们为班级的进步做出贡献时，班主任应当在班级群和社交平台上及时发声，对他们的无私奉献表示感谢和赞扬。通过图文并茂的方式，不仅能够鼓励家委们继续前行，同时也能够为其他家长提供学习的典范，促进班级氛围的积极发展。

（2）突出典型，进行宣传。对于那些表现尤为出色的家委成员，班主任可以通过班级公众号等渠道进行专题报道，展示他们的优秀事迹和所做出的贡献。这样的宣传不仅能够让这些家长的付出得到更广泛认可，还能够激励其他家长积极参与班级事务。

（3）举行表彰活动。班主任可以在家长会上为优秀的家委颁发荣誉证书，以此形式对他们的贡献进行公开表扬。这样的表彰不仅增加了仪式感，也让家委们的工作得到了更多的支持和尊重。

家委既是班级建设的组织者，也是参与者，让所有的家长都参与班级建设，班集体才能变得和谐。

# 第四节　第一次家长会怎么开

一年级的第一次家长会，是家长深入了解学校办学理念、学习环境，深入了解老师教育理念、学识修养的一条重要途径。家长会的环境布置、氛围营造，班主任老师的发言，都会给家长留下深刻的印象。因此，组织好第一次家长会，能为家校共育后续工作的开展打下良好的基础。

## 一、开家长会前要做的准备

### （一）注意事项
* 会议通知要提前发，以便家长安排工作，准时参会。
* 会场环境布置要整洁温馨。
* 班主任要提前与任课教师沟通家长会的内容和流程。

### （二）具体操作

┃1.通知发放 温暖贴心┃　家长会的通知要提前发放，以便家长提前安排时间。通知中，要写清楚家长会的时间、地点，如果有需要家长带笔记本、笔及其他物品的要一并说明。家长会通知应该发布在班级群公告栏，设为群待办，或者发布在钉钉群并设置确认。

┃2.环境布置 温馨细心┃　家长会的环境布置，除了要干净整洁，还要进行细节方面的装饰，让家长一走进教室，就有一种温馨感，一种安全感。教室环境可以从以下几个方面进行布置：

（1）指引牌设置。学校一般会在学校的路口处设置指引牌，但如果学校班级多，家长找起来还是比较费劲。可以在班级门口设置一个班牌，如：××班欢迎家长！如果已经设置好班徽的，也可以绘上班徽等有班级标志的图案。

（2）学生姓名牌。每个学生做一张姓名牌，折叠成桌签。因为是第一次家长会，可以先给每个学生发一张彩色卡纸，让学生自己动手做好姓名牌，并在姓名牌上写下要对爸爸妈妈说的话。这样家长能很快找到学生的位置，同时这也是亲子沟通的一种方式。

（3）家长签到表。签到表中可以印上家长的电话号码，让家长核对信息是否正确，有变化的可以在表格后面更改，再签字确认，以便后续开展工作。

（4）茶水准备。可在教室中醒目处放置茶叶及为每位家长准备一瓶矿泉水，并配备一次性水杯及热水壶，以便家长自行泡茶和取水饮用。

（5）黑板装饰。写上家长会主题词，画上与班级文化有关的插图，或者写上欢迎词等，用于营造氛围。

（6）PPT 准备。PPT 要提前准备好，除了家长会的主标题，还可以增加一些照片或视频，可以是家访时拍到的学生优秀书画作品、优秀的家庭学习环境布置等照片，也可以播放一些学生在学校的活动视频。PPT 要做好调试，在家长会开始前长入场前播放暖场音乐和相关的视频。

## 二、开家长会班主任要注意的细节

**（一）注意事项**

＊ 服装及妆容得体。

＊ 热情接待每一位家长。

＊ 精心准备发言稿。

**（二）具体操作**

**1. 服装与妆容**　第一次开家长会，班主任应展示良好的精神面貌，着装应得体大方，能展示教师专业形象。

**2. 热情接待**　班主任应提前到达教室，热情接待每一位家长。刚接手一个新班级没多久，班主任与很多家长都还比较陌生，通过与家长打招呼、闲聊，加深印象，也是家校沟通比较好的方式。同时，这也给了家长一个好印象：这是一个有责任心的班主任。

**3. 发言稿准备**　家长会上班主任的发言，最主要的目标就是要让家长了解学校，了解老师，信任班主任。关于学校的介绍，一般会通过校长讲话、相应的 PPT 或者视频等方式让家长来了解。班主任的发言，可以从以下几个方面来准备。

（1）建立信任。有经验的班主任老师可以通过 PPT，大方介绍自己的带班经历、获得的荣誉、所带学生的成绩等。如果是新教师，就可以介绍一下自己的学历、毕业院校、专业、在校期间的获奖情况、自己的教育情怀等。任课教师如果不能到场，也可以制作相关视频或者PPT，让班主任代为播放介绍。通过这一环节，家长对学校的师资力量、办学理念等有了充分的了解，从而建立起对学校、对班主任及学科任教老师的信任。

（2）带班目标。班主任可以把带班规划做个简单的介绍，并让家长参与班名、班徽等班级文化的设计。

（3）家访及幼小衔接活动反馈。这部分主要反馈一下老师在幼小衔接活动或者家访过程中发现的优缺点。优点可以用图片、视频等方式大胆展示，而缺点就私下温馨提醒家长，不在公开场合点名。

（4）注意事项：

①幼儿园作息时间与小学不同，提醒家长接送时间；

②接送时车辆要停放在指定位置，同时确保接送路上的交通安全；

③学习用品准备清单；

④一年级学生课外阅读书目准备；

⑤家长阅读书目推荐等。

发言稿示例见附件一。

# 第五节　班级文化如何建设

班级文化是"班级群体文化"的简称，是一个班级中形成的共同价值观、行为规范、精神风貌和文化氛围。它对于班级的团结、发展和学生的成长来说具有重要作用。班级文化可以塑造班级形象、形成良好学风、培养团队合作精神、增强班级凝聚力、实现学生个性而全面的发展。校园内的班级文化包括物质文化、精神文化、制度文化三类。班级文化离不开班级的硬件建设，如班级的黑板报、活动角、图书角、中队角、植物角及教室内外的环境布置；从隐性层面来看，班级文化是班级成员共有的情感、态度、信念与价值观的统称，如班级成员的言行倾向、班级风气、班级人际环境等，都是班级文化的内在体现。首先，班级文化是一种个性文化，代表着班级的形象，体现了班级的气质。其次，它是班级全体师生创造的财富，是全体师生共同劳动的结晶。最后，班级文化建设是一个动态发展的系统工程。总之，班级文化对于班级的和谐、稳定和发展具有重要意义，它是推动学生健康成长和班级事业发展的强大动力。学校和教师应重视班级文化建设，创造有利于学生成长的班级文化环境。

一年级新生刚从幼儿园毕业，对学校生活充满向往。但小学阶段相较于幼儿园时期，在学习环境、教学方式、教学评价等方面都让学生感到陌生。因此，班主任应以班级文化作为突破口，从构建温馨的物质文化、严谨的制度文化和个性的精神文化三个方面入手。教育人、感染人、熏陶人，迎合学生的兴趣，建立起良好的师生关系，悄无声息地让"规范"走进学生心里，从而培养学生良好的行为习惯。不过，新生自主性较弱，在班级文化建设初期就需要班主任老师多做一些建设与构想。那么一年级班主任该如何筹备班级文化呢？

## 一、班名、班徽、班旗、班级口号等如何制定

### （一）注意事项

＊知己知彼：知己，就是班主任要明确自己的带班理念。知彼，就是全面了解学生的成长需求、学习特点及心理发展规律。

＊参与共建：鼓励学生参与班级文化建设与决策，增强主人翁意识。

＊求索创新：适应时代发展的要求，体现班级特色，保持班级文化的活力和吸引力。

＊简明扼要：简洁明了，能够一目了然地传达班级的精神内涵。

### （二）具体操作

**1. 班如其名 确立特色** 一个合适的班名能够体现一个班级的特色。常言道"人如其名"，那么"班名"也应如是。班名表面上是一个班级的代号，但一个合适的班名往往体现着一个班级的文化。就如父母给刚出生的孩子起名字一样，它寄托着父母对孩子的良好祝愿，那么一个合适的班名也代表着班主任老师对于学生的期望。一年级新生可以在班主任的协助下尝试自己给班级命名，这会增强学生的主人翁意识，帮助新生快速认可集体、融入集体。班级作为学生的第二个家，就像家风一样，也会形成良好的班风，让每一位成员都坚

定地朝着一个方向前进，激励他们为理想而奋斗。

取班名的灵感可以从学生日常生活中的动植物、动画片、神话故事、儿歌、童谣和中华优秀传统文化中来，例如"竹梦班""红星班""小葵花班"等。以"竹梦"班为例，班主任针对班级中部分同学没有养成良好习惯，浮躁、缺乏自信及学习能力参差不齐的实际情况，同时为了树立"学竹文化"，班主任将班名定为"竹梦班"。"竹"字寓意挺拔向上、虚心有节、四季常青，同时竹子的品性蕴含着丰富的教育元素：做竹君子，意在希望学生们具有像竹子一样的昂扬向上的生命力，像竹子一样虚怀若谷、意志坚定的品格；"梦"字寓意要有梦想，要为"中国梦"努力学习。"竹梦"二字音同"逐梦"，寓意要追逐梦想，期望学生最终成为博学有为的竹梦少年。

**2. 班徽班旗 凝聚精神** 制定班徽和班旗是班级文化建设中的重要环节，是班级文化对外展示和宣传的重要载体。虽然一年级学生动手能力、设计能力较弱，但可以在老师和家长的帮助下参与设计。下面是制定班徽和班旗时的基本操作步骤。

（1）组织班级成员召开班会，就班徽和班旗的设计进行讨论和征求意见。让每个人都有机会表达自己的想法和建议，共同商讨制定方案。

（2）根据班级的特点、目标和价值观，确定班徽和班旗的设计主题。可以考虑班级名称、班级口号、学校标志等元素，并结合班级文化特色进行设计。

（3）在班级中寻找有艺术设计能力的同学或家长担任班徽和班旗的设计人员。确保他们具有一定的设计能力和创意，能够将班级的精神内涵融入设计中。

（4）由设计人员根据讨论结果和班级特点，初步制订班徽和班旗设计方案。方案应包括图案、颜色和字体等元素，并能够体现班级的精神和特色。

（5）将初步设计方案呈现给班级成员，征求他们的意见和建议。根据反馈意见进行修改和完善，直到大家达成最终方案。

（6）将最终设计方案提交给班主任进行审核。审核获得通过后，可以委托专业机构进行制作，或者自行购买相关材料进行制作。

（7）班主任在特定的时间和场合，组织班级成员举行班徽、班旗揭幕仪式，揭示班徽、班旗的意义和精神并宣誓，正式张贴班徽，扬起班旗。

班徽和班旗在设计上具体要遵循以下原则。

①班徽和班旗的设计应简洁明了，避免过于复杂的设计，以便于记忆和传播。

②班徽和班旗的设计应具备高识别度，确保在不同的场合和媒体中均能清晰展现班级特色。

③班徽和班旗的设计应注重色彩搭配，选择适当的颜色和图案，以表达班级的精神内涵和氛围。班徽和班旗的设计应保持统一的风格，避免出现过多的元素和设计风格。

这些原则都有助于所设计的班徽和班旗发挥提高班级的凝聚力和认同感的作用。总之，在设计班徽和班旗时，要鼓励创新和创意，发挥设计人员的想象力和创造力，以确保班徽和班旗能够充分体现班级的特色和精神。

比如"竹梦班"班徽整体呈现圆形，如图 1-1，象征着齐心协力、团结一致的班级氛围。中间是一个可爱的竹笋的形象，做着一个加油打气的姿势，意味着幸福河里的竹梦少年充满斗志，昂扬向上。外圈由竹节环绕，上面写着班级名称，象征着同学们在浓郁的竹子气息中拔节成长。外圈外还有四片竹叶装饰，象征着"小竹子们"逐渐枝繁叶茂，终有一天会腾飞于广袤的蓝天之下。

图 1-1　竹梦班班徽

**3. 班级口号 注重三美**　班级作为一个整体，应该有统一的奋斗目标，这一目标还应具体化，成为激励每个学生向上的动力。而目标具体化的其中一个表现就是班级口号的制定。班级口号能够激发班级成员的团结和凝聚力，增强他们对班级的归属感和认同感。经常重复口号，可以增强学生的集体荣誉感，促进班级成员的共同努力和合作。班级口号可以引导学生养成正确的价值观和良好的行为习惯，形成积极向上、团结友爱的班级氛围。口号中积极正面的信息有助于影响学生的行为和态度。口号的鼓励和激励作用，有助于学生树立目标、克服困难，为实现个人和班级的目标而努力奋斗。

本书以"竹梦班"班级口号的制定为例，讲述如何制定一个合适的班级口号，如何让班级口号产生向心力和凝聚力，从而发挥向上的力量，使学生真正从心底认可班级文化。一个合适的班级口号，应具备以下几个特征：文韵美、音韵美、意蕴美。

（1）文韵之美，在对仗工整。第一，班级口号不宜过长。一般而言，总体不超过20个字，每句以4~5字为宜。过长的班级口号，对于一年级学生来说，不仅比较难记住，而且难以喊出气势。第二，考虑到一年级学生的识字量，班级口号应以日常生活用字为主。

例如，"竹梦班"确定了"竹梦二班，困难击翻，坚毅有节，蓬勃向上！"的班级口号，将竹子拔节向上的特点融入其中，能让学生迅速记住并思考其内涵。

（2）班级口号要简明扼要，在音律上，最好做到押韵，读起来有节奏感，朗朗上口。虽然班级口号字数不多，但每个字都需精心斟酌。

（3）班级口号不仅要简洁明了、对仗工整、朗朗上口，更需要具有内在美，能够鼓舞人心。首先，班级口号应与班级文化建设紧密结合，只有与班级的文化特色相契合，才能真正传达出班级的形象和特点。其次，班级口号应积极、健康、向上，能够激发人们的内在动力，给予人以积极向前的信念和动力。这样的口号才能真正起到鼓舞、激励班级成员，推动班级文化建设发展的作用。

班主任在制定班级口号时，应该充分考虑班级的特点和实际情况，结合学生的需求和意愿，经过深思熟虑，几经推敲，将文韵美、音韵美和意蕴美融入其中，使其成为具有代表性和独特性的口号。

## 二、一年级班规如何制定

小学一年级阶段，学生正处于习惯养成的关键时期。这个阶段的学生已经具备一定的自主能力，但在自觉学习和集中注意力方面还有不足。儿童心理学家通常用"敏感""担忧"和"恐惧"这三个词来描述这个年龄段的学生的特点。因此，制定和实施特色班规时，需要充分考虑低年级学生的年龄特点和班级文化特色，以便更好地培养他们的良好习惯，提高他们的学习效果。

班规对一年级学生的成长具有不可或缺的作用，主要有以下几个方面。

1. 建立秩序。班规为学生提供了一个明确的框架，帮助他们在课堂和校园生活中遵守规则，从而确保教学活动的顺利进行和校园环境的有序。

2. 培养良好习惯。通过班规，学生可以逐步养成诸如守时、自律、尊重他人等良好习惯，这些习惯对他们未来的学习和生活都有着深远的影响。

3. 加强自我管理。班规鼓励学生发展自我约束能力，培养自律精神，使他们在没有成人监督的情况下也能自觉遵守规则。

4. 提升学习效率。良好的学习环境和秩序有助于学生更好地集中注意力，从而提高学习效率和效果。

5. 促进班级和谐发展。班规有助于减少学生间的摩擦和冲突，培养他们的团队合作精神，促进班级的和谐发展。

因此，班主任和家长应携手合作，根据学生的实际需求和心理特征，制定既严谨又灵活的班规，以助力每个学生的全面发展。

**（一）注意事项**

\* 公平公正。班规应该公平公正地对待每一位学生，不应带有任何偏见，这样才能获得学生的认同和尊重。

\* 明确具体。班规的内容应当明确且易于理解，涵盖所有应遵守的规则和标准，避免模糊不清或过于笼统。

\* 注重行为指导。班规应注重对学生行为的指导，而不是简单地惩罚违规者。可以通过榜样的力量，引导学生向正确的方向发展。

\* 与全班讨论。制定班规的过程应与全体学生讨论，让他们表达自己的观点和意见，这样可以增强学生对班规的认同感和遵守意愿。

\* 灵活调整。小学生处于成长发育的阶段，可能会犯一些错误，建议班规在制定时应具有一定的灵活性，并定期根据情况进行适当的调整。

\* 关注心理感受。小学生的心理相对较为敏感，应关注他们的心理感受，尊重他们的个性发展，创造一个轻松愉快的学习环境。

## （二）具体操作

**┃1. 引导学生参与┃** 开学初，班主任要引导学生参与班规的制定。可以通过讨论和启发思考的方式，让学生认识到上学的目的及为了达到目标需要遵守的规则。

**┃2. 制定并告知后果┃** 班主任可以制定班规，并清晰地向学生说明违反班规的后果。关键在于确保所设定的后果与违规行为紧密相关，并且其严厉程度应随违规行为的严重性逐步升级，使学生充分理解违规行为的后果。同时，这些后果应避免对学生造成身心伤害。

**┃3. 理解检查┃** 班主任要进行多种方式的解释，确保学生对班规及其后果有清晰的理解。班主任可以通过提问、小组讨论等方式检查学生的理解情况，并根据需要作出更易于理解的解释。

**┃4. 通知教师和家长┃** 班主任应将班规告知其他教师和家长，使他们了解并协助执行班规。

**┃5. 张贴和提醒┃** 班主任将班规张贴在教室醒目的位置，让学生复制并放在能够常常提醒自己的地方。尤其对于低年级学生，可以采用易于理解和接受的形式，如彩图和卡通画。

**┃6. 班规内容┃** 班主任在设计班规时，要抓住低年龄段学生的年龄特点和培养目标。因为一年级的学生对于上课纪律、课间文明、读书写字等规则意识很薄弱，所以，制订班规时要注意以下几点。首先，班规内容应该简单明了，用简单的词汇和句子，确保学生能够准确理解。其次，班规数量不宜过多，内容要具体，具体规定学生在不同场景下应该如何行动。再者，班规应以正面的表述方式引导学生，强调应该做什么，给予肯定和赞扬，而非过多强调禁止和惩罚，营造积极向上的班级氛围。最后，班规内容应灵活调整，能够根据实际情况和需要进行适当修改，以适应班级的发展和变化。示例如下：

**××班班规**

1. 我会自己整理书包和抽屉。

2. 我的书包里每天都会放一本课外书。

3. 每天晚上，我都会和爸爸妈妈看 15 分钟课外书。

4. 上课时我会用眼睛看着老师，认真听老师说的每一句话。

5. 同学发言时，我会用眼睛看着同学，认真听同学发言。

6. 自己发言时，我会先站好，用完整的句子回答问题。

7. 写字时，我会坐端正，一笔一画地把字写好。

8. 全班一起念课文时，我会认真看着课文，一字一句地读清楚。

9. 上课时要想发言，我会先举手。

10. 吃完午饭，我会清理桌面，保持座位及四周清洁。

11. 有谁欺负我，我会告诉老师，让老师处理。

12. 放学时，我会在固定地点等待爸爸妈妈来接。

## 三、班级环境如何打造

班级环境文化是班级文化的重要组成部分，对于学生的全面发展以及品格塑造具有重要的意义。班级环境包括墙报、黑板报、活动角、中队角、植物角及教室内外环境的布置等。班主任应有效地利用空间资源，创设具有教育性、开放性、生动性及安全性的"环境文化"，这对于陶冶学生的情操，激发学生的思维，融合师生的情感具有巨大的积极作用。因此，班主任作为班级管理者，为学生提供整洁、温馨的班级环境显得尤为重要。一个良好的班级环境有助于学生自觉养成良好的行为习惯和高尚的道德情操，同时也能帮助一年级学生迅速适应校园和班级。

**（一）注意事项**

＊舒适性和安全性。班级环境应该舒适，且符合安全标准。选择符合学生安全标准的装饰材料，并确保班级的采光、温度和空气质量都适宜。

＊色彩搭配。色彩对于学生的情绪和心理状态有一定影响。一般来说，教

室的颜色应以柔和明亮为主，有助于营造一个轻松愉快的学习环境。

＊符合年龄特点。班级环境要根据小学生的年龄特点进行布置，这样有助于培养他们的学习兴趣和积极性。例如，低年级的教室可以布置得更加活泼有趣，高年级的教室要遵循"美育"原则，将显性的环境布置和班级制度、行为观念等隐性的文化相结合，营造美感，有温度的学习环境。

＊充分利用空间。在打造班级环境时要对教室空间进行充分利用，如设置学习区、讨论区、展示区等，让孩子们有更多的学习空间。

＊体现班级特色。根据班级特色选择相应的装饰物。例如，设计班级标志或口号等，将其印在教室的墙面上、桌椅上以增强班级的标识度。

＊注重心理环境。班级环境应关注学生的心理感受，创造一个积极健康的学习氛围，培养学生的自信心和创造力。

**（二）具体操作**

教室是学生学习和师生交流的场所，干净、温馨的环境可以陶冶情操，培养美感。因此教室环境布置应体现以下几个原则。

**1. 以学生为中心** 新课程理念强调"一切为了每一位学生的发展"，因此在教室布置时，应以学生审美为主，教师审美为辅，培养学生的自主能力。班主任可以带领学生讨论每面墙的设计，并让他们自己分工合作，完成墙面布置。

**2. 人人参与** 教室的每面墙都应留下学生参与的痕迹，让他们体验到参与的喜悦。学生参与教室布置过程，会让他们对教室产生爱惜和爱护意识，并自觉爱护"共同的家园"。

**3. 常换常新** 小学生身心发展规律决定了他们容易被新鲜事物吸引，固定的布置容易产生疲劳，削弱教育功能。因此，班主任应每月或在重要节日、主题活动时更换教室布置，通过照片或文字，使学生从中获得精神力量，激发前进动力。

**4. 形式多样** 教室布置形式应多样化，包括黑板报、手抄报、作品展示栏、名人名言等。班主任可以根据班级实际情况固定一些栏目，激发学生积极性，如作品展示栏，内容可以每月更换，布置优秀作品评比活动，让班级每位学生都能在作品展示栏中展示自己，获得自信。

**5. 分好区域 突出主体** 利用好教室内外大小不同的区域，例如内外墙壁，可以设计一些班级评比墙、班级作品展示、班级公约等内容，让每一块墙壁会"说话"。利用好教室门口、教室黑板上方等区域。

以"竹梦班"为例，可在教室外墙上用艺术字写"追逐梦想"四个大字，配以中国传统的竹子，在竹子下面写一些古诗词。这样，一幅主题明确、艺术气息浓烈的外墙画就完成了，使得班级文化在无形中渗透到学生心间。

**6. 利用角落 注意细节** 班主任可以和学生一起做好细节布置，比如将班级文化理念潜移默化地渗透给学生。以"竹梦班"主题为例，师生可以在班级的图书角、植物角、荣誉角、活动角加上一些对应的摆件。具体来说，可以在植物角摆放一些富贵竹、转运竹这样的植物，增添班级特色。还可以在窗户上、门框上、墙壁上装一些竹筒，夏天的时候可以加入花露水起到驱蚊的作用。师生可以通过这样的细节布置，使班级的活动区域既贴合班级文化主题，又充满了温馨的氛围。

**7. 教室布置 关注美感** 一年级的学生更喜欢活泼可爱的设计，班主任可以用卡通人物、卡通字画等吸引学生。

（1）空间美

教室布置设计中除了关注内容，还应重视空间美。需要注意让这些布置可以融入整个教室空间，特别是当需要设置多个内容、多种不同形式的文化墙时，整个布置要有和谐的美感。

（2）整洁美

根据班级文化主题来布置教室，有时会有一些比较零散的、可以体现主题的陈列品，要特别注意陈设布置应井然有序，整个教室布置整齐、清洁。

（3）色彩美

教室的布置除了关注内容外，还应该关注色彩。色彩要多样，同时也要整体统一。特别是教室文化墙，作为教室的一部分，不应过于突出，要注意整体色彩的协调，要与教室整体色调相统一。例如"竹梦班"的文化墙以绿色为主体，呈现出一片生机勃勃的班级面貌。

**8. 学习观察 集思广益** 班主任在班级文化建设的过程中有需要可以请教其他班的班主任老师，也可与学生交流他们喜欢的教室布置样式，同时也可以在网络上博采众长，欣赏借鉴其他班级的环境建设。班主任要以海纳百川的心态多学习多观察，才能更好布置教室，滋养班级文化。

## 9. 安排座位的原则

班级座位安排是一件看似简单实则复杂的事情。学生座位安排，不仅直接影响着学生的学习感受，也牵动着每一个家长的心。学生的座位安排是否合理，将会对班级凝聚力、班级学习氛围、家校关系、教师的教学管理等产生影响。同时，也会对学生个体的情绪、学习积极性、同伴交往等方面产生影响。

"以人为本"是新课改核心理念，座位安排亦应体现此原则。一年级家访时，班主任需提前掌握学生情况，如弱视、多动等，以便将座位靠前安排。座位布局应考虑学生之间是否可以相互促进学习，虽然班主任一年级刚开始难以判断学生的学习能力，但班主任在之后的时间要通过家访、幼小衔接等活动观察学生的学习能力，如学习习惯、组织及表达能力等，并做好记录，作为安排座位时的参考依据。一般来说在安排座位时可以参考以下几条建议（1）坚持按高矮排位，（2）尽量做到男女生搭档，（3）文静的和活泼的搭档；（4）有特殊情况的学生优先安排座位。在考虑小组成员时每组宜有 1~2 名学生能够在小组中起到带头作用。同时，可依据学生意愿安排座位，对表现优异者给予自主选座奖励。此外，座位应定期轮换，建议每两周一次，以确保公平与均衡，既保持环境稳定又增添新意。

## 10. 安排座位的方法

第一步，寻求副班主任老师的帮助。一年级学生比较吵闹，需要两名教师配合，班主任在教室外面组织排队，副班主任在教室里管理纪律。根据教室的大小以及人数，大致可以分为 6 组（6×N）。

第二步，学生一组一组到教室外面排队。排队分男生一队女生一队，且按照身高从低到高排。

第三步，男女同学搭配排座位。如果第一组第一个是男生，那么第二组第一个为女生，男女搭配依次往下排座位。

第四步，进行微调。如果有特殊情况的学生，例如学生有近视、弱视、粉笔过敏、爱讲话等情况，则适当进行调整。

第五步，在每一组中各选出一名小组长，小组长负责小组日常事务。同时分好四人小组，以便上课时进行小组讨论。

第六步，和学生约定，每两周一次进行组与组滚动调换，第一组换到第二组，第二组换到第三组，以此类推。

第七步，班主任在完成座位编排后，须明确告知家长与学生，短期内座位安排将保持不变。此环节中，与家长的沟通显得尤为重要，否则可能面临大量家长提出更换座位的需求。为此，班主任可通过班级群发布一则正式通知，内容如下："尊敬的各位家长，今日我们已完成了学生的座位安排。关于座位问题，作以下统一说明：鉴于学生们刚刚入学，教师尚在初步了解阶段，因此座位的初次安排主要依据学生的身高进行。若上课期间有学生因视线受阻而感到不便，可适当调整坐姿。除非特殊情况，我们计划每两周进行一次座位轮换，以确保最大的公平性。在座位安排上，我们会尽可能考虑学生的需求，但也可能无法完全满足每位家长的期望。如有任何疑问或建议，欢迎家长与我进行私下沟通。衷心感谢大家的理解与支持！"此通知旨在向家长传达座位安排的合理依据与公平性，以期获得多数家长的理解与认同。

关于座位安排的家校沟通案例见附件二。

**11. 实践感悟** 针对一年级学生的实际情况，建议班主任初期可采用单人桌的座位形式。考虑到学生刚刚迈入小学生活，良好的学习习惯尚未养成，课堂环境往往较为吵闹，学生间交谈频繁。单人桌的设置可以减少同桌间的摩擦，从而使其上课注意力能更好地集中。然而，这种座位安排在实际执行中也暴露出一些问题，如不利于合作学习、小组讨论等教学活动的开展，以及后排学生因距离黑板过远而造成的视线不清问题。因此，在第二学期，班主任需调整策略，可采用双人桌的座位形式。经过前一个学期的行为规范教育，学生们已经逐渐适应了小学的学习环境，此时采取双人桌的形式，能够显著提升小组合作学习的效果。当然，无论采用哪种座位安排方法，都需要全面考虑学生之间的相互交流和配合，以及其对教学效果的影响。同时，座位安排应避免过于刻板和固定，应灵活调整，以适应学生的不同需求和教学目标的变化。

# 第二章

# 学生日常行为规范的要求与落实措施

**新班主任老师内心的焦虑**

"张老师，一年级学生的日常行为规范包括哪些啊？"

"张老师，抓学生日常行为规范应该从哪里入手？有一大堆日常行为规范，我不知道先从哪里开始。"

"张老师，第一次当班主任，我设立的日常行为规范合不合理呀？"

"张老师，我告诉学生在学校的一日日常行为规范，为什么他们总是做不好呢？"

"张老师，学生的日常行为规范教育有什么技巧和方法吗？"

一年级是小学生活的起点，也是学生们正式踏上学习旅程的出发点。在这个关键阶段，班主任对学生的日常行为规范（简称：日常规范）管理显得尤为重要。日常规范做得好坏直接影响到班级各项活动的开展及学生各个方面的成长。

## 第一节　日常文明规范的要求与落实措施

一规一矩讲文明，一言一行好习惯。一年级学生的日常文明规范主要包括排队、用餐、问好、如厕以及仪容仪表。

## 一、学生如何排队

一年级学生的排队，除了要形成队列，还涉及队列的行进，我们在日常教学中称队列的行进为"路队"。一年级学生路队慢、乱、吵是班主任们头疼的问题。试试下面的方法，会给你带来一些帮助。

### （一）注意事项

* 班主任要提前制定路队规范。

* 良好的路队，需要反复的训练。

* 在路队中班主任要关注表现良好的学生，以便日后选拔路队长。

### （二）具体操作

**1. 提出要求 指导规范** 一般来说，班主任对学生排队的要求就是三个字："静、齐、快"。当班主任发出："排队！"的口令时，就要求学生听到口令后马上站起，并将椅子移进桌内，教室前一半的学生从前门走出教室，教室后一半的学生从后门走出教室。这样既能保证速度，又不会造成拥挤。班级的走廊上有条件的班主任可以在走廊上贴好每个站位的标志，上面有具体的数字，每个学生一出教室就找自己的标志，这样能将队伍排得又快又齐。当然，走廊上有显眼的方格地砖那就更好了，让学生站在地砖与地砖之间的"十字"上，也能帮助班主任把队伍排得整齐。排队过程中，如果听到学生有讲话的声音，可以让学生重新排队，直到没有一个人发出声音为止。

整队时班主任可以借助口令将队伍排整齐。常见的班级口令是这样的：

"全体立正"——"1、2"

"向前看齐"——"齐"

"向前看"——"看"

"双脚踩线"——"我就踩线"

口令不宜太长，也不要太复杂，简短的三四字，不仅好记还能喊出气势。学生一边喊口令，一边调整自己的位置和精神状态。配合响亮的口号，学生能快速把队伍排好，这时候路队长就可以带着同学按照预定的目的地进行路队了。

路队时，班主任须要求学生时刻保持脚踩直线，转弯跟着直线走直角。一旦发现个别学生没走直，就要停下来及时提醒。刚开始的时候，走慢点没关系，尤其是走楼梯时，要让排头的同学控制好速度，不然后面的同学走着走着就会掉队。

┃ **2.反复训练 养成习惯** ┃ 路队并不是指导一次后，学生就能坚持做好的。平时要进行反复的训练，帮助学生养成良好的习惯。一年级正是养成好习惯的最佳时机，当出现队伍吵闹、混乱时，班主任要及时停止路队，要求学生重新回教室再走，走不好就多走几次，直到走到"静、齐、快"为止。班主任对学生越是高要求，训练后呈现的效果会越好。为了防止一些迷糊的学生走出队伍，班主任可以要求他们手拉手。

同时，用表扬、奖励来激励一年级学生，学生路队时的秩序会更有序。班主任要时时表扬走路安静、整齐的同学，这样其他学生也会效仿。班主任也可以准备一些小贴纸等奖励，及时进行反馈。比如班级队伍走得特别棒的时候，可以把照片拍下来给学生看，告诉学生这是多美的一道风景线，并奖励全班同学。

┃ **3.培养干部 自主路队** ┃ 班主任并不能时刻盯着学生走路，这时培养一个优秀的路队长就尤为重要。路队长在路队中出现吵闹、不整齐的情况时，应立刻停止路队，重新整好队伍，等队伍安静、整齐、有序时再出发。上完综合课、升旗结束、大课间结束回教室时，班主任要让路队长先整好队伍，再让学生安静有序回教室入座。一般来说，路队长要有责任心，有一定的管理能力，最好声音响亮。班主任可以授权给路队长，让他对在路队中表现好的学生进行奖励。同时班主任要对路队长进行监督和指导，对其表现优秀的地方及时表扬，对其不足之处要给予改进建议。

## 二、学生如何文明用餐

一年级学生的用餐管理对新手班主任来说是一个不小的挑战。如果没有把用餐规范做好，你可能会看到凌乱的打餐队伍，听到叮叮当当的餐具声、喧哗的吵闹声，感觉像进了热闹的菜市场一般。当然，不同学校学生的用餐方式不同，有的学校是让学生坐在教室里吃饭，有的学校是让学生去食堂排队吃饭，还有的学校是让学生在食堂用班级餐车打饭吃饭，虽然形式不同，但用餐管理的要求和方法都是类似的。

养成文明、优雅的用餐习惯是小学生基本的素养之一。抓住三个时间节点，立好规矩，多表扬，多示范，班级的用餐环境会更安静有序，用餐过程也会更文明。

**（一）注意事项**

＊班主任要注意有的学生吃饭速度特别慢，要提醒他们不要一边吃一边开小差甚至玩。

＊班主任要提醒学生吃饭时不要与同伴交流聊天或大声喧哗。

＊有的学生吃饭时会玩餐具，班主任要及时制止。

＊班主任要注意学生吃饭爱挑食的情况，要提醒他们不要浪费粮食。

＊班主任要提醒学生餐后要清扫桌面、地面，不要留有饭粒、汤渍。

＊班主任要提醒学生餐后归置餐具要有序排队，不要随意放置餐盘，并保持安静。

**（二）具体操作**

**1. 立规矩**

（1）就餐前，快速讲卫生

"饭前不洗手，病菌易入口"，学生经过一上午的学习，接触过课本、书包、铅笔、桌面，手上会有无数的细菌。就餐前要让学生养成良好的卫生习惯，给他们时间如厕，认真清洗双手。但一年级学生的时间观念薄弱，洗手、排队总是慢吞吞的，如果不催促，根本意识不到时间的流逝，这样会导致就餐速度变慢。

做法：

①要求下课结束后每个学生快速出教室去如厕洗手。如有在班级里逗留、磨蹭的学生，则进行适当的提醒和教育。

②路队长在班级门口整队，班主任或路队长催促洗手的同学快速入队，如果排队速度不理想，可让学生重新回教室静坐几分钟再出来排队，让学生意识到磨蹭一分钟，就会耽误班集体吃饭的时间。

③固定好班级就餐路线，路队长按固定路线带领队伍到达餐厅门口，先整队，等队伍整齐后再进入学校食堂。

（2）就餐时，文明用餐不浪费

就餐时要做到安静、干净、不浪费。班主任可以在班里提前讲好文明用餐的礼仪，让学生观看文明用餐的视频进行学习。关于午餐浪费现象，也可以在班级内开展一节主题班会课，让学生知道挑食是一个坏习惯，懂得"粒粒皆辛苦"的道理。第一次用餐前，提前给学生排好用餐位置，并在位置上贴好学号，便于后期检查是哪个学生没有把餐桌卫生整理干净，也便于学生快速找到自己的用餐位置。

常用的两种用餐方法：一种是排队去食堂窗口领餐，领完后学生在班级对应的餐桌上入座就餐；另一种是借助餐车，班级自己打饭用餐。现将两种不同形式的管理方法整理如下。

方式一：排队领餐式

做法：

①按照学校制定的用餐排队路线依次排好队伍，排队时不讲话不交流，并保持一米距离。

②班主任在队伍里巡查，如发现有学生讲话、交流、打闹，那就让该学生排到队伍最后面，最迟用餐；情节严重者，可暂时让其离开餐厅，予以教育。

③每桌设立一个有能力的小组长，用餐时若组内有同伴讲话，马上进行警告，若多次不改，上报给管理老师，让管理老师进行教育。

④各个桌进行用餐声音比拼，最安静的小组将在用餐结束回教室后获得奖励。

⑤提醒用餐较慢的学生注意时间。如果因闲聊或其他与用餐无关的行为导致延误，则必须停止用餐。

⑥餐后收拾餐具时，用小毛巾清洁自己的桌面，小组长检查完，确保干净整洁，才能离开。

方式二：餐车用餐式

做法：

①寻找用餐较快的 10 名同学，其中 4 名同学站在餐车桶旁给学生打餐，学生 A 打饭，学生 B 打第一个菜，学生 C 打第二个菜，学生 D 打第三个菜。剩下 6 名同学为各桌的组长，作为小小递餐员，给各组组员递餐并分发餐具，其余同学在座位上等待发餐。

②各个桌进行用餐声音比拼，最安静的小组将在用餐结束回教室后获得奖励。

③提醒用餐较慢的学生注意时间。如果因闲聊或其他与用餐无关的行为导致延误，则必须停止用餐。

④用餐结束后，用小毛巾清洁自己的桌面，组长检查完，确保干净整洁，才能离开。

⑤设立餐盘管理员岗位，由管理员在班级餐车旁值守，负责监督同学们是否按规定整齐摆放餐具。如发现个别同学存在严重浪费粮食的行为，管理员应提醒其适量取餐或适当食用剩余食物；若情况较为严重，管理员应及时向老师汇报并寻求协助，以确保剩食回收桶内的食物浪费量控制在最低限度。

（3）就餐后，静息有秩序

由于学生用餐速度不一样，有的学生吃饭快，有的学生吃饭慢，但一年级学生安全意识薄弱，自主管理能力较差，如让学生吃完饭自己回教室，在教室里没有老师管理的情况下，很容易出现事故。所以一般的做法是：等全班人到齐，一起回教室。

做法：

①先吃完饭的同学，到餐厅外固定的班级集合点排队集合，班主任在餐厅外负责外边学生的安全，不让学生大吵大闹，让其在队伍中安静等待。

②副班主任在餐厅内负责里边学生的就餐，提醒学生注意就餐速度，检查就餐后的卫生情况。

③在等待的过程中，班主任可以给学生强调饭后不能剧烈运动等注意事项，关心、询问学生刚才就餐的情况。如果学生过于吵闹，可以和学生玩"一二三木头人"的小游戏，让学生快速静下来。

④班主任要等所有人到齐后再带队回教室，回教室的路上要有序、安静。

**2. 多表扬**　表扬是班主任在规范管理中常用的激励学生上进、改正不良习惯的常用方式，表扬不仅可以调动学生完成某件事的积极性，也可以让学生养成好的行为习惯。所以班主任在管理用餐时，如果发现哪个学生用餐特别安静，就马上在全班同学面前大声地表扬他。一年级的学生都特别希望得到老师的肯定，老师肯定一个学生的行为，会给其他学生起到良好的示范作用。班主任可以把表现好的学生用照片记录下来，发到班级群里进行表扬，同时也让家长了解学生在学校的用餐情况。

用餐结束后回到班里，班主任可以对学生的用餐情况进行小结。对在用餐过程中声音最轻的小组给予积分奖励。对各个小组长进行肯定、表扬，激励他们做得更好。排队有序、安静的学生也是大力表扬的对象，班主任可以组织好语言，把这些表扬发送在班级群里，让家长看见。若自家孩子还有不足的地方，待孩子回家后家长也可以再教育。

┃ 3. 做示范 ┃　孔子认为"其身正，不令而行；其身不正，虽令不从"，这说明在教育实践中身教对于学生行为规范培养的深远影响。班主任作为学生行为习惯塑造的关键角色，其身教的重要性不言而喻。为了在学生中树立正面的榜样，班主任可采取与学生共同用餐的策略，以此来示范文明用餐的行为。具体而言，班主任在用餐时选择坐在学生旁边，与学生共享相同的食物，并确保将食物吃完，以此向学生展示节约和尊重食物的态度。班主任在用餐过程中保持沉默，专注于饮食，以此作为文明用餐的示范，旨在潜移默化地影响学生的用餐习惯。通过班主任的亲身示范和积极引导，学生能够直观地学习和模仿文明用餐的行为，从而在班级中形成良好的用餐文化。这一过程不仅促进了学生个人习惯的改善，也为构建和谐、文明的班级文化奠定了基础。

## 三、学生如何与人打招呼

无论是上学、在家，还是在其他场合，学生要学会主动向老师、同学、长辈打招呼，这样才是有礼貌的好学生。许多班主任在交流中发现，目前部分学生缺乏文明礼貌意识，见到校园中的老师、保安叔叔不会主动问好，尤其是低段的学生。所以，班主任要在一年级学生刚入学时就教会学生如何文明有礼地打招呼，帮助学生养成文明有礼的好习惯。

**（一）注意事项**

\* 班主任要让学生了解并明确打招呼要求。

\* 班主任指导学生打招呼的内容要结合具体的对象、情境。

\* 班主任在指导过程中要注意有些学生不是不会打招呼，而是不敢打招呼。

**（二）具体操作**

■ 1.借助班会 学打招呼 ■ 　打招呼是一项小技能，看似简单，但也有很大的学问。所以班主任可以选择开展一节班会课，让学生们来学习如何文明有礼地打招呼。以下是教学过程示例：

活动一：榜样分享，导入课题

师：上课！同学们好！

生：（打招呼）老师您好！

师：我们班的同学可真有礼貌！最近，老师在我们学校的微信群里看到了这样几张照片，（课件出示被表扬学生照片）你们认出这是谁了吗？是呀，这就是我们班的几位同学，请这几位同学起立，让大家好好认识一下！可是同学们，你们知道为什么他们的照片会出现在群里吗？

生：因为他们被表扬了。

生：他们因为早上主动向老师问好而被表扬了。

师：老师要采访一下这几位同学，你主动向老师打招呼时，是怎么做的呢？你的心情是怎样的？

生：大声地说"老师好"，很开心。

师：现在看到这张被表扬的照片，你的心情怎么样？

生：感觉很骄傲、开心、自豪。

师小结：别人和你打招呼的时候，你的心情怎样？（开心、快乐）原来打招呼是这么让人感到开心的事情呀！在我们学校，像他们这样主动向老师打招呼的同学有很多，但是也有一部分同学见到老师不会主动打招呼，你们能猜猜他们可能是怎么想的吗？

生：可能他有些害羞／可能他不敢开口向老师打招呼／可能他忘记了／可能他不认识这个老师……

师：看来，打招呼虽然是一件小事，但是也藏着大大的学问呢！所以这节课，我们一起来学一学怎样打招呼吧！

活动二：情景表演，学习礼仪

（通过观看视频，学习打招呼的几点标准，小组讨论，总结概括）

（情景表演，掌握主动、大方地打招呼的方法）

师：老师这里有一个关于打招呼的视频，视频里的同学是怎样打招呼的呢？请同学们一边仔细看，一边想一想。

师：视频中的同学在打招呼时都是怎么做的呢？小组成员赶快讨论一下，看看你有怎样的发现！

生：少先队员向老师行队礼／他们打招呼时都在微笑／他们的声音都很响亮……

师：那么，我们在打招呼的时候，应该注意什么呢？请同学们用3分钟的时间和你的同桌讨论一下！

生：要微笑／有礼貌，要主动问好／还要声音响亮／眼睛要看着对方／要鞠躬……

师：我们来把大家的发言总结一下，打招呼时要做到这样几点（课件出示）：

（1）看着对方

（2）声音洪亮

（3）面带微笑

（4）挥手／行礼

师：现在你学会打招呼了吗？

（情景：校门口遇到老师）

师：老师想请一位坐得最端正的小演员，来和我一起演一演这个情境呢！有谁愿意来和张老师一起表演？（指名上台合作表演，老师适当引导）

生：老师，早上好！（微笑、敬礼）

师：早上好！（微笑、点头）

师评：看得出你平时就是个非常懂礼貌的孩子。除了在校门口，还有哪些地方需要打招呼，和哪些人打招呼呢？

师引导读一读几个场景（课件出示视频／图片引导）：

（1）在学校遇到很多老师

（2）家里来了客人

（3）在学校遇到不认识的老师

（4）早上进校见到保安叔叔

（5）傍晚放学和老师分别

……

接下来请同学们同桌合作，选择你喜欢的一个场景来演一演，可以加上表情、动作哦！3 分钟时间，开始练习！

师：老师要请几组同学上台表演，台下的同学要做小评委，睁大眼睛看仔细哦！如果你认为他们的表演符合黑板上这几点要求，就按照点评的规则来给他们打星吧！（出示点评规则：先说优点，后说建议）

（同学表演，演完后不回座位）

师：请小评委来评一评，你想送几颗星星给他们？

生：3 颗 /4 颗……（对应 4 条标准）

师：这一颗星星没有拿到，说明还可以做得更好，你们愿意再试一次吗？

（生再演）

师：这一次就有了明显的进步，掌声送给他们！请回座位。通过刚才的表演，有些同学已经学会了文明有礼地打招呼，有些同学已经比原来进步了，为了让我们做得更好，我们再来一起学习，判断一下这几个同学的做法对吗？

【判断对错】

师：这几位同学的做法对吗？如果是对的，请你用手势打钩，如果是错的，请你用小手打叉。

（1）小明在学校见到老师，假装没有看见。

（2）红红早上进校时大声向保安叔叔问好。

（3）小方早上上学离开家之前，和家里人说"我去上学了"。

（4）小李在路上遇到了老师，主动向老师打招呼。

（5）云云放学回家，不跟老师打招呼，直接走掉了。

（6）月月在学校见到不认识的老师，主动向老师大声说"老师好"。

（7）林林遇到认识的老师，打招呼时加上老师的姓氏，如：张老师好、李老师好。

活动三：礼仪自评，养成习惯

师：现在每位同学的桌面上都有一张"礼仪卡"，请你先借助拼音自己读一读上面的内容吧！如果你平时做到了其中的某一条或几条，就给对应的星星涂上颜色哦！

师：同学们都拿到了几颗星星呢？请你们用小手告诉老师！老师看到这位同学伸出了三根手指，说明拿到了三颗星，你可以和大家说说你拿到了哪三颗星吗？

师：你能主动向别人问好，看来你是个很有礼貌的好孩子！但是，也许你有时会忘记加上合适的称呼，或者忘记面带微笑，所以没有给另外几颗星星涂颜色，那么今后你要怎么做呢？

生：跟别人打招呼时要微笑，加上合适的称呼。

结束语：无论是上学、在家，还是在其他场合，我们都要主动向老师、同学、长辈打招呼，这样才是有礼貌的好孩子。通过这一节课的学习，老师相信我们班的小朋友一定能勇敢、大方、主动地向师长、同学打招呼，争做礼仪小达人！

▎2.互相问好 营造氛围▎ 我们有时会发现一些学生不是不会打招呼，而是性格内向，不敢跟老师打招呼。所以，班主任每天早上可以在班级里做这样一件事：每一个学生从前门进来，就微笑地跟他说："×××，早上好！"。久而久之，内敛的学生在老师的示范引导下，也会敢于打招呼，乐于打招呼。在班级内营造良好的问好氛围，也能促使学生养成乐于打招呼的习惯。

## 四、学生如何文明如厕

学会文明如厕是一年级幼小衔接时的必修课，以下是班主任落实学生文明如厕过程中注意事项和具体操作。

**（一）注意事项**

* 提醒学生餐前便后要洗手。
* 提醒学生要节约水资源，洗手后不要忘关水龙头。
* 要和学生明确，不能在厕所嬉戏打闹。
* 要提醒学生保持厕所洁净卫生。

**（二）具体操作**

▎1.知道厕所在哪里▎ 对刚入学的一年级学生来说，校园是庞大又陌生的。如果没有深入了解、逛过校园，学生是不知道学校的厕所在哪里的。开学后，学生想上厕所时都不知道去哪里上，尤其是要去其他教室上音乐课、体育课、信息课时，学生不熟悉教室附近的厕所位置，就更容易摸不着头脑。所以，幼小衔接时或开学第一天，要带学生逛一圈校园，并告诉学生学校厕所在哪些位置，学校厕所的标识是怎样的。

**2.学习怎么上厕所** 在幼儿园时，学生基本上会自主如厕。进入小学，更多的是要求学生要讲文明，做到不嬉闹，会排队，爱卫生，节水源。为了让学生知道小学如厕的规范，建议班主任在学生入学第一天，带着学生去厕所实地的演练，进行现场指导，主要内容如下：

（1）要求学生在走廊上走向厕所时，不奔跑，不打闹。

（2）要求学生看清楚男厕所、女厕所的标识，不走错厕所。

（3）要求学生遇到上厕所人多时，按照秩序排队。

（4）要求学生上完厕所及时冲水，不在厕所内逗留、嬉戏，关门要轻。

（5）要求学生上完厕所后，清洗双手，关闭水龙头。

（6）如厕后，安静有序地回教室。

结合演练过程，通过儿歌、口诀的方式，让学生记在心里。

文明如厕要牢记，整洁卫生我做起。

等候时，不嬉闹，排队谦让不拥挤。

如厕后，要冲水，保持洁净好空气。

洗完手，忙关闭，节约用水心头记。

如果碰到如厕不遵守纪律的学生，班主任一定要单独教育，适时引导，让学生及时改正错误，养成良好的习惯。

**3.明确何时上厕所** 在课堂教学中，存在一种非正式的规定，即学生应避免在上课期间上厕所。这一不成文的规定对于维持课堂秩序和教学进度具有重要意义。如果学生未能在课间养成上厕所的习惯，可能会导致一些不需要上厕所的学生模仿，从而频繁打断教学，影响课堂效果。因此，对于一年级的学生而言，班主任在学期初便应明确厕所使用的时间规定，并强调其重要性。

在实施这一规范管理时，班主任可以采取以下措施：首先，在课间休息时，班主任应避免占用学生的休息时间，并多次提醒学生及时如厕，以养成良好的习惯。其次，若学生在课堂上表示需要上厕所，班主任应仔细观察学生并询问具体原因。如果学生未能在课间及时如厕，且当前情况并不十分紧急，班主任可以婉转地拒绝其请求，并在全班同学面前温和地提醒学生遵守规定。同时，班主任也应强调，若学生遇到尿急、腹泻或腹痛等紧急情况，应主动举手并向老师说明情况，以便获得允许去上厕所。

对于一年级学生而言，良好习惯的养成需要老师的持续提醒和帮助。文明如厕的习惯不会在短时间内养成，需要班主任不断地强调和巩固。通过耐心和细致的引导，学生将逐渐学会在合适的时间上厕所，从而减少对课堂教学的干扰。

## 五、学生如何保持干净整洁的仪容仪表

仪容主要是指人的容貌，仪表即指人的外表，它包括容貌、姿态、服饰、风度、个人卫生等。保持干净整洁的仪容仪表，有利于塑造良好的小学生形象，给人留下良好的印象，而且还能够提高学生的交往能力。对于一年级学生来说，如何成为一名阳光自信的小绅士，成为一名温文尔雅的小淑女，要从扣好"人生第一粒扣子"，身着干净整洁的服装，展现良好的精神面貌做起。

作为班主任，要先了解并明确以下三个内容：小学生基本的仪容仪表规范有哪些？结合校规，仪容仪表又有哪些要求？结合班级规章制度和班级文化特色，班级对学生的仪容仪表又有怎样要求？

### （一）注意事项

\* 班主任要明确小学生仪容仪表规范。

\* 班主任要将本班的仪容仪表规范张贴在班级中。

\* 班主任要让家长知道并了解学生的仪容仪表规范，家校合作，共同培养良好习惯。

### （二）具体操作

| 1. 学生仪容仪表的各项规范 | 学生的仪容仪表可以从着装、头部、面部、手部进行规范。

#### ★着装规范

（1）每天进入校园必须穿成套的校服，周一穿校服制服，周二至周五穿运动校服。校服不可乱搭、混搭。

（2）校服应始终保持整洁，内衣不得外露，不得在校服上乱涂乱写，确保不留任何污迹。在校期间，衣领要保持平整，裤袋不要外翻。

（3）在校期间，保持衣服拉链拉好，纽扣全部扣好。

（4）上学穿运动鞋，不穿皮鞋、凉鞋、拖鞋上学，鞋带要系好，一年级学生最好不要穿系带鞋。

（5）在校期间不佩戴耳环（钉）、戒指、手链、手镯、项链等饰品。

（6）成为少先队员后，每天保持红领巾干净、完整。陈旧、破损、有污渍的红领巾要及时更换。红领巾全天佩戴在身上（夏季体育课可以摘掉红领巾或佩戴少先队队徽）。

★头部规范

（1）符合小学生身份和性别特征，不烫发，不染发，不留怪异发型。

（2）男生不剃光头，不理带图案或文字的发型，头发前不遮眉，侧不盖耳，后不及领。

（3）女生不披头散发，刘海不超过眉毛，头发过衣领必须扎起来，头箍简单，不要过于花哨。

（4）经常洗头，头部无异味。

★面部规范

（1）每天早、晚必须洗脸、刷牙。

（2）做好脸部清洁，面部、耳后要干净，女生不得化妆。

（3）饭后嘴上、脸上不留饭渍，有污渍及时清洗。

★手部规范

（1）及时修剪指甲，不留长指甲，女生不涂指甲油。

（2）指甲内无污垢、饭前便后要洗手，全天候保持手部干净整洁。

（3）不在手及手腕处贴粘贴纸、涂抹物品。

明确规范后，班主任可以在开学初找一节课，一条一条地向学生说明要求。但这些细则对一年级的学生来说，让他们一下子全部记住并完全遵守是不现实的。想要让学生保持干净整洁的仪容仪表，还需要在日常生活和学习中持续教育。

2.每日反馈 习以为常 每天值周老师都会在校门口检查学生的仪容仪表，并把检查的结果反馈给班主任。借着早读后晨谈的时间，班主任要把值周老师表扬的细节和发现的不良情况跟学生说，用对话的形式让学生理解仪容仪表规范，并反复给学生强调。建议班主任在班级中公开表扬被值周老师表扬的同学，并引导其他同学向其学习，让学生把规范谨记在心。

┃**3. 家校联手 共同监督**┃ 学生的仪容仪表也是家庭教育的一部分。班主任需要告知家长学生在学校有哪些仪容仪表的要求，班主任可以在新生家长会上把整理好的仪容仪表规范打印出来给家长看，请家长知晓，并让其在家中教育、指导。班主任如果发现家长会开完后，班级学生的规范仍然做得不好，班主任还可以再次整理学生出现的问题，在班级群里温馨提醒家长，请家长支持配合。温馨提醒示例如下：

> 温馨提醒：
> （1）请家长帮助学生在自己的校服内留下姓名或标识，以免与他人的校服弄混。
> （2）请家长平时注意学生衣服的纽扣、拉链是否损坏，如有，请及时帮学生维修好。进校前保证衣服拉链拉好，纽扣扣好。
> （3）请家长配合学校在家里教会学生收拾书包、系鞋带、系红领巾、折叠衣物等，使学生掌握基本的生活能力。
> （4）请家长指导学生学会整理个人的仪容仪表，明确要求：
> ①男生不留长发（前不遮眉，侧不盖耳，后不及领）。
> ②女生前额刘海不过眉，头发过衣领请扎起来。
> ③不留长指甲，不涂指甲油；指甲内无污垢，全天保持手部干净。

┃**4. 文明评比 树立榜样**┃ 班主任可以根据所在学校和班级的情况在班级内举行一些评比活动，比如每个月进行"小主人"荣誉称号的评比活动。这一荣誉旨在综合评估学生的独立自主能力和日常规范表现。为了确保评选的公正与客观，班主任可以在班级内部特别委托班长负责详细记录每位同学的日常表现。

具体规则如下：每日仪容仪表保持干净整洁的同学，将会获得 1 个积分，以表彰其良好的个人卫生习惯和整洁的形象；而未能按照学校规定要求着装或仪表不整的同学，将会被扣除 1 个积分，以此提醒并促使其改正不当之处。

每月末，班主任对每位同学的积分进行统计和结算。积分最高的同学将有机会获得班级的"小主人"荣誉称号，并在班级群中进行表彰。此举旨在肯定家长在引导学生方面的辛勤付出，同时也为其他家长树立了学习榜样。

# 第二节　卫生规范的要求与落实措施

小学阶段是习惯养成的关键时期，通过培养良好的卫生习惯，可以帮助学生形成终身受益的健康生活方式，还有助于创造整洁的学习环境，提升学生学习效果，为学生全面发展打下坚实基础。从一年级开始，班主任要关注学生抽屉、书包、座位的卫生情况，教会学生值日，并让其在细微处养成良好的卫生习惯。

## 一、学生的抽屉如何做到干净整洁

一年级学生年龄尚小、自理能力尚未充分发展，但此时是培养良好习惯的黄金时期。整理抽屉是小学一年级学生学习和生活中至关重要的行为习惯，是建立良好学习和劳动习惯的关键组成部分。保持书桌的整洁有助于提升心情愉悦感，同时也能提高学习效率。那么，对于一年级的小朋友来说，如何时时刻刻让抽屉保持干净整洁呢？

### （一）注意事项

* 学生整理抽屉需要先学会收纳。

* 学生东西太多、抽屉不够装时需要借助其他收纳工具。

* 班主任需要每天检查学生抽屉的整理情况。

### （二）具体操作

**1. 教整理抽屉的好方法**　对于一年级的学生，需要一步一步地教他们整理抽屉的方法。一些老师总结出三个方法：分区收纳法、分类收纳法、场景收纳法。建议班主任提前录制好如何整理抽屉的视频，并在开学初一边讲解一边播放视频，这样可以让学生直观地看到怎么整理，并学着视频上的教程马上实践起来。

（1）分区收纳法

将抽屉分为几个小的区域，把固定的物品放在固定的位置。比如班主任统一让班级的学生，在左半边放课本、作业本，在右半边放学具以及其他物品。

（2）分类收纳法

指的是把同类物品放在一起，比如铅笔、橡皮、卷笔刀等文具放在一起，装进铅笔盒，课本和课本放在一起，作业本和作业本放在一起。

（3）场景收纳法

将相同场景使用的东西放在一起，比如将要在学校使用的东西放在一起，将要在家里使用的东西放在抽屉另外的区域。将上课常用的书本靠左边，按照从大到小的顺序叠放。将学具放在右边，铅笔盒放在桌面上。将书包挂在椅背上，水杯挂在挂钩上。

┃2.请收纳工具来帮忙┃ 在学校里，学生要收纳的物品除了书本、作业本，还有其他物品比如水杯、马克笔、剪刀、彩纸、棋盘、足球、跳绳等，但这些物品还能放得进抽屉吗？所以在班级里要准备一些收纳工具，为学生提供放置个人物品的空间。结合教室空间和柜子的情况，建议班主任通过家委会统一添置跳绳收纳袋、球类储物架、收纳柜等物品。

（1）建议添置的收纳工具

便捷、小巧的收纳工具可以使班级环境更加整洁、温馨（图2-1）。比如收纳筐里可以装午睡用品和马克笔、美术学具袋等。班主任可以根据实际的情况添置合适的收纳工具。

图2-1　整齐的收纳筐

（2）老师示范整理

入学第一天早上，学生就带着书包，水杯，午睡的薄毯、枕头来到了教室。之前在幼儿园，这些可能都是生活老师帮忙整理的，学生还不会收纳物品，所以班主任要做好示范，先教学生如何整理收纳筐（将书本、美术学具袋放底层，毯子叠好放在学具袋上面，枕头放最上面……），接着告诉学生水杯放置的位置，并让学生在跳绳上写好自己的名字然后按照学号将其放在跳绳收纳袋里。

（3）学生反复练习

学生学着老师的样子，把美术学具袋放到底层，然后整整齐齐地叠好自己的毯子，……最后把枕头压在上面，能干的学生教一遍就会了，还没学会的学生可以找能干的同学帮忙。一次任务完成后，再进行第二次练习、第三次练习，之后每天练习。

**3. 借力量巩固好习惯** 对学生来说，保持抽屉的整洁并非小事，抽屉整洁干净的学生，往往在其他卫生习惯方面也不用让人担心。但对于那些抽屉经常杂乱的学生，则需要长期培养，建议班主任从以下三个方面进行教育。

（1）班级合力，达成好共识

有些学生抽屉乱，是因为他们并不觉得这样不好。所以，班主任可以利用照片、视频等直观方式，引导学生交流讨论并让学生意识到：乱糟糟的抽屉真不好看，然后让其在思想上达成共识，让"保持抽屉整洁"成为凝聚班级意志的目标，形成良好的舆论氛围。

（2）家校合力，打卡好习惯

家庭环境对小学生的影响是巨大的。因此，要赢得家长的支持，形成家校育人合力，才能让学生在不同场合都主动整理收纳，形成良好的整理习惯。班主任要提醒并引导家长在家也要监督学生保持书桌整洁干净，并养成打卡好习惯。

（3）评价激励，形成新风尚

好习惯的养成不是一蹴而就的，因此需要班主任和家长鼓励引导。比如，班主任可以在班级进行"最美抽屉"评比，还可以将学生整理抽屉的过程拍成短视频进行展示，以此来激励学生持之以恒，让整洁成为风尚。

对班主任而言，学生的抽屉整洁是第一步，我们还要以点带面，让教室的每个角落都整洁起来，并且将打造一间整洁的教室作为打造班级文化的重头戏，让环境育人在每一天每一处悄然发生。

## 二、学生如何快速整理书包

整理书包对一年级的学生来说至关重要，这不仅是基本的生活习惯和能力，还承载着诸多教育意义。

首先，整理整齐的书包能让学生省时省力。学生书包内物品繁多，包括课本、文具和日常用品等。若学生学会整理，便能迅速找到所需物品，同时减轻书包重量。

其次，这有助于提高学生的分类能力。初次整理时，学生可能会随意装东西，导致书包内物品混乱。然而，一个井然有序的书包需要学生学会归纳分类。通过整理书包，学生的分类能力将得到提升。

最后，整理书包还能培养学生的思考能力。在整理过程中，学生会主动思考诸多问题，如明天需要携带的物品、文具的准备等。这种重复的思考过程有助于培养学生的独立思考的习惯和能力，对他们的学习和未来发展大有裨益。

因此，重视整理书包不仅是为了保持书包的干净整洁，更是为了培养学生分类思考等多方面的能力。

### （一）注意事项

* 班主任要向学生讲解书包的结构。
* 班主任要教会学生归纳分类，按一定的顺序摆放。
* 班主任需要定期检查学生的书包整理情况。

### （二）具体操作

┃1.分类细化┃ 学生书包里的物品一般可以分成四类：课本类、文具类、体育用品类、生活用品类。

（1）课本类：学生在整理书本时，可以再继续分类。比如可以根据科目分类，也可以根据书本的功能分类。比如分为课本、练习本"大下小上"的顺序。但要注意的是，不论哪一种分类，在整理时要按照书本的尺寸大小放置。

（2）文具类：将所有的笔，如钢笔、圆珠笔、铅笔等橡皮擦放在笔袋里。

尺子、圆规等绘图工具可以单独放在一个文具盒或专用的收纳袋中。

（3）体育用品类：在整理体育用品时，学生应将体育课或课外活动时需要用到的跳绳、毽子、沙包等物品归类放置。可以准备一个专门的体育用品袋或箱子，将这些物品有序地存放其中，以便随时取用。

（4）生活用品类：对于每天都需要用到的生活用品，如水杯、纸巾、钥匙、抹布等，学生也应学会整理归类。可以设置一个固定的放置区域或容器，将这些生活用品有序地摆放好，以便日常取用和保持生活空间的整洁。

**2. 整理摆放**　建议在物品摆放时，可以遵从这样的原则：相同大小整理齐，大下小上放一起，小件物品摆在旁。

第一步：让学生了解书包的基本结构。

• 前袋：前袋是指书包正面或侧面的储物空间，通常用于放置文具、纸巾、毛巾、钥匙等小物品。

• 侧袋：侧袋是书包两侧的小口袋，可以用来存放水杯、雨伞等物品。

• 主袋：主袋是书包的主要空间，用来装书本、作业本以及大件的学习用品。

• 隔层：书包的隔层空间较小，可以用来装试卷、练习簿。

第二步：把书、本子、文具盒、蜡笔、水彩笔等放置在主袋里。

第三步：把跳绳、毽子等放在大前袋里。

第四步：把水杯（盖好盖子，拧紧）放在侧袋里。

第五步：把纸巾、钥匙等小东西放在最前面的小袋里。

第六步：书包隔层里可以放置当天要交的作业等。

对于以上物品摆放的过程，班主任也可以录好视频，一边播放一边让学生学习，学生回家之后，反复练习。

**3. 定期清洁**　定期整理书包的书本，一些不需要用的书本可放教室储物筐或者留在家中。定期清理书包内的杂物，如清理纸屑、橡皮屑等。定期清洗书包，保持书包清洁。

在这个过程中，班主任也可以利用儿歌来帮助学生回忆整理书包的过程。学生回家后，做完作业，可以边背儿歌边整理书包，这有助于学生养成良好的整理习惯。比如：

小小书包作用大，我来把它整理好；

看课表，拿好书，根据大小层层放；

作业本，放隔层，交给老师不忘记；

空水壶，小雨伞，小袋里面来安家；

文具盒，准备好，我们学习离不了。

整理书包看似是日常小事，但却是学生学习、成长中不可忽视的环节。所以在一年级规范培养阶段，要一步步教会学生如何整理书包，让学生意识到分类和归纳对生活的重要性，感受到整洁的美，同时也能培养学生做事善始善终，条理清晰。

## 三、学生如何保持自己的座位干净整洁

### （一）注意事项

* 班主任要让学生树立爱护环境的意识。

* 班主任要用正向激励的教育方法帮助学生养成良好的卫生习惯。

* 班主任可以培养几位细致耐心的组长，配合自己定期检查学生的座位情况。

### （二）具体操作

整理课桌椅，捡起身边垃圾，在学习过程中是一件微不足道的小事。如果每个学生都能够保持自己座位干净整洁，那班级环境便能更加优美。班级是学生们学习的重要场所，保持整洁卫生，才能拥有一个良好的学习环境。一年级学生如何保持自己的座位干净整洁呢？不妨看看以下小妙招。

**1. 划定责任区**　每个学生要有自己的座位自己负责的意识，要给每个学生划定座位卫生的区域，让每个学生管理好自己座位底下、边上的卫生，即保证座位周围无纸屑，桌椅摆放整齐。如果谁的座位底下被发现有垃圾，不管垃圾是不是自己的，都只批评该座位的所在的学生，必要时可以给予学生罚做卫生的惩戒。长此以往，每个学生都在这样的要求中养成了讲卫生的好习惯，看到地上有垃圾也会主动捡起来丢进垃圾桶。

**2. 背诵小口诀**　我们在教学实践中发现有位老师使用了这个方法，在每次课程结束后，该教师采取了一种创新且高效的方法来培养学生的良好习惯。他首先会向学生发出明确的指令，引导学生参与到课后整理的工作中来。这一指令以简洁明了的口诀形式呈现，如"下课后我们应该做到，一二三对整齐，

四五六捡垃圾"。通过这样富有节奏感和韵律性的口诀，学生们在重复诵读与行动的过程中，逐渐将这一行为内化为自己的习惯。

这种方法的科学之处在于，它利用了重复和条件反射的原理，使学生在日复一日的实践中形成了肌肉记忆。随着时间的推移，学生们已经能够在无需教师提醒的情况下，自觉地进行桌椅的排列和垃圾的清理工作。这一习惯的形成，不仅有效维护了教室的整洁与卫生，还极大地提升了学生的自我管理和环境维护能力。

从教育学的角度来看，笔者认为这种通过口诀引导和行为重复来培养学生习惯的方式，是一种行之有效的教育方式。它不仅能够促进学生的行为养成，还能够在潜移默化中提升学生的综合素养和环保意识。

**3. 固定垃圾袋** 在教学实践中，班主任如果去巡视教室，经常能看到有些学生的桌子下面有橡皮屑、小纸团、铅笔头……去班级垃圾桶看，也会发现垃圾桶周围也有垃圾。根据这一情况，班主任可以让学生在课桌侧边挂一个小垃圾袋，用来装自己的垃圾，放学前统一丢进班级垃圾桶。

**4. 任命卫生检查员** 班主任针对学生自觉维护环境卫生意识不足的问题，可以通过任命有责任心的学生为卫生小组长的方式来进行处理。通过设立卫生小组长制度，利用同伴间的提醒与示范作用，有效提升学生对环境卫生的关注度与责任感。具体而言，每组选拔出的细心且责任心强的卫生小组长，负责课后对本组卫生进行细致巡视，并温和提醒学生主动弯腰捡拾座位下的垃圾。为进一步强化学生的卫生意识，班主任可以举行卫生评比活动。通过每日多时段（午饭后、大课间、放学前）对班级各组卫生进行全面检查，并根据整洁程度给予积分奖励，形成良性竞争氛围。

## 四、班级卫生如何清扫

教室卫生是班主任规范管理工作的重点之一，而一年级值日对新手老师来说绝对是一大挑战。开学后几周，有的班主任每天放学后自己和副班主任留下来打扫卫生，有的班主任让家长志愿者每天轮流来帮忙做值日，有的班主任留学生下来做值日但却做到天黑。那如何让这些劳动能力较差甚至不会劳动的"萌新"打扫好教室呢？如何让班级拿到流动卫生红旗呢？我们可以试试以下方法。

**（一）注意事项**

* 班主任刚开始教学生做值日时一定要亲力亲为，要做好示范。

* 班主任对学生的值日要有高要求、高标准。

* 班主任第二天要结合值周老师的检查向班级反馈前一天的值日情况，发现问题，及时解决。

**（二）具体操作**

**1. 布置劳动任务 摸清学生能力** 在开学前，建立好班级群后，可在群里布置打扫卫生的劳动任务，让家长用视频上传学生的扫地、拖地、整理书桌的劳动过程。为什么要这样做？这是为开学后排值日表做准备，如果不根据学生的打扫能力排值日表，那可能会出现这样的情况：有些学生是拖地岗位，但却不会拖地；有些学生是倒垃圾岗位，但却不会套垃圾袋。班主任可以根据家长上传的视频，评估学生的卫生打扫能力，一边看一边做标记。对于扫地扫得特别好的学生，后期可以安排其负责扫地岗位；对于整理书桌特别干净的学生，可以安排其负责整理讲台的岗位。

当然，家长上传的视频只是作为班主任评估学生劳动能力的参考，后续班主任还是要自己发现、观察、了解学生的劳动情况，再做值日岗位的调整。

**2. 合理安排岗位 制订值日计划** 假设班级总共 41 人，根据人数情况，班主任可在周一到周四每天安排 8 名值日生，周五安排 9 名值日生，并且每个值日生都有具体的分工和任务。在值日表里，2 名值日生扫地，2 名值日生拖地，2 名值日生对桌子、擦桌子，1 名值日生擦黑板、整理讲台，1 名值日生倒垃圾、整理图书、离开教室做好"三关"。

**值日安排小妙招：**

（1）挑选班上 5 名最能干的学生分别做当天的卫生组长。

（2）扫地岗位可以安排动作快、做事专一的学生。

（3）拖地岗位可以安排力气大的男生。

（4）不要将容易打闹的学生安排在同一天。

（5）不太会劳动的学生可以先安排倒垃圾、整理图书的值日岗位，从简单的岗位做起。

**3. 亲身示范打扫 明确卫生要求** 刚开始做值日的一个月是班主任最辛苦的时候，因为班主任要一个步骤一个步骤地教学生每一个岗位具体怎么做，最后还要让学生知道打扫到什么程度算完成值日。具体流程和标准见下。

（1）移桌：班主任在移桌时要为值日生找到对应的参考物，比如地砖的边线。以地砖边线为例：第一张桌子对地砖前线，第二张桌子对地砖中间部分，第三张桌子对地砖后线。这样保证每个座位之间间距大小相同。移桌时必须从头开始对，不要这里对一张桌子，那边对一张桌子。学生对完桌子再用毛巾擦每一张桌子的桌面，确保桌椅干净整齐，即打扫完成。

（2）扫地：2 名值日生扫地，找一条线或一条砖将教室分成左右两部分，第 1 个值日生负责左一半，第 2 名值日生负责右一半。拿上扫把先从讲台开始扫起，接着再扫各组座位下的垃圾。清扫时，要将座位底下、座位之间缝隙的垃圾都清扫出来。先从教室的前面开始扫，从前向后扫，从左往右扫，这样能够不留死角。扫到教室后黑板报处，再拿上簸箕将垃圾清理进去。班主任要提醒值日生不要一边扫地一边清理，这样速度会变慢。值日生打扫完成，在确保地面无纸屑、灰尘后，把扫把簸箕放回卫生角，算打扫完成。

（3）拖地：值日生扫地时，拖地的 2 名值日生便在水池边排队洗拖把。扫地完成后，开始拖地。拖地的过程和扫地一样，学生弯下腰，用手压住拖把，从右往左拖地或从左往右、上下来回拖地，拖完一块，再拖另一块，边拖边后退。班主任在指导值日生给拖把冲水后，要告诫学生把拖把拧干，拧到拖把不滴水了再去拖，和扫地的方向一样从前往后，从里到外拖，拖完就不要在教室内走动了。如果地面比较脏，学生可以反复拖上两遍。学生拖地后要确保地面无明显污渍、黑团，地砖亮洁，拖把清洗挂好才算打扫完成。

（4）擦黑板、整理讲台：擦黑板先用干的黑板擦，擦完后再用湿抹布拧干擦一遍。清洗抹布后再擦第二遍。第二遍擦好晾干后，黑板上无粉笔灰印迹即可。如黑板上还有粉笔灰，则再擦一遍直到擦干净为止。擦的方向为从左到右，擦完后整理讲台。完成后要确保讲台上作业本摆放整齐，无其他杂物。

（5）倒垃圾、整理图书、"三关"：当扫地的值日生在做值日时，1 名值日生先整理班级图书，书本大的和大的，小的和小的放在一起，书脊朝外。整理班级后柜每个同学的收纳筐，统一靠在后柜的左侧。完成后，收拾垃圾桶内的垃圾，替换垃圾桶内的垃圾袋，在所有值日完成后关灯、关窗户、关门，离开教室去学校垃圾房扔垃圾。

对于每个值日岗位的流程，教师都要带着学生反复操练，直到学生能够独立掌握为止。

**4. 认真仔细检查，复盘反馈总结** 值日过程中，小组长要管理好值日生的纪律，有情况要报告给老师。值日生完成工作后，先由小组长进行检查，小组长认为没有问题后再叫班主任检查。班主任要按照高标准来检查。学生经历过值日后，他们就知道该做什么，但是怎样才能做得更好，就需要复盘总结，提炼要领。比如，扫地时要注意扫地的顺序，从前向后扫，从左往右扫，从角落往中间扫。扫地不必用太大的力气，轻柔一些。有些男学生扫地的时候那架势恨不得把地板给掀起来，这个需要纠正。拖地之前要先学会洗拖把。各个地方检查过关后，值日生排好队伍统一由班主任带到校门口放学。

**5. 计时控制时间，及时给予奖励** 一年级的学生不像高年级的学生，不用老师在就能高质量地完成值日。一年级做值日普遍的表现为速度慢、不自觉、打扫不干净。为了使他们干得快、干得好，班主任可以制定奖励制度。比如，可以要求一年级学生在 40 分钟内完成值日，随着年级上升，时间会越来越短。当天值日小组能够在 40 分钟以内完成值日的，小组成员每人奖励一张积分卡。如果当天班级卫生方面不扣分，小组成员再每人奖励一张积分卡。组长是小组的核心，要给同学们树立榜样。优秀的组长，有机会参与校级优秀班干部的评选。

## 五、学生如何培养良好的个人卫生习惯

学生的个人卫生不仅关系到他们自己的健康，也关系到周围人的健康，因此班主任需要及时引导和教育学生，让他们养成良好的卫生习惯。如果不注重一年级学生的个人卫生，班级很容易在秋冬季节暴发传染性疾病，如诺如、手足口病、疱疹性咽峡炎、流感等。那有哪些方面的个人卫生需要班主任重视呢？

**（一）注意事项**

* 班主任要制定明确的个人卫生习惯标准。

* 班主任要引导家长、学生明晰个人卫生习惯标准。

* 班主任要每天反馈学生个人卫生情况。

**（二）具体操作**

**1. 传播教育卫生知识**　班主任要收集有关个人卫生的图片和视频，展示卫生习惯的重要性，例如通过一段有趣的动画向学生们演示洗手的正确步骤，还可以定期邀请医生或公共卫生专业人士进行专题讲座，向学生和家长普及关于口腔卫生和环境卫生的知识。

建议在每学期开始时，班主任请学校的校医来班级里进行卫生讲座。通过生动的案例和实际展示，向学生们介绍洗手、刷牙、保持环境整洁的正确方法，学习科学佩戴口罩，咳嗽打喷嚏时用手肘遮住口鼻，减少感染中传染疾病的风险。

**2. 树立卫生模范榜样**　作为班主任要时刻提醒自己，教师就是学生们的榜样。每次在饭前，班主任可以通过和学生一起去洗手对学生进行示范等行为，或在班级里评选出一名"卫生模范学生"，请这位"卫生模范学生"分享自己保持良好卫生习惯的心得，从而引导其他学生效仿。

**3. 通过游戏互动学习**　建议班主任在开学的第二周对学生的卫生习惯进行教育和引导。为了让卫生教育更有效，班主任可以制作卫生知识卡片游戏，让学生们通过答题来学习卫生知识，完成卫生小任务，做到的同学可以获得卫生奖章。还可通过卫生比赛游戏来引导学生保持个人卫生习惯，如"谁的小手最干净"游戏。

**游戏规则：**

（1）早上，在游戏前教会学生用七步洗手法洗手，确保双手干净整洁。

（2）在一天的时间里，各位玩家要注意饭前厕后洗手，手上有污渍及时洗手。

（3）放学前十分钟检查，经过一天时间，比一比谁的小手最干净，小手干净的学生可以获得积分奖励。

玩这样的小游戏，学生一般都很有积极性，在游戏的过程中，学生会有意识地勤洗手，并保持个人卫生。

# 第三节　安全规范的要求与落实措施

一年级学生年龄小，安全意识淡薄，早期的安全教育有助于学生在心中种下安全意识的种子，养成良好的安全习惯，懂得自我保护。建立安全规范，可以有效减少学生在日常生活中遭遇的意外伤害，也有助于学生了解与人相处的界限，提醒学生要对自己的行为负责，督促学生学习并遵守规则。

## 一、学生如何开展安全文明的课间活动

课间活动是小学一年级学生校园生活的重要组成部分，它不仅能帮助学生在紧张的课堂学习中放松身心，还能锻炼学生的团队合作能力，培养他们的兴趣爱好。然而，课间活动的安全问题也日益引起家长和学校的关注。作为班主任要强化安全意识，同时要注意在日常工作中做好安全教育工作和安全预防工作。一年级学生中常见的安全事故有以下几种。

┃ 1.跌倒与碰撞伤害 ┃　学生在课间活动时，由于奔跑、嬉闹或地面条件不佳（如湿滑），容易发生跌倒，进而可能导致皮肤擦伤、关节扭伤等轻度至中度的伤害。

┃ 2.校园欺凌与暴力事件 ┃　尽管此类事件发生的频率相对较低，但仍需保持警惕，以预防任何形式的校园欺凌或暴力行为。

┃ 3.打闹伤害 ┃　同伴之间因玩耍未把握好尺度而产生打闹现象，造成伤害。

**（一）注意事项**

＊ 班主任在课间活动期间要防范安全事故。

＊ 班主任要提升学生的人际交往能力，以预防校园欺凌现象发生。

＊ 班主任要提醒学生注意玩耍的尺度，以免引发冲突。

**（二）具体操作**

┃ 1.制定规矩　明确要求 ┃

（1）下课口令：一堂课下课，班长带领全体学生念儿歌提醒。

慢慢行走轻轻语，

下课安全要牢记；

同学之间多交流，

不追不跑讲礼仪；

同伴之间要互助，

若要玩要先同意。

念完儿歌，学生方可离开座位开展课间活动。

（2）强调课间活动要求：班主任可以在班内强调如何文明开展课间活动。首先，避免开展容易引发意外伤害的活动，如追逐打闹、攀爬登高等；其次，班主任要提醒学生注意周围环境，确保活动场地安全，教育学生遵守课间活动的文明礼仪，如不大声喧哗、不乱扔垃圾、不损坏公物等。培养学生的良好习惯，营造和谐文明的校园氛围。

### 2. 规范场地 丰富内容

（1）合理安排时间和场地。班主任要规划好课间活动的时间，如：课间休息时间为十分钟，班主任可以建议学生选择时长较短的活动，如短时间阅读、跳绳练习等。班主任要合理安排课间活动的场地，确保各个活动项目有序进行，告知学生哪些区域是课间不许玩耍的地方，哪些区域需要小心，注意哪些安全隐患。

（2）关注活动进程。班主任可以密切关注学生课间活动的动态，避免出现拥挤、混乱等情况。班主任可以安排一名或几名学生作为课间文明管理员，协助自己进行课间活动的监督和管理。管理员一旦发现安全隐患，应当立即告知班主任，以便妥善处理，有效避免意外发生。

（3）师生共创文明活动。班主任可以与学生共同发掘合适的课间游戏，鼓励学生团队合作，培养团队精神，可以组织集体游戏，让学生在合作中增进友谊，提高班级凝聚力。比如组队跳八字长绳，在此过程中，学生团结合作，甩绳的人与跳绳的人要相互配合，互相加油喝彩。也可根据学生的兴趣爱好和年龄特点，设计丰富多样的课间活动。如组织游戏、开展课外阅读、进行体育活动等，让学生在课间活动中得到身心放松。

### 3. 教育引导 家校合作

（1）反复强调安全意识。班主任要适时对学生进行安全教育、文明礼仪教育和团队协作教育，让学生明确课间活动的规范和要求。反复提醒安全规则，明确告知学生哪些行为是安全的，哪些行为可能导致危险，例如在走廊奔跑、推搡同学，乱扔废弃物等都是不安全的。还可以定期开展安全教育课，利用班会或其他课余时间，定期为学生进行安全教育，强调课间活动安全的重要性。

（2）模拟演练降风险。班主任可以进行模拟演练，引导学生学习应对课间突发事件的措施，让学生了解在可能发生的紧急情况下的正确应对方法，从而使事件得到妥善处理，降低发生严重事故的概率。

（3）家校沟通促改善。班主任要加强与家长的沟通，让家长了解学校课间活动的要求，共同关注学生的健康成长。针对在学校发生的安全规范问题，及时与学生家长进行沟通，家校合力保障学生的课间安全。

（4）定期评估保质量。定期对课间活动进行评估，了解学生的需求和活动中存在的问题，及时调整活动内容和形式，确保课间活动质量。

**（三）课间活动建议**

┃1.室内活动┃

（1）阅读书籍

学生可以在课间时间选择自己喜欢的书籍进行阅读，不仅可以培养阅读兴趣，还能提高自己的语文水平。

班主任可以设置图书角，通过有趣味的读物培养学生们爱阅读的好习惯（图 2-2）。

图 2-2 图书角

（2）玩益智游戏

组织有益智性的游戏，如拼图、五子棋、识字卡牌等，锻炼学生的思维能力。

为避免许多学生在同一时间使用同一款益智游戏，造成"拥堵"或争抢现象，班主任可以让学生们自行讨论，尝试制定游戏区公约。

**游戏区管理方法：**

①每个小组一个玩具收纳筐，每个筐里放的玩具种类一致，可以定期更新，增添趣味性。

②在玩具框上贴上玩具标签，选一名小组长作为玩具框负责人，监督玩具的整理收纳。

③给每个学生制作"借玩卡"，用于实名借玩。

④规定学生只能借用本小组的玩具，借用时将自己的借玩卡插入对应玩具的卡位。

⑤规定组长监督组员们整理好玩具框，玩后归位。

⑥组员之间要协调，友好玩耍，需配合游戏区管理方法。

**2. 室外活动**

（1）户外运动。鼓励学生进行适量的户外运动，如跳绳、踢毽子等，还可以开展具有班级特色的传统运动，比如滚铁环、跳皮筋等，以锻炼身体，增强体质。

（2）手工制作。学生可以利用课余的时间进行手工制作，培养学生的动手能力和创造力。

（3）开展环保活动。组织学生进行校园绿化、环保宣传等活动，培养学生的环保意识。

通过开展安全文明的课间活动，一年级学生可以在轻松愉快的氛围中度过课间时光，既能锻炼身体，又能培养良好的文明素养。

**【案例】**

小明是一名一年级的学生，他活泼好动，课间活动时经常和同学们一起玩耍。然而，由于缺乏安全意识，小明在课间活动中经常出现一些安全问题，比如奔跑时摔倒等。这些问题引起了我的高度关注，我决定和小明进行沟通，帮助他提高安全意识。

我：小明，我注意到你在课间活动时经常奔跑，这样很危险，容易摔倒受伤。你能告诉我为什么你喜欢奔跑吗？

小明：老师，我觉得奔跑很好玩，可以和同学们一起比赛。

我：我理解你的想法，但是我们也需要注意安全。你知道在课间活动时应该如何保护自己吗？

小明：老师，我不知道。

我：听老师来讲个故事。有一天下课后，101 班的小 A 飞速地向厕所奔去。跑到 103 班门口时，与正好从 103 班跑出来的小 B 撞在一起，小 A 当场倒地，痛得直打滚。原来，小 B 正在玩抓人游戏，两个飞速奔跑的同学就撞在一起，强大的冲击力量造成小 A 手臂骨折。经过半年多的治疗矫正，小 A 手臂还是无法正常屈伸。听了这个故事，你知道为什么不能奔跑了吗？

小明：我知道了，奔跑很危险。下次我会注意的。

我：另外，小明，我还想和你分享一下一些基本的安全知识。比如，当我们穿过走廊或者楼梯时，应该靠右行走，保持队形整齐，不要推搡。在操场上玩耍时，要遵守游戏规则，不要争抢或者打闹，这些都是我们在课间活动中应该注意的安全事项。

小明：老师，我会记住这些安全知识的。谢谢您的提醒。

我：还有一个很重要的事情，就是要学会寻求帮助。如果你在课间活动时遇到任何危险或者困难，应该及时告诉老师或者其他成年人，我们会帮助你解决问题。记住，安全是最重要的，我们要时刻保持警惕。

小明：老师，我会记住您的话，遇到问题会及时寻求帮助。

通过这次沟通，小明和其他学生都更加重视课间活动的安全问题，并且掌握了一些基本的安全知识和求助方法。我也会继续关注学生的安全情况，并及时进行沟通和指导，以确保他们的安全。

## 二、学生放学后的安全如何保障

一年级学生还在适应期，在学校里生活了一天，到放学的时候，很多学生已经迫不及待地要回家玩耍。但是，总会有部分家长因为各种原因不能及时来接自己的孩子。这些学生就会在等待家长的过程中自己玩耍，但是这个年龄段的学生安全意识较弱，自我保护能力有限，如果班主任不加关注，很容易出现安全隐患。如何确保一年级学生放学后的安全，是家长和学校都非常关注的问题。

**（一）注意事项**

\* 班主任要建立学生档案，记录学生的接送信息（接送人、接送方式、是否按时接送、联系方式）。

\* 班主任要与家长沟通，明确接送要求，做好安全教育。

\* 班主任要在放学前对学生进行安全教育。

\* 班主任要组织集体放学，统一带队，与家长对接，监督学生离校。

\* 班主任要对未被及时接走的学生拍照并通知家长，在家长到来之前带学生至安全等候区域。

\* 班主任要做好应急处理培训，以便在发生紧急情况时能够迅速、正确地采取措施。

**（二）具体操作**

**1.建立学生接送档案** 学生的接送人往往不固定，为了保障学生接送安全，防止被坏人钻空子，班主任要对学生的接送情况进行摸底，建立档案，要了解学生每日接送的基本情况。学生接送档案表参考见表 2-1

表 2-1　学生接送档案表

| 学生基本信息 | 家庭地址 | 接送人身份 | 姓名 | 联系方式 | 接送方式（①汽车②电瓶车③步行④公交车⑤其他） |
|---|---|---|---|---|---|
| 姓名： | | 父亲 | | | |
| 年级： | | 母亲 | | | |
| 班级： | | | | | |

**2.提醒家长** 班主任要提醒家长注意学生在校外的安全，主要有以下几点。

（1）明确监护人职责。家长或监护人需按时接送学生，若无法按时到达，应提前通知学校，以便班主任做出相应的安排。家长要向班主任提供紧急联系方式，确保在必要时能够及时沟通。

（2）加强家庭安全教育。班主任和家长应加强对学生的家庭安全教育，教导他们如何保护自己，避免危险。班主任可以通过家长会等形式，向家长传授家庭安全教育的知识和技巧，促进家校共育。

（3）加强交通安全教育。如果学生需乘坐公共交通工具，班主任和家长应确保他们了解交通安全知识。

▌3. 排队▐　在刚开学的前几周，因为孩子们整理物品的动作慢，可以提早3~5分钟进行排队练习。队伍排好以后，清点人数，确保没有学生自行离开，方可行走。

▌4. 路队▐　行走过程中做到不勾肩搭背走，遵守走成两条直线的规则，可以边背古诗边走，有序走到放学地点，有事需要提前离开队伍要经过老师同意。班主任在带队过程中，要关注队伍行进情况，直至带到放学接送点。

▌5. 整队▐　班主任或领队负责整队，整队完毕，班主任做安全提醒，如：回家路上注意安全，如果家长骑电瓶车，请提醒自己和家长戴好头盔。说完，班主任与学生击掌告别。击掌，表示家长已到达，学生顺利被家长接走。

▌6. 等候▐　未及时被接走的学生，原地站好，班主任拍照发送至班级群提醒家长抓紧来接。同时把学生带至学校设置的安全等候区，交给管理老师，提醒学生不要乱跑，不可擅自离开（有的学校设立了单独的空间，布置了座位和课外书籍，供等候区的学生使用），静等家长来接。

**（三）遇到个别家长无法按时接孩子的情况怎么办？**

个别家长由于工作繁忙、突发急事等原因，无法按时接孩子，老师要及时与家长做好沟通，告知家长孩子等候的位置，并且提醒学生不要乱跑，在约定地点静等。班主任和家长的沟通文本示例：

××家长您好！您的孩子在××地方等候家长，已提醒其不要走开到别处。为避免安全隐患，请务必按时接孩子放学，感谢配合！

老师和学生的沟通文本示例：

××小朋友，你的爸爸妈妈会在××分钟后到这里接你，千万不要乱走动哦！

通过沟通，一般家长都可以及时来接学生。此外，班主任应在班级里开展相关的交通安全教育班会课，也可邀请交警或专业人士进行讲解，增强学生的交通安全意识。

这些综合措施的落实，可以有效地保障一年级学生放学后的安全。同时，也要不断根据实际情况调整和完善措施，确保学生在校外的安全。

### 三、学生发生一般安全事故如何处理

校园安全事故通常分为一般安全事故和严重的安全事故。一般安全事故是经过简单处理很快能解决的小问题。

一年级学生刚开始校园生活，安全意识薄弱，一般安全事故是难以避免的。常见的一般安全事故如下：

（1）挤压、碰撞事故：放学和下课时在楼道、门口等黑暗和狭窄的地方互相挤压、碰撞而引起的事故。

（2）体育活动事故：体育活动中因体育器械使用不规范或不守规则而造成的伤害或跑步时摔倒造成的伤害。

（3）劳动或社会实践事故：在劳动或社会实践中因安全意识差，操作不熟练或不按要求操作而造成的伤害。

（4）同伴之间打闹：同伴之间玩闹造成的伤害。

一般安全事故如何处理呢？下面让我们一起来看一看。

**（一）注意事项**

\* 不能忽视学生报告的安全信息。

\* 调查事情真相，做好记录。

\* 主动联系家长，陈述事实及处理情况。

\* 安抚家长，跟踪随访。

**（二）具体操作**

**1. 查看安抚** 班主任一定要树立安全第一的意识。当学生因安全问题向你报告身体不舒服或者受到撞击等情况时，一定要第一时间详细查看，并安抚受伤学生，做出正确评判。

**2. 及时就医** 如果有破皮或者红肿等情况，第一时间送校医室检查。

**3. 调查详情** 找到当事同学了解事情经过，可用视频、照片等方式进行记录。

┃**4. 联系家长**┃ 　根据校医检查情况，及时与家长沟通。如果问题很小，说明情况即可；如果需要进一步到医院检查就诊的，若情况比较紧急，一边联系家长，一边由班主任和学校直接管理人员一起先送医院就医。如果事故是由他人造成的伤害，要联系伤害方家长一起陪同就医。

┃**5. 跟进处理**┃ 　就医结束后，班主任须跟进学生的康复情况，并协助家长处理保险赔付等相关事宜。若事故涉及他人造成的伤害，应积极协调双方家长，妥善处理赔偿问题，确保学生权益得到保障。同时，关注学生的心理状态，提供必要的情感支持。

┃**6. 安抚支持**┃ 　如果学生需要请假休息，班主任要安抚学生和家长，提供必要的帮助和支持，并给予家长合理的建议。

┃**7. 集体教育**┃ 　班主任要以此为素材开展班会课，对班级全体学生进行教育，以免类似事情的发生。

## 【案例】

音乐课下课，音乐老师把小叶叫成了小杨，同学们觉得很好玩。于是，大家都围着小叶叫："小杨，小杨！"小吴特别兴奋，也围着小叶"小杨，小杨"叫个不停。小叶觉得很烦，就对小吴说："你有病啊！"小吴认为小叶骂他脏话，要求小叶向他道歉，小叶认为自己没有错不道歉。小吴就把小叶按倒在地上，其他同学把小吴拉开，小吴还不肯罢休，又把小叶追到走廊，拉着小叶的手将其按到墙上。等班主任赶到现场，小吴才收手。此时，小叶满眼泪水，说手指很疼。

**具体操作如下：**

1. 陪同就医：班主任叫上小吴一起陪同小叶去医务室检查。校医检查后做了冰敷处理，建议继续观察，如果有疼痛红肿则需要上医院。

2. 调查详情：班主任请小吴和小叶详细描述事情经过。两个人陈述不一致的地方，向在场的其他同学求证澄清。

3. 个别教育：班主任通过和小吴、小叶沟通交流，让小吴知道自己错在哪里，并引导他真诚地向小叶道歉，取得小叶的谅解。

4. 全员教育：在全班面前陈述事情经过。

（1）采访小叶：当老师叫错了你的名字，大家都围着你叫"小杨，小杨"时，你的心情如何？

小叶：很烦。

师（问全班同学）：音乐老师误把小叶叫成了小杨，你们跟着模仿，是不对的。如果你是小叶，你会有什么感受？

生1：我也会觉得很烦。

生2：我会觉得很无聊。

生3：我觉得很吵。

【思考：通过角色换位，让同学们体会当时小叶说"你有病啊"的含义，这其实是情绪不好的情况下表现出来的不耐烦，意思是我希望你不要再围着我吵了。】

师：小叶，当你生气时，你用"你有病啊"来表达你的情绪，你觉得这样好不好？

小叶：这样不文明，别人听了也会不开心、不舒服。

师：是啊，以后想表达不满情绪时，可以先冷静，告诉对方你的情绪因何而起，寻找和平沟通的方法。

小叶：老师，我明白了，以后我会学习正确地表达情绪。

（2）采访小吴：你现在明白当时小叶为什么要说"你有病啊"这句话了吗？

小吴：点点头。

师：那如果再给你一个机会，你还会不会再追着小叶要他道歉。

小吴：不会。

采访其他同学：如果你们是小吴，当时听到小叶说这句话，你们会怎么做？

生1：不叫就好了，都是开玩笑，没什么。

生2：我会告诉老师。

生3：我会和小叶说"对不起"，然后再走开，不再烦他。

师：小吴同学，同学们给你提了很好的建议，下次再碰到类似的问题，你知道怎么解决了吗？

小吴：点点头。

师：那能不能当着全班同学的面，真诚地向小叶道歉。

小吴再次向小叶道歉。

师小结：是的，当我们听到让自己感到不舒服的话时，先要反思一下自己的行为是不是让别人不舒服了。如果是自己有错在前，自己应该主动道歉，如果觉得自己没有错，也可以让老师来评理。

5.联系家长：

班主任要联系小吴家长，告知事情的经过和孩子的伤情，并提醒家长，等晚上孩子回家后，要当着孩子的面，主动联系小叶家长，并致歉。如果小叶家长提出要去医院检查，得陪同一起去。

班主任要联系小叶家长，告知事情的经过，孩子的伤情，以及老师教育处理情况。征求家长意见，是立即去医院检查，还是听从校医指导，先观察一会。

家长同意校医意见，先观察情况。

6.跟踪随访：班主任当晚询问小叶的手指情况。得知双方家长已经一起陪同孩子去医院做了检查。医药费也已经协商解决。

因为沟通到位，事故处理顺利。

## 四、学生发生严重安全事故如何处理

严重安全事故是指孩子伤筋动骨（需要手术或住院治疗）或有破相、生命危险、后遗症等。严重安全事故如何处理呢？

**（一）注意事项**

* 如有事故发生优先处理伤患的救治，之后才是事故的汇报和其余事项处理。

* 向分管领导汇报和通报家长时要简洁明了。

* 调查事故原因时，要做好记录并保存好相关资料。

* 要对事故进行全程的跟踪和随访。

* 事后要做总结，并预防相同事故的发生，必要时可以在班会上开展安全教育。

**（二）具体操作**

以下是常见的事故处理流程。

**1.紧急救治** 如果事故发生在课堂，班主任收到信息后，第一时间联系校医，一起参与救治。需要及时送上级医院的，一边联系家长一边和任课教师一起送学生去医院。如果事故发生在课间，需要及时送医院的，班主任和副班主任一起送医院。

**2. 报告领导** 向分管领导汇报，安排课务。

**3. 了解详情** 如果情况不是特别严重，可以联系家长让家长先带孩子回去医院，班主任留下了解情况。调查的时候，可以用调取监控，询问在场的学生等方式，用视频录下重要信息，详细记录事故的真相，并对其他学生进行教育。

**4. 安抚家长** 班主任需密切关注学生的病情及其救治情况。对于需要住院治疗或在家休养的学生，班主任应迅速与相关责任教师及涉事学生家长联系，并尽快组织相关人员进行探访。在此过程中，不仅要给予学生必要的关怀和鼓励，还要通过有效的沟通减轻家长的担忧，并明确告知学校为保障学生学业不受影响而计划实施的支持措施。

**5. 协助处理** 指导家长保留好就诊的材料，进行保险报销。参与受伤学生家长与伤害方家长赔偿事宜的调解。

**【案例】**

学生小 A 下课的时候跑着去厕所，跑到五（3）班门口的时候，刚巧学生小 B 从教室里跑出，把小 A 撞到地上。小 A 疼痛不止，大声哭泣。小 B 扶着小 A 去医务室检查。

**具体操作如下：**

1. 参与救治：班主任接到信息后，第一时间去医务室，向校医了解伤情。因为孩子手臂很疼，不能正常活动，校医建议去上级医院检查。

2. 调查详情：通知小 B 班主任，一起询问小 A 和小 B 事情经过。两位班主任协商处理。因为孩子的伤情不是很紧急，分别通知各自家长一起陪同小 A 就医。两位班主任留下来调查事情经过。

3. 调查取证：询问在场孩子详情，调取相关区域监控，并确保全程记录并保存关键视频证据。

4. 报告领导：填写事故报告单。

5. 跟踪关怀：班主任勤打电话，了解孩子的就诊情况。得知医院诊断结果是骨折，需要石膏固定，并请假治疗。班主任和副班主任一起登门看望，安抚学生和家长，给予学业上的关怀支持。

6. 全员教育：（1）播放监控录像，让学生了解事故发生的原因。通过补充说明，告知小 A 同学的伤情。（2）在当事人同意的情况下，可播放小 A 同学受伤的照片，以及小 A 同学诉说当时为什么要奔跑的视频，让学生知道下课了要及时上厕所，不要等到小便已经很急了再去。一是憋尿会伤害身体，二是奔跑容易造成安全事故。（3）让孩子们再次回顾，下课要做的最重要的事情有哪些。（4）教育孩子们下课不能奔跑。

7. 协助处理：协助家长完成学平险报案、医疗费报销，与双方家长协商赔偿事宜。

因为处理及时，沟通到位，事情圆满解决，双方家长没有异议。

总之，学生发生安全事故后，班主任应迅速采取措施参与救治，及时通知家长，并按照学校的程序和要求处理事故，同时采取措施预防类似事故的再次发生。

# 第四节　课内规范的要求与落实措施

论先后，知为先；论轻重，行为重。习惯是什么？习惯是一种看不见的力量，是在不知不觉中养成的，好习惯将使人受益终身。一年级的学生刚刚从幼儿园步入小学，在行为习惯上存在着很大的可塑性，就像一张白纸，等待着教育者在上面勾勒出丰富的内容。

课内规范的落实是班主任在正式教学前"打的第一场仗"，而且必须"打好"。它不仅有助于班主任建立正常的教学秩序，还是顺利展开教学的保证，也是学生认真听讲，积极参与学习，掌握知识技能的必然要求。课内规范的落实关系着学生的方方面面，每个环节都做好，才能让课内规范落实。下面我们来简单地说一说。

## 一、如何指导学生做好课前准备

"良好的开端是成功的一半"，课前准备是课堂教学的第一个环节，也是重要的环节之一。课前准备充分与否，将直接影响教学效果。所有教师都希望上课进入教室的时候学生已经做好安静等候上课的准备，但是很多教师都会忽略课前准备也是需要训练的，很多学生并没有做课前准备的意识。一年级是养成习惯的关键时期，班主任要与学科教师沟通，将课前准备作为上课的重要流程，要重视并且好好落实，这样学生才会意识到课前准备的重要性。课前准备习惯的培养绝不是班主任一个人的事，需要每一位学科教师配合，这样才能事半功倍。

### （一）注意事项

* 班主任对课前准备的要求要明确。
* 学生习惯的培养需训练加持。
* 班主任灵活利用课堂口令。
* 班主任对学生习惯培养要持之以恒。

### （二）具体操作

**1. 明确课前准备的要求** 班主任要对学生明确提出下课必做的三件事——如厕、课前准备、喝水。

首先要培养学生下课及时如厕的习惯。课间 10 分钟非常宝贵，既是休息时间，又是为下一节课做准备的时间。为了有效减少学生上课迟到的现象，避免学生上课请求如厕的情况，老师们要督促学生养成下课及时如厕的习惯。简单的习惯培养，能为课堂顺利进行提供一份有力的保障。

其次要培养学生有序做好课前准备的习惯。下课时，就提醒学生把不用的物品先收起来，保持桌面干净整洁，再把下一节课要用到的书本、铅笔、橡皮等学习用品，统一放到课桌的左上角。这样不仅可以提高学习效率，还可以避免因为杂乱无章而分散注意力。同时，为了让学生清楚地知道一天的课程，班级可以购买科目表贴在黑板上，那么学生一眼就可以知道一天的课程安排，为课前准备提供方便。

最后要培养学生按时等待老师来上课的习惯。10 分钟的课间休息，学生可以和同学聊聊天；也可以做些简单的益智游戏，例如数独、24 点、七巧板等；还可以眺望远处，放松眼睛。不管是哪一种，都要让学生明白听到铃声后及时回到教室坐到自己的位置上，等待老师来上课。

**┃2. 好习惯的培养需训练加持┃** 习惯的养成需要时间，一年级学生还小，班主任要做好长期指导的准备，最好每节课都去班级里观察哪些学生做得比较好，哪些还有待改进，每天做好记录和反馈。班主任可以通过晨谈时间或者班会课时间，专门讲解要求，表扬做得好的学生，并给予一些奖励。也可以让这些做得好的学生上台演示他们的课前准备，让其他学生模仿他们做好课前准备。班主任的认真指导以及实践证明对学生良好习惯的养成有着积极的促进作用。

**┃3. 课堂口令显神通┃** 课堂口令是什么？它源于军事口令，继承了军事口令内容明确、语言精练的特点。课堂时间有限，要求教师的教学语言必须简短精练。于是形式简单而内涵丰富的课堂口令应运而生。它朗朗上口，富有轻快的节奏，在形式上与儿歌相似，符合儿童的接受心理，能安定学生的情绪，吸引学生的注意力，让学生愉快地投入学习，更有利于达到管理课堂、组织教学的目的。最重要的一点就是，学生容易记住。

班主任要提醒学生，课前准备也包括正式上课前的三分钟，这三分钟也十分重要，通常，这时学生的心还没定下来开始这节课的学习，因此班主任可以加入一些课堂口令，一来提醒学生准备上课，二来也可以让学生注意力集中。课堂口令不仅可以帮助老师管理好课堂规范，还可以帮助学生养成良好的习惯。以下是一些常用的口令。

**准备口令** 铃声响，进课堂。书放好，等老师。课本书，放左边。文具盒，放中间。

**上课口令** 上课，起立，站如松。同学们好，老师您好。请坐，坐如钟。

**安静口令** 一二三，坐端正。小眼睛，看老师。小嘴巴，闭闭牢。

**坐姿口令** 小小手，放放好。小身板，挺挺直。小小脚，并并拢。

**倾听口令** 小耳朵，认真听。

**表扬口令** 棒棒（鼓一次掌），我真棒（鼓两次掌）；棒棒（鼓一次掌），你真棒（鼓两次掌）。

**诵读口令** 经典来诵读，我们一起读。

**读书口令** （语文）书，快打开。左手压书，右手指字。时间不到，读书不停。

**下课口令** 一换、二对、三推、四捡，上完厕所再喝水。（换课本，对桌子，推椅子，捡垃圾）

### 4.课前准备训练步骤

（1）观看示范，学习榜样。观看课前准备的视频，班主任提前邀请两个表现好的学生配合做示范，并讲解步骤。在班级里大力表扬做得出色的学生，发挥榜样的作用。

（2）明确学科，做好准备。班主任需要带着学生明确各学科课前准备物品，也要细心教学生认识各科课本。例如：语文课——语文课本、语文课堂作业本；数学课——数学课本、数学课堂作业本、草稿本。要求学生在文具盒中只放已经削好的铅笔（一般来说4支）、橡皮（2块）、直尺（1把），不要带多余的东西。一年级学生自制力尚未完全养成，很容易被外界事物分散注意力，因此要严控文具盒内的学习用品，确保只放置必要的学习用品。

（3）游戏挑战，加强训练。只是简单地训练，可能比较枯燥，一年级学生可能会觉得没有意思，班主任可以加入一些游戏让学生玩一玩，让学生在游戏中将习惯养成。如设立简单的分组挑战赛：依次训练各科目课前准备，比一比哪一个组课前准备又快又准又安静。一组完成，其他小组点评，大家各抒己见。在这过程中，对于被评价说得好、做得好的小组，班主任应及时给予贴纸奖励。最后班主任进行小结，强调课前准备的标准。

（4）全面参与，严格把控。除了班级学生要全员参与，认真学习外，学科教师的配合也少不了！学科教师要把学生的课前准备情况及时与班主任沟通，班主任也要把班级的课前准备要求告知学科教师。这样，才能保证每一节课的课前准备都能落实好，学科教师也要严格把关，确保学生养成良好的课前准备习惯。

综上所述，通过观看示范树立榜样、明确各科准备要求、选拔并培养小干部引领全员、融入游戏挑战增加训练趣味性，以及班级与学科教师的全面参与和严格把控，班主任能够系统地推动一年级学生课前准备习惯的有效养成。这一系列策略不仅激发了学生的兴趣与积极性，还通过多维度的实践与反馈机制，确保了习惯培养的持续性和实效性。最终，将课前准备这一细节融入学生的日常学习行为中，为构建高效、有序的课堂环境奠定了坚实的基础，也为学生的终身学习与发展创造了良好的开端。

## 二、如何指导学生进行问好

在学生的眼中，师生问好的方式可以是鞠躬敬礼，也可以是大声地叫一声"老师好！"但有的学生因为害羞不敢和老师打招呼，会默默地走开。

师生之间的问好不仅是日常礼仪的一部分，还承载着多方面的教育意义和文化价值。首先，校园里师生间的相互问好，可以建立尊重与礼貌的校园氛围，培养学生的礼貌习惯，让学生学会尊重他人，特别是尊敬师长，这是社会交往的基础。其次，课前师生间的相互问好，可以增进情感联结与班级凝聚力，增进师生之间以及同学间的感情，让班级成为一个温馨和谐的小集体。最后，课前的师生问好，标志着一节课的课堂学习活动的正式开始，是一种正式开始学习的仪式，能帮助学生从课间的放松状态迅速切换到专注学习的状态，有利于提高学习效率。

一年级学生刚刚进入校园，还不懂得如何有礼貌得问好，也不清楚课堂上的师生问好应该如何做到礼貌且精神饱满。作为班主任，不仅要教学生如何文明地与老师、客人和同伴打招呼，也要教会学生课堂师生问好的礼仪。

**（一）注意事项**

\* 要提醒学生问候的对象不能仅限于自己班级的老师。

\* 要提醒学生问候要礼貌而真诚。

\* 要让学生能根据不同的情境和对象，选择合适的问候方式。

**（二）具体操作**

**┃ 1. 课间、校园里的问好 ┃**　　一年级的学生，往往只会和教自己的学科老师、班主任问好。班主任要教导学生做一个文明有礼的人，对校园里遇见的所有老师、工作人员、客人和同学，都应该主动问好，这是对服务校园的工作人员以及来访客人最基本的礼貌和尊重，也是对小学生良好文明素养最基本的要求。问好的时候，向老师、客人或学校工作人员90度鞠躬，并大声说"老师好！""叔叔阿姨好！"等问候语。如果见到同学，可以主动打招呼，大声说"××同学早上好！""××同学你好！"

**┃ 2. 课堂内的师生问好 ┃**　　课堂内的师生问好分为课前问好和课后问好。

班主任做好榜样示范。

课前问好流程：

教师身体立正姿势站直，亲切而有力量地发出指令——"上课"。

班长叫"起立"，其他学生说"站如松"。要求双脚并拢，双手自然放两侧，背挺直，眼睛看老师。

教师：同学们好。

学生：老师，您好，问好的时候，学生说"老师"时站直，说"您"时弯腰鞠躬，说"好"时起身站立。

教师：请坐。

学生：坐如钟。

通常情况下班主任会指定班长来喊"起立"。这个口令要求精神饱满，声音响亮。听到老师喊上课，喊起立，全体学生立正，这里要训练学生迅速站起来，可以规定一下站姿，让学生统一往右边迈出一步，双手放在双腿两侧，背挺直。再引导学生一起大声说出"老师您好！"学生的声音应该响亮而且整齐，这个时候还要请学生向老师鞠个躬。当老师回应学生，让学生坐下时，学生应该马上坐好，将手放好，眼神关注到老师，准备上课。经历这一过程，课堂上的师生问好基本结束，可以切入正题了。

课堂结束后的问好就比较简单了。具体流程如下。

课后问候流程：

老师：这节课我们就上到这里，下课。

班长：起立。（起立的要求如课前问好）

老师：同学们再见。

学生：老师，再见。

这样课堂问好就结束了。

当然，在上公开课时老师还会提高要求，比如会增加对听课老师的问好。课堂开始前具体流程如下。

公开课课前、课后问好流程：

教师：上课。

学生：起立，站如松。

教师：同学们好。

学生：老师好。

教师：请坐。

学生：坐如钟。

课堂结束：

教师：这节课我们就上到这里。下课。

班长起立。

老师：同学们再见。

学生：老师再见，

班长：向后转！

学生：听课老师辛苦了！

课堂结束后的问好是教师发布的一节课结束开始休息的信号，也是学生们表达对老师辛勤工作的感谢和敬意的方式，对营造积极友好的学习氛围，培养学生良好的品质和行为规范有积极的意义。

## 三、如何指导学生养成举手发言的习惯

教育家叶圣陶先生说过："教育是什么？往简单方面说，只需一句话，就是要养成良好的习惯。"一年级学生从幼儿园迈入小学，对周围的一切都保持着新鲜感，他们好动、好奇、爱模仿、有兴趣，但又没有养成举手发言的习惯。因此，常常会出现两种现象：一是不敢发言，不能积极参与到课堂学习中；二是想到什么说什么，想什么时候说就什么时候说。第一种情况可能导致学生无法及时向老师反馈自己对知识的理解，错过纠正的机会，老师也很难了解到他们的学习状况和需求，从而无法针对性地调整教学策略和方法，从而影响教学效果。第二种情况的弊端是常常会破坏正常的教学秩序，影响其他孩子专注听课，这也是对上课老师和其他认真听讲的同学的不尊重。那么，如何培养一年级学生养成举手发言的习惯呢？

（一）注意事项

* 班主任要让学生了解举手发言的意义。

* 班主任要向学生示范如何举手发言。

* 班主任要反复提醒学生课内发言要举手。

* 班主任要及时给予学生正向反馈。

**（二）具体操作**

**1. 规范举手**

（1）明确举手的意义。班主任可以在一开始就和学生解释为什么他们需要举手。告诉学生，举手发言是上课的规矩，是为了提问、回答问题或请求帮助，是上课积极参与的一种表现，也是有序地进行学习和交流的行为。同时，举手发言也是对老师和认真学习的同学的一种尊重。

（2）示范举手的动作。班主任展示给学生正确的举手姿势。例如统一用左手，五指并拢向上举直，小臂立起。举手时不说话，不起立，并保持安静，等待老师的注意，老师叫到学生再起立说话。

（3）规定举手的要求。班主任规定举手的要求，比如老师在讲解过程中可能没有注意到学生举手，学生可以举手等待；如果有同学正在回答问题，而对发言同学的答案有异议，其他同学可以举手，等到老师叫到后再发言，切不可自己想说就说，或者随意打断老师和同学的发言。确保学生理解并遵守这些要求。

（4）给予正向的反馈。当学生按照规定的要求举手发言时，给予表扬和奖励。可以是口头上的表扬，也可以是给予物品奖励，以激励他们保持良好的举手发言习惯。

（5）培养班级氛围。营造一个尊重和支持学生发言的氛围。鼓励学生相互倾听、尊重他人的观点。在这个氛围中班主任要注意给予学生平等的发言机会。

当然，班主任在培养学生规范举手的习惯的过程中，需要耐心，并提供正面激励。同时，为了帮助学生习得良好的举手发言习惯，还需要与学生家长保持沟通，一起激励学生积极举手发言。

**2. 规范发言** 培养学生规范发言的习惯对他们的语言表达能力和社交能力的发展非常重要。建议班主任在一年级阶段，要着重培养学生规范发言的习惯。

（1）规定发言的时机。班主任可以在课堂中设立特定的时间段，让学生依次发言或举手发言，以避免混乱和打断。鼓励学生聆听他人的发言，学会尊重和接纳不同的观点，不要打断别人的发言，有不同的意见可以等别人说完再发表自己的看法。

（2）对发言者和倾听者的要求。教师要告诉学生发言时要保持适当的音量，不要太轻以确保其他人能听见，也不要太大声。而倾听者则要通过点头、眼神接触、不插话等方式，提高自己的专注力。

（3）引导学生正确表达。教师要鼓励学生在发言的时候把句子说完整，而不仅仅是用单词或短语回答问题。当然，教师也可以提供几个规范的发言例子，帮助学生理解什么是清晰、有逻辑性和有礼貌的发言。如：

我对 ×× 的发言有不同的看法，我认为……

我觉得 ×× 说得很有道理，我要补充一点……

（4）加强发言练习。通过小组讨论、角色扮演等活动，给予学生发言锻炼的机会，提高他们的自信心和口头表达能力。教师也要及时给予正面反馈，对学生发言时的态度和表达要有积极的评价，增强他们参与课堂讨论的积极性。

通过这些方法，可以帮助学生逐渐养成规范发言的习惯，这样学生将更积极地参与讨论，提高语言表达能力，为以后与他人建立良好的沟通关系奠定坚实的基础。

# 第五节　课外规范的要求与落实措施

一年级新生课外规范（本小节的"课外规范"是指学生在校非课堂内需遵守的规范）落实对学生的全面发展和学校的正常运行都具有重要作用，可以帮助学生更快地适应学校生活和班级环境，为学生提供安全感，使他们更容易融入学校，也有助于营造积极的学习氛围。学生在有规律的环境中更容易集中注意力、参与课堂活动，并培养积极的学习态度；也有助于学生形成良好的学习和行为习惯。

那么，如何落实一年级课外规范呢?

## 一、班主任如何指导早读

一日之计在于晨，教室书声琅琅且井然有序，学生坐姿端正且专注认真，是班主任向往的早读状态。早读虽短，却能体现学生的学习积极性和养成教育情况。一年级学生刚踏进小学校园，学习的意识不强。所以，作为一年级老师要多引导，多观察，引导学生养成良好的读书习惯。

**（一）注意事项**

＊ 班主任要明确早读纪律。

＊ 班主任要安排好早读内容。

＊ 班主任要对学生的早读表现设立奖惩机制。

**（二）具体措施**

| 1.明确要求 | 如何更有效地发挥早读的作用，形成良好的学习氛围？

规定到校时间，明确到校要求。早晨的时光最为宝贵，必须把握每分每秒，合理安排，高效学习。确保充足的早读时间。不建议早读时收作业，因为学生下座位走动交作业会影响早读纪律，打乱早读节奏。因此一般是在早自习下课由组长统一收取作业。另外，早上不做打扫卫生等事宜，避免影响早读。班主任可以在班级制订早读公约方便早读管理。

---

××班早读公约

1. 入班即读（进入教室后应立即开始早读，不拖延、不闲聊）

2. 坐姿端正（保持正确的坐姿，展现良好的精神面貌）

3. 声音洪亮（朗读时声音清晰响亮，让每个人都能听到）

4. 专注认真（专注于自己的阅读内容，不受外界干扰）

---

此外，为了鼓励同学们遵守以上规则，班主任可以设立一定的奖励措施，例如：对于连续一周都完全遵守早读公约的学生，可以给予表扬信或小礼品作为奖励；对于进步显著的学生，也将在班级内公开表扬。同时，对于未能遵守公约的学生，将采取适当的辅导和提醒，帮助他们改正，比如：第一次违规将得到口头提醒，第二次可能会有简短的谈话，了解情况并给出建议。通过这样的方式，我们希望每位学生都能够积极地参与到早读中来，形成良好的学习习惯。

| 2.落实任务 | 提前一天落实好早读内容，即便第二天老师没来，学生也知道读什么。建议班主任在前一天下午布置早读任务。早读最重要的任务是朗

读与背诵，那么读什么、背什么、完成多少任务，都要有明确的目标，任务要适中，要让多数学生有信心完成任务。

（1）选好领读员。班主任可以选几个领读员，分组、分周轮流带大家早读。一个站在讲台上领读，另一个在台下管纪律，提醒不认真读、姿势不正确的学生。

（2）形式多样化。兴趣是最好的老师，早读课要让学生始终处于一种积极的情绪状态，要让学生敢说、想读。不同的朗读方式发挥着不同的功能：比如，"齐读"可以提高班级读书的整齐度；"领读"可以帮助朗读困难的学生进行模仿；"分组读"可以培养学生的合作意识；"分角色读"可以提高学生的朗读兴趣；"边表演边读"可以锻炼学生的模仿能力和创新意识；"比赛读"可以激发学生的竞争意识。形式多、方法活，学生就有兴趣、有热情，不容易犯困、麻木。

（3）及时检查反馈。学生是有惰性的，早读效果还需要有一定的检测手段做保证，仅仅只是分配任务，不进行相应的检测，对学生起不到督导作用。因此班主任要对早读效果进行检测，并及时反馈给学生和家长。

① 利用班级优化大师。让领读纪律监督员对诵读认真的学生进行加分，老师在早读结束后分别进行表扬和建议。

② 小组加个人评比。在黑板上或小组积分表上给小组贴五角星，五角星多的小组每人加分鼓励。一个月评比一次朗读之星，这样可以让彼此之间有竞争感，学生会更努力地积极早读。

③ 重点关注进步的学生。可以在每天早读课堂中寻找一位进步明显的学生，录制朗读视频，发在班级群作为晨读反馈，达到家校合力的效果。

平时再和任课老师进行沟通，根据学生早读的结果及时改变早读任务及评价策略，激励学生自我管理，激发学生自我管理的内驱力。

要想有一个学生能自主管理的早读，班主任和任课老师以及家长需要联手共同设计、打造、执行、管理，唯有这样的合力教育，才能让早读真正成为学生成长的能量场。

## 二、班主任如何管理午读

在一个优雅的氛围里，人的言谈举止也会自然而然地优雅起来。要让学生喜欢阅读、自主阅读、有效阅读，读书氛围的营造非常重要。

一般来说，一年级的午读只有班主任在时是安静的，班主任不在，学生就容易前后桌说话，存在闹哄哄的现象等，没有自主纪律意识。以下是一些建议，帮助老师有效地指导学生的午读。

**（一）注意事项**

\* 要有固定的午读时间。

\* 要提供丰富的午读读物。

\* 要避免过于单一的午读形式。

**（二）具体措施**

**1. 制定清晰的午读规定**

（1）午读时间：

建议每天中午 12：30—13：00 为午读时间。

（2）午读要求：

班主任可以制订"午读公约"来规范学生的午读纪律。示例见下

---

#### ×× 班午读公约

1. 学生提前准备好课外阅读书目。

2. 老师 12：30 前准时到教室组织午读，不迟到。

3. 学生养成一进教室就读书的好习惯。

4. 午读时要求坐姿规范，默读书本。

5. 不能出现来回走动等无组织无纪律的行为。

其他：班级教师进行巡查并记录午读情况。

---

午读作为规范检查，要纳入班级每天的考核评价中。班主任要和学生明确可以做什么和不可以做什么，以及午读的时间安排。同时班主任要确保在午读时附近没有嘈杂的活动。

## 2. 提供丰富的阅读材料

一年级学生以形象思维为主，识字能力不够，层次不一。班级需要为学生提供各种各样的阅读材料，包括绘本、图书、故事书、漫画等，以满足不同学生的兴趣和阅读水平（见表2-2）。鼓励学生选择自己感兴趣的书籍，激发学生对阅读的兴趣，鼓励他们选择自己喜欢的书籍，从而提高他们的阅读积极性见表2-3。

表2-2 一年级建议阅读书目

| 各类 | 书名 | 作者 |
|---|---|---|
| 统编类 | 《和大人一起读》（共四册） | 曹文轩，陈先云/主编 |
| 文学类 | 《蝴蝶·豌豆花》 | 金波/诗歌主编，蔡皋/绘画主编 |
| | 《一园青菜成了精》 | 周翔/图 |
| | 《猜猜我有多爱你》 | （英）山姆·麦克布雷尼/著，安妮塔·婕朗/绘 |
| | 《逃家小兔》 | （美）玛格丽特·怀兹·布朗/文，（美）克雷门·赫德/图，黄迺毓/译 |
| 科学与数学类 | 《让谁先吃好呢？》 | （韩）尹我海/著，李春晖/译 |
| | 《神奇校车·在人体中游览》 | （美）乔安娜·柯尔/著，（美）布鲁斯·迪根/图 |
| | 《蚯蚓的日记》 | （美）朵琳·克罗宁/文，（美）哈利·布里斯/图，陈宏淑/译 |
| 人文与艺术类 | 《一粒种子改变世界》（袁隆平的故事） | 唐靖、韩青宁/著，于洪燕/绘 |
| | 《水与墨的故事》 | 梁培龙/图，李青叶/文 |
| | 幼学启蒙第一辑——中国古代民俗故事《年除夕的故事》 | 恒展/文，冢珉/图 |
| 统编类 | 《读读童谣和儿歌》（共四册） | 曹文轩，陈先云/主编 |
| 文学类 | 《野葡萄》 | 葛翠琳/著 |
| | 《小猪唏哩呼噜》 | 孙幼军/著，裘兆明/图 |
| | 《我爸爸》 | （英）安东尼·布朗/文图，余治莹/译 |
| | 《青蛙和蟾蜍》（拼音版） | （美）艾诺·洛贝尔/文图，潘人木、党英台/译 |
| 科学与数学类 | 《盘中餐》 | 于虹呈/著绘 |
| | 《过去的人们是怎么数数的呢？》 | （韩）马仲物/著，安莹/译 |
| 人文与艺术类 | 《爸爸的画：沙坪小屋》 | 丰子恺绘，丰陈宝、丰一吟/著 |
| | 《第191号的发现》（屠呦呦的故事） | 温菲/文，刘莎媛、顾萍/绘 |
| | 《梅花三弄》 | 尧立/编绘 |

表 2-3 一年级拓展阅读

| 种类 | 书名 | 作者 |
|------|------|------|
| 故事类 | 《拔萝卜》 | （俄）阿·托尔斯泰 / 著 |
| 童话类 | 《小巴掌童话》 | 张秋生 / 著 |
| | 《金波四季童话》 | 金波 / 著 |
| | 《书本里的蚂蚁》 | 王一梅 / 著 |
| | 《彼得兔的故事》 | （英）毕翠克丝·波特 / 著 |
| | 《你好，粗尾巴》 | 孙幼军 / 著 |
| 国学启蒙 | 《三字经》 | 刘承沅 / 编著 |
| | 《笠翁对韵》 | 李渔 / 著 |
| 传统文化 | 《中国记忆传统节日图画书》 | 王早早 / 著文，黄驰衡 / 绘图 |
| 童诗类 | 《金子美玲童诗绘本》 | （日）金子美玲 / 著 |
| 绘本类 | 《大卫上学去》 | （美）大卫·香农 / 文图 |
| | 《上学第一天》 | （美）劳丽·弗里德曼 / 文，特丽莎·穆芬 / 图，王林 / 译 |
| | 《小鸡小鸡上学去》 | （俄）哥巴契夫·维拉里 / 著 |
| | 《爱书的孩子》 | （澳）彼得·卡纳沃斯 / 著 |
| | 《聪明的章鱼裁判》 | 胡木仁 / 文 |
| | 《猴子捞月亮》 | 任梦晨 / 图 |
| | 《我喜欢书》 | （美）安东尼·布朗 / 文图，佘治莹 / 译 |
| | 《盘中餐》 | 于虹呈著 / 绘 |
| 常识类 | 《我的第一本安全护照》 | 刘劲松 / 主编 |
| 哲学类 | 《儿童哲学智慧书全集》 | （法）奥斯卡柏尼菲 / 著 |
| 数学类 | 《燕子，你还记得吗？》 | （韩）尹如琳 / 著 |

注：外国作品有译者的请家长按照对应译者购买，如没有译者在不同译本中任选即可。

## 3. 进行小组阅读活动

小组阅读可以促进学生之间的合作和互助。老师可以组织学生在午读时间一起分享他们的阅读体验，或者进行小组阅读活动。定期检查学生的阅读进度，了解他们的阅读能力和兴趣。这有助于老师及时调整指导策略，并为学生提供必要的支持。

（1）鼓励分享阅读体验

给学生提供机会分享他们的阅读体验，可以通过口头表达、绘画、写作等方式。这有助于培养学生对阅读的思考和理解能力。

（2）提供额外的帮助

对于一些左阅读上遇到困难的学生，老师可以提供额外的帮助，例如一对一的指导、使用辅助材料等。

（3）与家长保持沟通

与家长保持密切的沟通，分享学生在午读中的表现，共同关心学生的阅读发展。

┃ **4. 阅读成果可视化** ┃

**【案例】**

一年级的学生，喜欢看得见的东西，那就用看得见的东西鼓励他们，让他们从中获取阅读的成就感。我让每个学生在家里的空墙壁上，用一张大白纸，画一棵树，每读一本书，用自己的小手在树上临摹一个手印，空白处写上书名，阅读的日期。

学生们问，为什么要用手。

我告诉他们，这双小手，一页一页地翻书，帮助眼睛，一页一页地看，它们是阅读的好伙伴。学生们听了，连连说是，小手可真是了不起。

每天总有学生来跟我说，他的阅读树上长了几个果子，我总会用真诚而又夸张的语气说"哇，你又收获新果子啦"，"真了不起，我都想看看你的果子了"，"我最喜欢听你说，你树上又结果子啦"。

每隔一个月，我会提议让家长们晒晒学生的阅读树，拍照发在群里，我在班级群里点赞后，还要在班里展示给学生看，让他们评比谁的阅读树最漂亮。

它让学生的阅读被老师和同学看见。这是一件非常有成就感的事。

通过这些方法，老师可以更有效地引导一年级学生在午读时间进行有意义的阅读活动，促进他们的阅读兴趣和能力的发展。

## 三、班主任如何管理午睡

午睡对于一年级的学生的身体和认知发展都非常重要。为践行"自己的事情自己干"的班训，实现"行为自律"的培养目标，按照"相信学生，依靠学生，利用学生，发展学生"的培养原则，可以制定学生午睡基本操作指南。

**（一）注意事项**

＊班主任须明确午睡纪律要求，规范管理，避免午睡秩序混乱。

　　* 班主任应营造安静的午睡环境，减少噪声干扰，确保学生睡眠质量。

　　* 班主任须指导学生正确摆放午睡用品（如枕头、毯子等），并培养良好的午睡习惯。

　　* 班主任应在午睡期间巡视班级，及时纠正不规范的睡姿或影响他人的行为，提升午睡效率。

　　以下是一些建议，帮助老师有效地指导一年级学生的午睡。

**（二）具体措施**

**\* 午睡要求**

　　教室里没有教师，但学生能自主管理，安静有序地午休。( 要求：学生午睡时间段，除管理老师外，教师一律不准进午睡教室。)

**\* 午睡时间**

　　夏令时，每天 12：30—13：30。（固定每天的午睡时间，这有助于培养学生的生物钟，使他们更容易入睡。）

**\* 准备工作**

　　准备午睡物品，如小枕头，眼罩，小盖毯等。培养 1~2 名学生当午睡管理员。做好午睡前的组织和准备工作。

**\* 操作规范**

**1. 睡前管理**

　　（1）拉好窗帘，门窗适当留有缝隙，保持空气流通。

　　（2）在气温较高或较低的天气，空调要调节至舒适温度。

　　（3）提醒学生，上午第四节课下课后及时将桌上文具、水杯等物品放入抽屉或书包里，移动桌椅，为午睡躺椅留足位置。

　　（4）提醒学生喝水、上厕所等注意事项，原则上在午休时不得上厕所、喝水或随意走动。

　　（5）让学生跟着广播做午睡操（图 2-3），听午睡故事，帮助学生在午睡前放松身心。

图 2-3  学生做睡前操

## 2. 睡时管理

（1）午睡时，不得发出任何异响，保持教室安静。

（2）午睡时，不要让管理的同学到处走动来管理。如有学生不遵守纪律，教师要把学生带出教室进行批评和教育，不得影响其他同学午睡。

（3）午睡时，任何教师均不得进入教室给学生集体讲课，或者进行个别辅导。

说明：个别学生不睡午觉，老师可以根据《午读基本操作指南》组织学生进行自主课外阅读。

## 3. 睡后管理

（1）拉开窗帘、打开门窗。

（2）让睡醒的同学轻轻叫醒还在入睡的同学。

（3）待学生清醒后，引导学生们轻揉眼睛，起立伸懒腰，用凉水洗脸，适当活动下筋骨，迅速恢复到清醒状态；

（4）午睡后班主任要提醒一年级学生们上厕所、接水、喝水。

## 4. 训练周期

第1~2周：由老师组织并陪伴学生一起午睡，让学生明确午睡的基本要求。

第3~4周：老师带领学生午睡，培养1~2名午休组织管理员。学生基本能做到独立午睡。

第4周后：让学生自己组织午睡，全班都能安静午睡，每个同学都能养成午睡的习惯。

**5. 检察评价**

训练周期结束后，校级领导和值周组每天均要对各班自主管理午睡的情况进行检查评比，评比结果纳入班级管理考核。

班主任则需要定期检查学生的午睡状态。留意学生在午睡时是否出现异常，例如频繁醒来、噩梦等情况。定期检查可以帮助及时发现并解决问题。另外，与家长保持沟通，了解学生在家里的睡眠状况，家校共同关心学生的睡眠健康。

**童言童语：**

1. 我每天睡得特别香。

2. 我在梦里都在想午睡故事呢！

3. 为什么冬天不午睡呢？

4. 我觉得午睡后，下午上课更加精神了！

5. 我觉得教室就像我的家一样，非常温馨。

······

通过这些方法，老师可以帮助一年级的学生建立良好的午睡习惯，促进他们的身体和认知发展。

## 四、班主任如何指导学生安静有序体检

对于一年级学生来说，安静有序体检具有十分重要的意义。这不仅能确保体检过程顺利进行，避免混乱和不必要的干扰，让医生可以准确地进行各项检查，获取可靠的健康信息，而且能够帮助他们养成良好的秩序意识和纪律观念，使学生懂得在集体活动中规范自己的行为，为他们今后的学习和生活奠定良好的基础。

**（一）注意事项**

\* 学生排队纪律不佳，吵闹无序。

\* 学生体检项目遗漏，降低效率。

\* 学生情绪失控，哭闹不止。

**（二）具体措施**

指导一年级学生安静有序地进行体检是一项需要耐心和方法的任务。以下

是一些建议。

**1. 体检前** 在体检前，确保学生和家长了解体检的目的和流程。如有相关的通知，需及时告知家长。通知中要提供清晰的信息，让学生知道体检是为了他们的健康。示例见下。

---

学生体检血液检测知情同意书

亲爱的家长：

　　您好！

　　根据《学校卫生工作条例》以及省市卫生健康、教育等多部门关于学生体检工作的文件要求，杭州市将于新学年继续组织开展学生常规年度健康体检。参照国家卫生健康委、教育部《中小学生健康体检管理办法(2021 年版)》的具体要求，结合我市实际，本次学生体检增加血常规以及丙氨酸氨基转移酶等采血检测项目。学生体检是全市参保城乡居民健康体检工作的重要组成部分，由财政全额支持，家长和学生免费参与，希望能得到您的配合。请您知情并选择是否愿意参与检查。

　　谢谢您的支持和配合！

____市教育局 ____市卫生健康委<br>20__ 年 __ 月

---

制定规定和说明：在体检前向学生详细说明体检的规定和流程，包括要求安静排队、等候的时间等。与学生和家长提前沟通，鼓励他们在体检前明确行为规范，以确保所有学生都能够参与并保持安静有序。

学会识别图示：教学生识别体检过程的图示及场所安排，通过可视化的方式帮助学生了解体检的步骤。

安排有序的队伍：提醒学生注意体检现场设置的标记和指示，让学生知道排队的位置。现场辅助工作人员引导学生，确保队伍有序进行。

**2. 体检时** 使用正面激励：通过正面激励来鼓励学生。例如，表扬那些在体检中抽血不哭、守纪律、有序的学生，让其他学生看到积极的榜样。

提供适当的等候活动：在体检等待的过程中，为学生提供一些方便操作的活动，例如提供阅读材料、小游戏等活动，以分散他们的注意力。

配备足够的工作人员：确保有足够的工作人员协助体检过程，引导学生，及时解决问题，确保整个过程有序进行。也可动员个别家长志愿者参与，协助各项体检活动，以保障体检有序、有效开展。

**3.体检后**

体检结束后，及时向学生提供反馈，表扬他们的表现，并强调合作的重要性。这有助于积累体检经验，为下次的体检活动打下良好的基础。

以上方法，可以有效地指导一年级学生在体检过程中保持安静有序，创造积极的体检体验，同时促进他们对健康的关注和理解。

## 五、如何指导学生开展安全有序的体育锻炼活动

体育锻炼对于学生而言至关重要。它不仅能够让学生拥有强健的体魄，提升身体的各项机能，使他们充满活力地应对学习和生活的挑战，还能有效释放学习压力，调节情绪，让他们保持积极乐观的心态。在体育锻炼过程中，保证活动开展的安全有序格外重要。

**（一）注意事项**

* 班主任要强化学生的安全意识，避免受伤。

* 班主任要有序的开展活动。

* 活动过程中要关注学生的个体化差异并做好反馈。

学校的体育活动集中在小课间和大课间的时间里。学生们除了要好好学习，运动锻炼也不能松懈。运动不只是让学生强身健体，它还能培养学生的团队精神、规则意识、责任感等。

**（二）具体措施**

**1.培养学生的自我保护能力** 老师和工作人员需要具备基本的急救知识，以便在紧急情况下提供及时的帮助。学生也可以在适当的情况下学习一些基本的急救技能（图 2-4）。

（1）掌握动作要领，避免运动损伤，比如：跳跃的落地动作，要做到屈膝落地。

（2）合理安排空间，避免运动损伤。在进行体育活动时，确保有足够的空间，防止学生碰撞或受伤。清楚标示出活动区域和禁止进入的区域。

**关注孩子相关变化**

运动中
* 要观察、了解孩子的活动状况
* 面色、汗量、呼吸、动作、情绪、注意力

不可
忽视
* 主要活动中运动量的比例安排
* 按照上升—稳定—下降的规律

的问题
* 既保护好孩子，又让他们得到充分锻炼
* 提供活动指导、注意事项，及时加减衣服等。

图 2-4 运动中不可忽视的问题

## 2. 了解安全运动的基本常识

（1）班主任要让学生学会调控运动量。

（2）班主任要让学生学会掌握科学的运动方式。

（3）班主任要让学生了解准备活动很重要。

（4）班主任要告之学生运动后的禁忌事项（图 2-5）。

| 让孩子立刻休息 | 马上为孩子洗澡 | 吃冷饮 | 运动后马上喝水 | 大量补充糖分 |
|---|---|---|---|---|

图 2-5 运动后的禁忌事项

## 3. 具体操作

（1）运动前

详细说明规则和期望：在开始体育锻炼活动之前，向学生详细说明活动的规则和期望。强调安全第一，让学生理解哪些行为是可以接受的，哪些是不可接受的。

进行示范：在开始体育锻炼之前，老师可以进行活动的示范，包括正确的运动姿势、动作技巧等。通过示范，学生更容易理解并模仿正确的运动方式。

适当的热身：在正式的体育活动开始前，确保学生进行适当的热身活动。这有助于防止运动伤害，避免肌肉抽筋、关节扭伤等，确保运动安全；同时也能提高学生的运动表现。

\* 饭前及饭后半小时不宜做剧烈运动。

\* 患有疾病如心脏病或哮喘的学生，应遵从医生指示进行锻炼。

\* 留意当日的天气和进行运动的环境，避免在高温及湿度太高或太低的情

况下剧烈运动。

（2）运动中

分组进行活动：将学生分成小组，确保每个小组有足够的空间进行活动。这有助于避免混乱和碰撞，同时也有助于促进合作和团队精神。

监督和引导：在体育活动中，老师要始终监督，并提供必要的引导。确保学生遵守规则，注意安全，并在需要时及时纠正错误。

逐步增加难度：根据学生的实际情况，逐步增加体育活动的难度。确保活动的难度适应学生的能力水平，避免让他们感到过于困难或危险。

关注个体差异：考虑到每个学生的体能水平和能力不同，确保体育活动能够满足不同学生的需求。能进行适当的调整和提供个性化指导。以下是一些注意事项。

①应穿舒适的衣服、鞋。

②避免穿有细绳或带子的衣服，防止造成窒息。

③运动强度不应该太大，适当强度是指运动的时候能够维持正常的说话速度。

④做运动应该循序渐进，慢慢增加运动量，切忌一开始就做剧烈运动。

⑤一年级学生心跳较快且易疲倦，不适宜长时间持续运动，要安排中场休息。

⑥运动时排汗是正常的，但运动后需要立即补充适当水分。

（3）运动后

进行整理运动：以舒缓肌肉紧张及疲劳。

定期回顾和反馈：在体育活动结束后，进行回顾和反馈。表扬学生的积极表现，提出可以改进的地方，并强调安全和合作的重要性。

以上方法，可以帮助一年级的学生在体育锻炼活动中保持安全有序，有助于他们的身体健康和团队合作意识的培养。

# 第三章

# 学生管理岗位的设置与
# 管理能力培养

## 一年级家长的期待

"老师，可以让我家孩子当班长吗？"

"当班干部会占用他的学习时间吗？"

"我家孩子的自理能力很差，能不能让他当个劳动委员锻炼一下？"

## 一年级新班主任的困惑

"一年级什么时候开始选班委比较合适？"

"我们班有三个学生综合素质都还不错，可以让他们都当班长吗？"

"班级管理员总是忘记自己负责的工作，该怎么提醒呢？"

"怎么才能选到合适的班干部呢？"

"选拔时学生很积极，干活时却喊苦喊累，不认真负责，该怎么引导？"

　　小学设置班干部是为了在班级内部建立秩序、组织学生活动，培养学生管理能力。一个班级的健康成长，每一位学生都应该参与其中，老师和学生们都需要为班级服务，一方面有助于让学生切身参与到班级的管理当中，提高主人翁意识；另一方面形成班级规范，让班集体更加自主、积极、和谐地运转。

# 第一节　如何设置班级管理岗位

班级的管理岗位是指通过学生的参与，来承担班级日常管理、问题解决、沟通协调、学习辅助等多项工作，旨在培养学生的责任意识和协作能力，促进班级的良性运转和集体发展。

参与班级管理的学生负责协助老师管理班级的日常事务，如班级活动的开展，学生在学校规则和制度方面的遵守；在问题解决方面，他们可以协调和解决班级内部的问题，激发班级成员的参与感和归属感；在沟通代表方面，作为学生的代表，可以与老师、家长和其他班级的干部进行有效的沟通和协调，他们可以传达学生们的意见和需求，并在班级事务中发表学生的观点；在学习辅助方面，他们可以负责给同学们提供学业上的帮助，如解答问题、组织学习小组、分享学习经验等，可以帮助同学们更好地理解学习内容、提高学习效果。

## 一、怎样实现班级"人人有岗位"

对于家长而言，自己的孩子都是无价之宝，在班级有个"一官半职"是孩子出色、被老师重视的体现。对于教师而言，每个学生都是独特的个体，通过岗位培养他们的责任心、自主性和综合素养是个明智的决定。但"人人有岗位"说来容易，如何做得有意义呢？下面让我们来讨论一下。

具体地说班级管理岗位包含班委和管理员两种。班委是班级学生委员会的简称，是由班干部组成的一个群体，是协助班主任开展班级工作的得力助手，在学生中起到模范带头和上传下达的管理作用。其必要性表现在以下两点：其一，班委是班级活动能够顺利开展的基础；其二，选择能力强、明事理、会做事的学生，可以有效提升班级管理效率。班委更多的是管理班级同学，而小小管理员更多的是管理物品、空间等，如黑板管理员、电器管理员、窗帘管理员。他们承担着班级中重要的小任务，他们按要求将事情做好即可，这些管理工作相对会更简单一些，学生们也更容易上手。因为一年级学生自主管理能力较弱，精力分配能力不足，处于刚接触小学规范的适应阶段。因此，选择班级工作需要的小管理员也十分符合学生特点，有助于学生提升学生能力。

**（一）注意事项**

\* 班委的岗位设置应该考虑到一年级孩子的年龄特点和心理发展水平。

\* 班委的岗位设置不能贪多，还要避免安排过于复杂和繁重的任务，同时要关注岗位任务可操作性。

\* 班委的岗位设置应该与孩子们的兴趣和特长相结合。

**（二）具体操作**

┃ **1. 按需设置 重要岗位先设先选** ┃　新班级的成立，应结合班级的实际情况、学生的兴趣和能力，进行岗位分配，并明确不同岗位的职责。常见的班委及其基本职责见表 3-1。

表 3-1　班委岗位及基本职责

| 管理岗位 | 基本职责 |
| --- | --- |
| 班长 | 全面协助班主任管理本班的各项工作，负责召集班委会议，向班主任提议本班重大事宜等。 |
| 副班长 | 协助班长，负责本班的考勤、操行评估和其他职责。 |
| 学习委员 | 负责领取本班的教材、作业的收发、普通话的培训、学习园地的建设和与老师的沟通。帮助同学解答学习上的问题。 |
| 体育委员 | 负责本班的早操、课间操的组织和考勤，积极配合学校开展各种体育活动，如校运会、体操比赛等，以及本班体育器材的借还。 |
| 劳动委员 | 负责协办本班教室、清洁区的卫生安排与考勤。 |
| 纪律委员 | 负责维护、监督本班的日常纪律，监督红领巾、团徽等佩戴情况，协调进餐、午休纪律。 |
| 文艺委员 | 负责组织本班文艺活动，主要包括组织班级文化活动，如班会活动、文娱联欢或郊游联欢等。 |
| 组织委员 | 负责班级假日小队课外活动。 |
| 宣传委员 | 负责班级活动宣传工作，组织本班的黑板报、手抄报等宣传活动。 |
| 课代表 | 负责跟某门课程的任课教师沟通教学情况，负责收发作业。 |

对一年级班级来说，为了使班级秩序井然，必备的学生管理岗位有班长、路队长、卫生委员、值日生、学习小组长、课代表。

班长是班委的核心，他和其他班委是老师在班级中的得力助手。班长主要负责在老师不在场时维持班级秩序和沟通协调，同时也是随时和老师沟通班级情况的重要角色。路队长担任集体出行的重要领队，如大课间、音体美课、放学等排队以及队形变化需要路队长的带领班级才能做到快静齐。值日生岗位将班级学生分成若干小组，每组轮流担任值日生。值日生负责当天的卫生打扫、课桌椅摆放、开关窗户等工作。这不仅能让学生明确自己的职责，还能通过亲身实践体验到责任感，从而激发他们的责任心。教师将班级学生按学科或学习能力分组，设立学习小组长。学习小组长负责组织和监督小组内成员的学习，主要任务包括小组内作业的收发、课堂小组任务讨论等。通过担任学习小组长，学生可以学会如何管理一个团队以及如何对团队负责。

**2. 按物分工 物物有人管** 小岗位可以按班级公共物品进行分工，确保每个人都有固定的管理事项（见表3-2）。

表3-2 小岗位分工

| 小岗位 | 主要职责 |
| --- | --- |
| 门窗管理员 | 负责每天定时开窗通风，放学关闭窗、门的管理。 |
| 电器管理员 | 负责及时开关灯，做到教室无人时灯、空调、多媒体等都关闭。 |
| 桌椅管理员 | 负责桌椅的保护与管理，离开教室时保持桌面整洁，不允许破坏公物。 |
| 工具管理员 | 负责拖把、扫帚、抹布等工具的管理。 |
| 器械管理员 | 负责跳绳、长绳、足球等体育器械的管理。 |
| 垃圾管理员 | 负责捡垃圾、丢垃圾，监督全班同学不乱扔垃圾，保护环境。 |
| 走廊管理员 | 负责提醒同学们不在走廊上追跑打闹，保持走廊干净整洁。 |
| 图书管理员 | 负责班级图书的借阅、归还和整理工作，确保图书的完整性和整洁度，以及借阅记录的准确性。 |
| 环保督察员 | 负责监督班级和校园的环保工作，如垃圾分类、节约用水、节约用电等。 |

**3. 按时分工 时时有人管** 小岗位还可以按照时间进行分工，确保学生的每段课余时间都有人监管（见表3-3）。

表 3-3 小岗位时段分布

| 小岗位 | 主要职责 |
|---|---|
| 早读领诵员 | 负责带领同学有秩序地晨读。 |
| 眼保健操管理员 | 负责监管同学认真做眼保健操情况。 |
| 午餐管理员 | 负责管理午餐秩序，分餐时发放餐具，检查午餐后卫生。 |
| 大课间管理员 | 负责维持课间路队秩序。 |
| 放学管理员 | 负责放学同学点名、整理队伍等。 |
| 课间安全员 | 负责组织和监督课间活动的秩序和安全。 |

**4. 个性选择 任意体验** 学生可以根据自己的兴趣爱好，选择自己喜欢的、感兴趣的岗位进行体验。体验岗位阶段，教师要不断地明确岗位职责，并给予正向反馈。岗位体验完成后，可以根据学生的表现颁发岗位体验结业证书、岗位聘用证书，聘用合适的学生。

**5. 查漏补缺 专人定制** 对于个别自信心不足、能力偏弱、胆子偏小的学生，可以根据其个性特点定制一些相对简单的工作。例如"印章管理员"，专门负责给奖状盖章，"橡皮管理员"专门负责捡橡皮，帮橡皮找到失主，通过一些小事，鼓励学生敢于、乐于承担职务，确保人人有职责，有岗位。

【案例】

2021 年，欣欣进入一年级，担任了电器管理员，每天她都会认真地开灯关灯，每一次大课间、音乐课、美术课、放学离开教室的时候，她都最后一个离开，把自己的职责做好。有一次，欣欣生病请假，班级因为没有关灯而扣了分，同学们都发觉了欣欣这位电器管理员的重要性，在老师的重点表扬和同学们的肯定下，欣欣越干越起劲，成了不可替代的重要角色，也因此被同学们打上"自律""负责"的标签。在小小管理员的聘任中，欣欣在试岗阶段赢得了赞许，最终在开学两个月后的岗位选拔中成功任职，欣欣成为全班公认的管理员。

而欣欣同桌小睿因为嗓门大、热爱体育，一入校就被老师选为路队长，负责整队。一开始，小睿非常得意。相比其他同学，自理能力更强的小睿能够按老师的要求快速完成整队任务，每一句"立正！""向前看齐！"都铿锵有力，在普遍胆小的一年级同学中显得十分出众。一次，在带队转弯时，他在转弯后停下来等待后面的队伍跟上来，再继续前进。这一"停"得到了老师和同学的赞许，也让小睿更加自信。可渐渐地，小睿开始得意忘形，好动的他常常借管理队伍的名义与其他同学打闹，注意力和学习成绩也明显下滑，甚至滥用职权，不公正加分、扣分。小睿的管理方式没有得到同学们的喜欢，最终在民主投票中被老师和同学一致罢免。

由此看来，学生需要一定的岗位适应时间，但最终能否称职地完成岗位任务，还需要引导、规范。无论具体的时间点如何安排，重要的是为学生提供平等的竞选机会，并确保选举或者选拔过程的公平公正；同时，还应该为学生提供相应的培训和指导，帮助他们了解和履行班委的职责。

## 二、班长岗位如何设置最科学

选择班长，除了锻炼学生的管理能力，更是为了正班风。是选择可塑性较强的孩子当班长，还是锻炼全班能力不一的孩子？关于一班之长，有一些有趣的选拔形式，适用于不同的班情。

### （一）注意事项

* 班主任要避免班长人选不经常更换。
* 班主任应密切关注班委成员是否存在滥用职权的现象。
* 正常情况下，班主任应避免直接任命班长，以免其缺乏群众基础。

### （二）具体措施

**1. 轮值班长人人参与**　"轮值班长"是一种多人轮流担任班长职责的制度，比如全班同学轮流担任班长，每人管理 1 天或 1 周。这种制度适用于教师不了解学生的情况，同时有意愿的同学很多时使用。这种制度有助于培养学生的领导能力和责任感，同时也为更多的学生提供了参与班级管理的机会。轮值班长制的好处有以下几点。

（1）给予公平机会。通过轮值制度，班级中的每个学生都有机会担任班长，促进了公平性和平等性。这不仅有助于培养学生的领导能力，也能够提高其他学生的参与度和兴趣。

（2）分担任职压力。轮值班长可以分担班级管理的责任和压力，避免了长期承担班长职责可能带来的疲劳和负担。每个学生都能够有一段时间休息，同时有机会充分发挥自己的能力和贡献。

（3）促进团队合作。轮值班长制度可以促进班级的团队合作，增强班级的凝聚力。每个学生担任班长时，其他同学都积极参与、支持和配合，有助于建立良好的班级氛围和互助合作的关系。

**2.试用班长岗位体验**　"试用班长"是指在一定时间内让候选学生担任班长职务，以观察他们在实际工作中的表现和适应能力。设置"试用班长"的目的是给予学生一个展示自己能力的机会，以便学校或班级评估他们是否适合担任班长职务。

需要注意的是，试用班长并不保证最终成为正式班长。班级可以根据其试用期的表现和评估结果，结合其他因素如选举、面试等，最终确定合适的学生担任班长职务。

**3.双班长协同管理**　"双班长协同管理"是通过共同协作的方式，由两名班长共同管理班级事务。这种模式旨在减轻单一班长的负担，促进班级事务更加顺利地进行，同时也培养学生的合作能力和团队精神。

班委是班集体的一员，是班级的核心力量，是老师的小助手，是班集体的真正管理者。他们与班级更加贴近，很多老师看不见的问题，班委可以觉察到。一支优秀的班委团队能在后期实现学生管理学生，达到班级内部自治的目的。因此，选拔和培养一年级班委是一项重要的任务，需要认真考虑和执行。

**【案例】即使落选你也值得**

小涵被选上了班长，在试用期尽职尽责，尤其在纪律方面管理得很严，是班主任老师心目中的最优人选。但是许多同学都被她扣了分，对她的严格管理有些不满。在试用期结束的班长投票中，小涵的票数没有另外一位候选人小依的票数高。班主任老师急中生智，采取了以下四步：

1.尊重学生的意见，肯定投票结果。

2.陈述班主任对试用期三位试用班长的客观评价。

3.解释小涵的工作思路和工作成绩，说明各学科老师的投票结果。

4.明确双班长制，由小涵和小依一同担任班长，分管不同的领域。

需要注意的是，双班长协同管理成功与否，关键在于班长之间的合作和沟通。他们应该积极配合，互相支持，共同努力，以确保班级事务的顺利开展。同时，学校和老师也应该提供相应的指导和支持，确保双班长能够承担起管理班级的职责。

## 三、如何制定管理岗位奖惩制度

为了规范学生的行为，培养学生的责任感和自我管理能力，形成良好的班风学风，班主任在岗位设置完毕后还应建立班级管理岗位奖惩制度，综合考虑学生的年龄特点、班级实际情况以及学校的相关规定，确保制度既公平合理又能够有效激励学生。

**（一）注意事项**

\* 班主任要避免考核要求过高，打击学生积极性。

\* 班主任要避免单一的评价标准。

\* 班主任要确保对班干部考核的落实。

**（二）具体措施**

**1. 要设立切实可行的奖惩制度** 班主任通过积分的方式记录学生的表现，针对不同难度、工作量的岗位进行赋分，积分达到一定数额可以兑换奖品或获得其他形式的奖励。同时，对于空占职位、不履责的行为进行扣分，扣分达到一定数额则采取相应的惩罚措施。同时，班主任还可以根据学生的表现发放不同种类的奖券，如学习奖券、纪律奖券等。学生可以用奖券兑换奖品或参与班级活动。

**2. 进行荣誉称号表彰** 在任职初颁发班干部聘书，定期评选优秀学生、优秀班干部、优秀管理员等，并在班级或学校范围内进行表彰。

**3. 坚持定期述职改进** 每月定期开展班干部述职会，由班干部轮流交流自己本月负责的工作、发现的问题以及未来的改进方向。由全班同学进行满意度投票，超过半数通过则加分，不通过则陈述反对理由，并督促改进。

**4. 组建监督管理小组** 设立班级监督小组或班干部监督制度，确保奖惩制度的公正执行。同时，鼓励学生之间相互监督，共同维护班级秩序。班主任要定期对奖惩制度的执行效果进行评估，了解学生对制度的满意度和制度对学生产生的影响。根据评估结果和班级实际情况，对奖惩制度进行必要的调整和优化，确保奖惩制度始终符合学生的需求和发展方向。

### 【案例】能者多劳，多劳多得

在王老师担任小学一年级班主任的过程中，遇到了一个普遍而重要的问题：学生们经常忘记自己在班级中的岗位职责。这不仅影响了班级的日常运作，也阻碍了学生个人责任感的培养。为了解决这个问题，王老师设计并实施了一系列德育活动，旨在增强学生的岗位意识和责任感。

**学生情况分析：**

年龄特点：一年级学生佑佑年龄较小，注意力容易分散，记忆力尚在发展中，容易忘记分配的任务。

家庭背景：在家中较少承担家务，缺乏责任感的培养。

心理特征：渴望得到老师的表扬和同伴的认可，但常常因为忘记职责而感到挫败。

**德育目标：**

增强学生的岗位记忆，确保每位学生都能牢记自己的岗位职责。

培养学生的责任感和集体荣誉感。

通过实践活动，提升学生的自我管理能力。

**德育措施：**

1. 岗位明确化：在开学初，通过班会课明确每个岗位的职责，如卫生委员、图书管理员、课间监督员等，并制作岗位卡片，让学生佩戴或摆放在显眼位置。利用班级文化墙，张贴岗位职责表，方便学生随时查看。

2. 建立提醒机制：设立"岗位小助手"角色，由责任心强、记忆力好的学生担任，负责在每天课前或课间提醒相关岗位的同学履行职责。利用班级群，每天傍晚由班主任或班级小助手发布次日岗位提醒，让家长也参与到监督中来。

3. 正向激励：设立"岗位之星"评选活动，每周对表现突出的岗位学生进行表彰，颁发小奖品或荣誉证书。在班级内设立"岗位责任墙"，展示学生履行岗位职责的照片或作品，增强学生的成就感和归属感。

4. 角色扮演与体验：组织"岗位互换日"，让学生体验不同岗位的工作，增进对彼此职责的理解和支持。通过角色扮演游戏，如"班级小剧场"，让学生在游戏中加深对岗位职责的认识和记忆。

5.家校合作：定期召开家长会，分享班级岗位责任制的实施情况，鼓励家长在家中也为孩子设置简单的家务岗位，共同培养学生的责任感。利用家校联系册，记录学生在家和在校的岗位表现，形成家校共育的良好氛围。

**德育效果：**

经过一个学期的努力，学生们对班级岗位职责的记忆力显著提高，大部分学生能够主动、自觉地履行自己的岗位职责。班级的日常管理变得更加有序，学生的责任感和集体荣誉感明显增强。同时，家校合作也促进了学生良好行为习惯的养成，为他们的全面发展奠定了坚实的基础。比如佑佑同学，他既是副班长，又被体育老师定为不可代替的路队长，还是小组的学习组长，再加上他十分积极地主动报名班级志愿活动组织员，身兼数职的他课间总是十分忙碌，也因此失去了不少自由娱乐的时间。按照班级的岗位积分制度，人人有岗位，每月同学们平均获得3~5积分，可能干的佑佑凭借副班长（5分）、路队长（3分）、小组长（2分）、志愿者（1分）获得了11分，位居积分榜榜首。这样的积分奖励制度不仅让佑佑干得更起劲了，也调动了其他同学服务班级的热情，乐于为班级做贡献的同学越来越多。

## 四、家长对班级岗位设置不满意怎么办

家长对班级岗位设置表现出不支持、不满意，有不同的声音，需要给予关注，及时解决。家长有意见的原因可能有以下方面，第一，沟通不畅：家长可能不了解班级岗位设置的初衷和目的，或者对岗位的具体职责和要求不清楚；第二，岗位设置不合理：岗位数量或种类可能不符合班级实际需求，导致某些岗位冗余或缺失，导致家长心理预期落空；第三，岗位职责分配不均，有的岗位负担过重，有的则过于轻松，家长可能觉得这样的设置不公平；第四，资源分配不均：家长可能认为某些岗位能够获得更多的资源或机会，而自己的孩子所在的岗位则相对处于劣势。这时班主任需要加强与家长的沟通，确保信息透明、准确；同时，班主任要合理设置班级岗位，确保资源分配公平、职责分配合理；并积极营造和谐的班级氛围，鼓励学生积极参与班级活动，促进学生全面发展。

### （一）注意事项

针对家长对班干部岗位设置不满意的情况，班主任应注意以下几点：

\* 班主任不要和家长在班级群内讨论此类情况，以免扩大不满情绪和影响。

\* 班主任在选拔和考核班干部的过程中要保持公平、公正的态度，避免偏私行为。

\* 在家长反馈意见时，班主任要避免直接反对或强硬回应。

\* 班主任要合理界定家校界限，避免家长过度干预班级事务。

### （二）具体措施

**1. 私下沟通　倾听理解**　首先，班主任要耐心倾听家长的意见和不满，确保他们有机会充分表达自己的观点，尝试理解家长的立场和担忧，这有助于建立信任和同理心。其次，班主任要主动询问家长对班级岗位设置的具体不满之处，是岗位数量、职责分配，还是其他方面的问题，收集详细的反馈，以便更准确地定位问题所在。

**2. 分析原因　积极改进**　根据家长的反馈，分析班级岗位设置不合理或引发不满的具体原因。考虑是不是由于沟通不足、资源分配不均或是岗位设置本身存在缺陷。针对发现的问题，制订具体的改进措施。例如，如果岗位设置不够合理，可以重新规划岗位数量和职责分配；如果沟通确实不到位，可以增加与家长的交流次数。

**3. 共同探讨　获得支持**　班主任要向家长解释改进措施的原因和目的，获得他们的理解和支持，同时鼓励家长提出更多建议，以便进一步完善班级岗位设置。

**4. 开放态度　跟踪观察**　班主任要按照制订的改进方案实施，确保所有措施得到有效执行，并定期跟踪改进效果，收集家长和学生的反馈，以便及时调整和优化。在整个过程中，班主任要保持开放和包容的态度，尊重每一位家长的意见和感受。为了避免类似问题的再次发生，班主任可以建立定期沟通机制，让家长有机会持续参与班级管理和岗位设置的讨论；同时，也可以考虑设立一个反馈渠道，让家长能够随时提出自己的意见和建议。

需要注意的是，家长是班级管理和学生教育的重要合作伙伴，他们的参与和支持对于班级的发展至关重要，建议班主任私下与家长进行面对面的沟通，这样可以更直接地表达意见，同时避免在公共场合或孩子面前产生不必要的尴尬或冲突。在沟通时，班主任应保持冷静并尊重家长的意见，交流时要用建设性的方式表达自己的看法。

【案例】

芊芊是一名小学一年级的学生，她性格内向，平时在学校里较为安静，不善于主动与同学交流。尽管如此，芊芊在学习上表现出色，成绩优异，是老师眼中的好学生。在新学期的班级岗位分配中，基于芊芊的个人意愿和班级同学的投票，她最终被选为图书管理员。然而，芊芊的家长对此表示不满，他们希望芊芊能够有机会担任课代表或班长等需要与同学有更多沟通机会的岗位，以此帮助她培养与人交往的能力，变得更加开朗。

**德育目标：**

增强芊芊的自信心：通过适合的岗位体验，帮助芊芊发现自己的潜能，增强自我价值感。

提升人际交往能力：在尊重芊芊意愿的基础上，提供合适的机会，让她在与同学的互动中逐步提升交往能力。

促进家校沟通：通过有效的家校沟通，增进家长对学校教育理念的理解，共同支持芊芊的成长。

**德育措施：**

1. 深入了解芊芊：高老师与芊芊进行一对一的谈话，了解她对图书管理员岗位的真实想法，以及她对课代表或班长等岗位的看法。通过观察芊芊在课堂和课间的表现，分析她的性格特点和人际交往模式。

2. 岗位体验与调整：在保持芊芊图书管理员岗位的基础上，设计一系列小型的班级活动，如"图书分享会""阅读小能手"等，鼓励芊芊在活动中担任主持人或讲解员，增加与同学交流的机会。如果芊芊在这些活动中表现出色，并且有兴趣尝试更多的人际交往挑战，可以考虑让她在一段时间内兼任课代表或班级小组的组长，逐步增加她的职责范围。

3. 家校合作：高老师邀请芊芊的家长参加一次家校沟通会，详细介绍芊芊在校的表现，以及学校对芊芊个性化发展的考虑和计划。与家长共同探讨如何在家中也为芊芊创造更多与人交往的机会，如邀请芊芊的同学来家里玩、鼓励芊芊参加社区活动等。

4. 心理辅导与支持：如果芊芊在适应新岗位或参与活动过程中遇到困难，提供必要的心理辅导和支持，帮助她建立积极的心态，克服害羞和焦虑。

5. 定期评估与反馈：设定一个评估周期，如一个月或两个月，对芊芊在岗位上的表现、人际交往能力的提升以及自信心的变化进行评估。根据评估结果，与家长和芊芊共同讨论下一步的发展计划，确保教育措施的有效性和针对性。

**德育效果：**

经过几个月的努力，芊芊在图书管理员的岗位上表现出色，同时也逐渐参与了更多的班级活动，与同学的关系变得更加融洽。她不再像以前那样害羞，而是敢于在同学面前发言，甚至主动帮助有需要的同学。芊芊的妈妈也看到了女儿的变化，对学校的做法表示赞赏和支持。

通过芊芊的案例，我们深刻认识到，每个孩子都有自己的独特性和成长节奏。当学校教育与家长认识存在分歧时，要找准家校共育的突破口。在德育工作中，我们需要深入了解孩子的需求和特点，尊重他们的意愿，同时提供必要的支持和引导。家校合作是促进学生发展的重要途径，我们需要与家长建立良好的沟通机制，共同为孩子的成长创造有利的环境。此外，心理辅导和支持也是德育工作中不可或缺的一部分，能够帮助孩子克服成长中的困难，培养他们的自信心和人际交往能力。

# 第二节　班级管理岗位的选拔

随着新学年的到来，新一年级的学生们踏入了全新的学习阶段。在这个阶段，班委的选择与管理能力的培养显得尤为重要。班委作为班主任的得力助手和班级管理的核心力量，不仅需要在学习上做出表率，更需要在班级管理和团队协作方面发挥关键作用。因此，如何科学、公正地选择班委，以及如何有效地培养他们的管理能力，成为我们迫切需要探讨的问题。

## 一、班委何时开始选拔合适

刚入校的一年级新生通常处于心理和社会适应的关键阶段，他们的心理发展特点表现为独立性和依赖性并存，两者之间常形成矛盾关系。

一方面，一年级新生的独立性、认知水平和社交能力都在发展。在独立性方面，一年级新生开始逐渐发展独立性和自主性，他们可能会有更多自己独立完成任务和做出决策的机会，通过这样的经验来建立自信心。在认知水平方面，一年级新生开始发展思维能力和解决问题的能力。他们逐渐学会使用逻辑思维，能够处理和理解更加复杂的信息。在社交方面，一年级新生逐渐开始与同龄人建立友好关系，并学习与他人合作和分享。他们将面临社交规则和人际关系的学习，如分享、尊重和倾听。

另一方面，一年级新生尚无成熟的情绪管理能力又很容易产生分离焦虑，他们可能会面临情绪波动和难以控制的情绪表达，感到焦虑和不安，需要时间来适应学校环境，与同学、老师建立关系。

在刚入校阶段，一年级新生还处在小学规范的适应期，教师需要建立自己的权威。同时，一年级学生对班集体的意识还未建立，他们需要通过教师的言语来理解班级规范和要求。

**（一）注意事项**

\* 避免在开学第一天进行班委选拔。

\* 避免在没有了解学生的兴趣、能力时进行班委选拔。

\* 避免一年级第一学期始终不选拔班委。

**（二）具体措施**

**1. 需要什么 设置什么** 班级管理员不需要一开学就全部选拔好，班主任可以在开学两周后学生基本习惯集体生活和秩序后，逐渐引导学生参与班级管理。例如，需要分组收作业，就安排 6 名小组长，提高收作业效率；需要有人及时关灯，就安排电器管理员负责关灯、关电脑。

**2. 做事在先 管理在后** 一年级学生处于刚刚社会化的起步阶段，管理团队的经验和能力不足，为避免小干部"滥用职权"等不良风气的产生，可以优先设置以"做事"为核心的服务型岗位，让这些学生先把事情做好，再从服务型岗位中择优选拔有管理能力和公允心、责任心的学生担任管理型岗位，协助教师管理班级。

**3. 聚焦兴趣 培养能力** 岗位设置应该与学生的兴趣和特长相结合。聚焦兴趣设置岗位，可以激发学生的工作热情，还能培养学生的责任感和自信心。比如，喜欢画画的学生可以担任班级的美术角管理员，喜欢阅读的学生可以担任图书角管理员，等等。

**4. 分批入队 明确职责** 一年级的分批入队是个很好的明确职责的契机，预备队需要民主选举产生中队长、委员和小队长，民主选举的过程让职责更明确，也更规范。

在选拔时间上，小小管理员的选拔可以比班委选拔更早进行。在选拔要求上，小小管理员除了需要具备一定的领导能力，更需要有良好的行为习惯和责任心。

**【案例】**

当班主任宣布要进行岗位选举后，学生在回家和家长商量后纷纷踊跃报名。经过竞选环节，全班对竞选同一岗位的候选人进行投票，最终选出实习班干部。

因为学生们对自己的职责还不太清晰，王老师先给每个岗位的学生进行了培训，包括职责范围、管理口令、沟通方法等，也鼓励实习班干部如果遇到无法解决的问题就积极寻求老师的帮助。经过一周的实习，大部分实习班干部都被正式聘用了。而后，在班会课上为正式聘用的班干部颁发聘书。

后续每两周开一次班干部汇报会，班干部们对这两周来班内的各项情况向班主任汇报，并且商量接下来的应对举措。整个班级的班干部团体正在逐渐建立，学生们能在班干部的领导下实现较好的自我管理。

总之，选拔和培养一年级班级管理岗位需要班主任用心关注和指导，给予他们充分的支持和机会，让他们在实践中成长和发展。

## 二、班委如何选拔

在选拔新一年级的班长时，通常会有一系列程序和标准来评选最合适的候选人。一般的选拔流程有以下几个环节。

**提名阶段**：学生和老师可以提名合适的候选人担任班长。学生可以自愿提名，也可以被其他同学提名。

**申请计划**：候选人通常需要填写一份申请表，介绍自己的优势、承诺和为班级带来的创新计划。

**竞选活动**：候选人可以在全班同学面前发表竞选宣言，介绍自己的愿景和理念。候选人还可以组织一些活动来展示自己的领导能力和与同学们交流互动的能力。例如，组织班级活动、演讲比赛等等。

**投票选举**：在一定时期后，全班同学可以以投票的方式选举班长。通常会为每个同学提供一张选票，让他们在选票上写下自己认为合适的候选人。

**统计公示**：根据投票结果，统计得票最多的候选人，确定为新一年级的班长。

**反馈建议**：候选人当选后，可以收集班级成员的反馈和建议，并据此制订自己的计划和目标。

选拔班长时，需要考虑学生的个人素养和管理能力，班主任可以通过交给学生任务来考查学生的组织管理能力，然后组织学生、号召家长协助报名。

**（一）注意事项**

＊ 避免把竞选词当作唯一标准，有时家长积极、学生竞选准备认真，并不一定能力强。

＊ 避免把学习能力和管理能力等同。

＊ 避免因为选拔班长而打击其他同学的积极性。

＊ 避免因为选拔班长而和家长引发不必要的冲突。

**（二）具体操作**

**1. 候选学生选择** 学校或班级首先会提供一个机会，供有兴趣和条件的学生申请担任班长职务。学生需要提交一份申请表或进行面试，说明他们想担任班长的原因，并展示他们的领导能力。

**2. 安排试用期** 为选拔出来的学生规定一个固定的试用时间，例如一周或一个月，作为他们担任临时班长的试用期。

**3. 履行职责** 在试用期内，选拔出来的学生需要履行班长的职责，组织班级事务，与其他学生和老师进行沟通，协助解决问题和促进班级的积极氛围。

**4.评估和反馈** 试用期结束后，学校或班级会对试用期内班长的表现进行评估，并给予适当的反馈或建议。这可以帮助学生发展和提升自己的能力，并为选择最终的班长提供依据。

【案例】

9月，学生们刚进入小学，彼此之间还不熟悉，个人能力和性格尚未明显展现出来。我计划用一个月的时间观察他们，并留心记录那些有责任心和领导能力的学生。同时，这一个月的时间学生也可以互相好好熟悉。

在一个月后，我发布了竞选班干部的通知，其中包括岗位需求、班干部职责、所需人数等细则。

---

**班干部竞选通知**

各位家长和小朋友们，开学已一个月，同学之间已渐渐熟悉，小朋友们也能较好地适应小学生活。为了给更多的学生展示自我的机会，落实班级人人有事做、事事有人管，班级将在下周进行班干部竞选。

竞选时间：下周五下午第一节课

竞选地点：本班教室

竞选流程：两分钟左右的竞选演讲（可带稿）—班级投票——周试用期—正式录用。

报名要求：每人最多可报2个岗位，最终会根据班级投票情况和学科老师意见综合考虑。

竞选岗位和细则（根据班级情况自行制订）。

此次班干部竞选意在帮助学生做好自我管理和培养学生的责任心，不管什么岗位，一旦确定后，还请家长们引导学生认真对待，每一个人都是"了不起的班干部"。

为了让学生们更好地成长，家长可以多多鼓励孩子积极参加竞选。

---

## 三、管理岗位换届如何操作

为了给学生提供不同方面的锻炼机会，班级管理岗位需要每年进行换届选举。班级管理岗位换届是一个重要而细致的过程，旨在选拔出有能力、有责任心的新一届学生管理团队，以维持和提升班级管理的质量和效率。

**（一）注意事项**

* 避免长时间连任。

* 避免剥夺没有经验学生的选举权利。

* 避免受到家长建议的影响。

**（二）具体措施**

**1. 换届准备阶段**

（1）制订换届计划：明确换届的时间表、流程、选拔标准等。确定换届所需的材料和工具，如报名表、选拔评分表等。

（2）发布换届通知：通过班级公告、群通知等方式，向学生广泛发布换届通知。通知中应包含换届的目的、要求、流程、时间等信息。

（3）候选人报名与资格审查：符合条件的学生自主报名，填写报名表。班主任会对报名者进行资格审查，确保候选人符合选拔标准。

**2. 换届选拔阶段**

（1）候选人竞选演讲：候选人进行公开竞选演讲，展示个人优势、管理经验和对学生管理工作的理解。演讲过程中，可邀请教师、学生代表等作为评委进行打分或提问。

（2）综合评估与选拔：根据候选人的竞选演讲、平时表现、学业成绩等多方面因素进行综合评估。通过投票、打分等方式，选拔出优秀的新一届学生管理团队。

**3. 换届公示与任命阶段**

（1）公示结果：将选拔结果在班级公告栏、群通知等渠道进行公示，确保信息透明。公示期间，如有问题或异议，可及时提出并核实处理。

（2）正式任命：公示结束后，对无异议的候选人进行正式任命。颁发任命书或聘书，明确新一届学生管理团队的职责和权限。

**4. 培训与交接工作**

（1）培训与指导：对新一届学生管理团队进行培训和指导，传授管理经验、沟通技巧等，帮助他们快速适应新角色，提升他们的管理能力。

（2）交接工作：组织上一届学生管理团队与新一届学生管理团队进行工作交接，确保各项工作的连续性和稳定性。交接过程中，可邀请教师或学校相关部门负责人进行监督和指导。

（3）定期评估与反馈：对新一届学生管理团队的工作进行定期评估，了解他们的表现和问题。根据评估结果，给予相应的反馈和建议，帮助他们不断改进和提升。

【案例】

乐乐是一名小学一年级的学生，以其强烈的责任感和细心的性格，在上一学年担任了班级的电器管理员。他认真负责，确保班级的电器设备得到了妥善的管理和维护，特别是每次离开教室时，他都会仔细检查并确保所有电器都已关闭，从而避免了因忘记关灯而扣分的情况。乐乐的出色表现赢得了老师和同学们的广泛赞誉。在新学期开始时，乐乐表达了竞选科学课代表的意愿，希望能够在新的领域有所尝试和发展。班级里的其他同学因为习惯了乐乐作为电器管理员的出色表现，纷纷表示希望他可以继续留任这一岗位。

**德育目标：**

尊重个人意愿：鼓励和支持乐乐追求自己的兴趣和目标，尊重他的个人选择和职业规划。

培养责任感与领导力：通过竞选活动，让乐乐在科学课代表的新岗位上锻炼领导力和责任感。

促进班级共识：通过班级讨论和投票，帮助同学们理解并尊重每个人的选择和努力，促进班级内部的和谐与团结。

**德育措施：**

1.开展竞选活动：组织一次班级会议，邀请乐乐和其他有意竞选科学课代表的同学进行演讲，分享他们为什么想担任这个岗位，以及他们计划如何履行职责。鼓励班级其他同学认真聆听每位候选人的演讲，并根据他们的表现和思考来做出选择。

2.班级讨论与投票：在竞选演讲结束后，组织班级讨论，让同学们分享他们的看法和意见，包括对乐乐新选择的看法和对其他候选人的评价。通过无记名投票的方式，让全班同学参与决定科学课代表的人选，确保选举过程的公平和公正。

3.沟通与理解：无论选举结果如何，高老师都应与乐乐进行深入的沟通，了解他的感受，并鼓励他无论是否当选都能保持积极的态度。同时，高老师也要与班级其他同学沟通，引导他们理解并尊重每个人的选择和努力，认识到每个人都有追求自己兴趣和目标的权利。

4.岗位交接与过渡：如果乐乐成功当选科学课代表，他需要与新任电器管理员进行岗位交接，确保电器管理工作的连续性。同时，高老师也要关注新任电器管理员的适应情况，并提供必要的指导和支持。

5.持续关注与反馈：在新学期开始后，高老师应持续关注乐乐在新岗位上的表现，以及班级整体的氛围和变化。通过定期反馈和讨论，及时调整教育策略，确保班级德育工作顺利进行。

**德育效果：**

通过竞选活动和班级讨论，乐乐最终成功当选了科学课代表。他的当选不仅得到了同学们的广泛认可和支持，也让他在新的岗位上得到了锻炼和成长。同时，班级内部的和谐与团结也得到了进一步的加强。同学们更加尊重每个人的选择和努力，也更加珍惜班级内部的合作与互助。

## 四、优秀的学生是否可以身兼数职

一年级学生班委中优秀的学生是否可以身兼数职，这是一个有争议的话题。一方面，让优秀的学生身兼数职可以培养他们的领导能力和责任心，提升他们的自我管理能力。另一方面，这也可能导致学生过度疲劳和压力过大，影响他们的身心健康和学习成绩。

在教育实践中，我们发现许多优秀的班委成员都能够胜任多个职位，并且能够很好地完成各项任务。这些学生通常具有良好的自我管理能力和时间安排能力，他们能够有效地规划自己的时间和工作，同时处理多项任务。此外，他们也通常具有较强的责任心和团队协作精神，能够为班级做出更多的贡献。然而，我们也要注意到，对于一年级学生来说，他们的身心发展尚未完全成熟，自我管理能力相对较弱。如果让这些学生身兼数职，可能会给他们带来过度的压力和疲劳，影响他们的身心健康和学习成绩。此外，如果班级中有太多职位被一个学生所兼任，可能会导致其他学生的不满和失落感，不利于班级的和谐发展。

因此，对于一年级学生班委中优秀的学生是否可以身兼数职，我们需要根据具体情况进行评估和决策。如果一个学生表现出较强的领导能力和责任心，且自我管理能力和时间安排能力较强，那么可以考虑让其兼任多个职位。但同时，我们也需要关注学生的身心健康和学习成绩，避免给他们带来过度的压力和疲劳。

**（一）注意事项**

\* 尽量给更多的同学展示能力的机会。

\* 避免出现"一枝独秀"的情况，要引导全班学生"百花齐放"。

\* 不能因为学生成绩弱就剥夺学生管理实践的机会。

**（二）具体操作**

为了更好地发挥优秀学生的优势，促进班级的和谐发展，我们可以采取以下措施。

**┃1. 充分了解学生的能力和兴趣┃** 在任命班委成员之前，班主任应该通过观察和与学生交流等方式，充分了解学生的能力和兴趣，以便更好地安排职位和分工。

**┃2. 合理配置职位和分工┃** 班主任应该根据班级的实际情况和学生特点，合理安排班委职位和分工，避免出现学生兼任过多职位的情况。

**┃3. 建立有效的协作机制┃** 班主任应该建立有效的协作机制，促进班委成员之间的合作和协调，提高工作效率和质量。

**┃4. 给予学生适当的指导和支持┃** 班主任应该给予班委成员适当的指导和支持，帮助他们更好地完成工作任务，提高工作能力和水平。

**┃5. 定期评估和调整┃** 班主任应该定期评估班委成员的工作表现和能力水平，及时进行调整和改进，以保证班级工作的顺利进行。

**【案例】**

在一个充满活力的小学一年级班级里，有一位名叫小涵的同学，她就像一颗璀璨的星星，无论在学业还是班级管理中，都闪耀着独特的光芒。凭借出色的领导能力和管理才能，小涵在班级的竞选中高票当选，成功当选为班长、纪律委员、美术课代表以及小组长，成为班主任王老师不可或缺的得力小助手。小涵就像是一个小小的魔法师，总能在关键时刻化解班级里的各种小矛盾，让班级的氛围变得和谐而愉快。她不仅自己学习优秀，还总能耐心地帮助其他同学解决学习上的难题，成为大家心目中的"小老师"。在她的带领下，班级的纪律变得井井有条，美术课上也总能看到同学们创意无限的作品。

然而，就像每个故事里都会有的小插曲一样，小涵的"领导"之旅也并非一帆风顺。随着她在多个岗位上的出色表现，班级里逐渐出现了一些不同的声音。有些同学和家长开始担心，小涵兼任如此多的职务，会不会挤占了其他同学锻炼领导能力和承担责任的机会呢？

这个问题就像一块小石头，投进了原本平静的湖面，激起了层层涟漪。王老师敏锐地察觉到了这一点，决定召开一次特别的班级讨论会，邀请全班同学一起来探讨这个问题。

讨论会上，同学们纷纷发言，有的表示理解小涵的辛苦和付出，有的则表达了自己的担忧和想法。小涵也勇敢地站了出来，分享了自己在多个岗位上的感受和收获，同时表示愿意为班级做出更多的贡献，也希望能有机会尝试新的挑战。

王老师听着同学们的发言，心中充满了欣慰和感动。她看到了同学们对班级的热爱和责任感，也看到了他们成长的足迹。于是，王老师提出了一个大胆的想法——实施角色轮换制度，让每位同学都有机会在不同的岗位上得到锻炼。

这个提议得到了同学们的热烈响应。于是，班级里开始了一场别开生面的"角色大轮换"活动。同学们轮流担任不同的职务，体验着不同的角色和责任。小涵也在保持现有岗位的同时，积极参与班级活动，与同学们建立了更加紧密的联系。

随着时间的推移，班级里逐渐形成了积极向上的氛围。同学们更加珍惜彼此之间的合作机会，理解每个人在集体中的角色和责任。小涵也在这次"领导"之旅中收获满满，她不仅锻炼了自己的领导能力和管理能力，还学会了如何更好地与同学们沟通和协作。

而这一切的改变，都离不开王老师的智慧和耐心，以及同学们对班级的热爱和责任感。他们共同创造了一个充满爱和正能量的班级，让每个孩子都能在这里快乐成长，绽放属于自己的光彩。

综上所述，对于一年级学生班委中优秀的学生是否可以身兼数职的问题，我们需要根据具体情况进行评估和决策。在发挥优秀学生的优势的同时，也要关注学生的身心健康和学习成绩，促进班级的和谐发展。通过合理配置职位和分工、建立有效的协作机制、给予学生适当的指导和支持以及定期评估和调整等措施，我们可以更好地发挥班委成员的作用，为班级的发展做出更大的贡献。

# 第三节　学生管理能力的培养

"家长纷纷表示想让自己的孩子当班长，怎么办？"

"学生管理能力不强，滥用职权怎么办？"

"轮值班长如何实行，在一年级适用吗？"

"我们班有一位学生综合素质很突出，于是让她担任班长，但是她的管理能力不足，怎么培养呢？"

一年级学生里常常会出现虎头蛇尾的班干部，他们在竞选时信心满满，十分积极，但只有"三分钟"热度，一段时间过后便忘记了自己的岗位职责。因此，班主任在确定班委分工后，还需要有策略地引导、提醒学生工作，推动学生习惯岗位职责。

## 一、如何培养班委的能力

学生担任班委需要具备一系列的品质和能力，以有效地履行职责并获得同学们的支持和尊重。班主任需要为一年级新班委提供必要的培训和指导，帮助他们了解班级管理的基本原则和技巧。班主任可以组织一系列的培训课程，包括领导能力、沟通技巧、组织能力等方面的内容，确保新一年级班委清楚自己在班级中的职责，知道如何进行学生之间的协调、纪律管理、班级活动的组织等。

### （一）注意事项

＊班主任不要把管理权给过多的学生，否则学生相互间容易产生冲突。

* 全班同学都是监督员，如对班委不满意可以向老师反馈。

* 班委由学生投票选举产生，不由班主任指定。

* 班主任要避免因为选拔班委和家长产生不必要的冲突。

**（二）具体操作**

**1. 提供培训** 班主任要为新任班委提供培训，让他们了解自己的职责，以及如何处理问题。重点培养以下三方面能力。

（1）培养班委的责任心：班委应该具备高度的责任心，愿意为班级服务，并尽力做到最好。班主任可以通过安排具体任务给班委，让他们明确自己的职责，从而培养他们的责任心。

（2）培养班委的组织能力：班委需要具备一定的组织能力，能够组织班级活动和协调同学关系。班主任可以鼓励班委自主策划和组织班级活动，同时提供必要的支持和指导，让他们在实践中锻炼组织能力。

（3）培养班委的沟通能力：班委需要具备良好的沟通能力，能够与同学和老师进行有效的交流和沟通。班主任可以鼓励班委多发表意见和建议，与其他同学交流互动，提供机会让他们锻炼口才和表达能力。

**2. 定期反馈** 班主任可以定期与班委成员进行会议，跟进他们的工作进展，并提供反馈和指导。每周一次班委会，是班委更好履行职责的助推器。会议由班长主持，各班委轮流反馈本周各个方面的情况，要表扬的地方和要改进的地方。反馈完毕后，由班长选择其中最值得讨论的一件事展开讨论。

**3. 鼓励团队合作** 在培养一年级班委的团队合作时，首先要强调共同目标的重要性。让班委成员明白，他们的努力是为了整个班级的和谐和进步。鼓励班委之间多沟通、多交流，分享彼此的想法和意见，从而增进了解和信任。其次，可以设置一些需要团队协作完成的任务，如组织活动、营造班级文化等，让班委成员在实践中学会合作。最后，班主任要对班委的合作团队及时给予肯定和鼓励，让班委成员感受到团队合作带来的成就感和快乐，进而更加积极地参与团队建设。

**4. 激励和奖励** 班主任要及时表扬和奖励那些尽职尽责的班委成员，激发他们的积极性和主动性。比如每两周开展一次积分兑换大会，按照学号请全班同学轮流反馈自己的岗位履行情况，请全班同学为他（她）投票，支持票超过半数就可以加分，岗位任职越多，得到的分就越多。如果投票未超过半数，需要请 2~3 位同学说明不支持的原因，便于后续改进。在学期末，还可以设立颁奖大会，如最佳班委奖、优秀宣传委员奖等，给予鼓励和认可，激励他们更好地履行职责。

┃ **5. 定期评估和调整** ┃ 班主任要定期评估班委的表现和职责履行情况，对于表现不佳或不称职的班委要进行适当的调整和更换，确保班委的素质和能力符合班级发展的需要。

## 二、管理员如何培养

班级管理员岗位可以培养学生主人翁意识，让他们自主、自律地开始学习和生活，其关键在于激发学生的责任感和积极性。班主任可以通过设立明确的管理职责和任务，让学生参与到班级或团队的管理中；还可以定期组织分享会，让学生交流管理经验，互相学习成长。同时，班主任要给予学生充分的鼓励和引导，帮助他们建立自信心和解决问题的能力。

**（一）注意事项**

* 班主任要尊重学生的个性差异。
* 班主任要给予学生适度的压力和挑战。
* 班主任要及时与家长沟通学生的岗位任职情况。
* 班主任要持续观察学生在岗位任职期间的表现，及时进行调整和改进。
* 班主任对管理员的培养要避免过分功利。
* 班主任要培养学生独立思考和解决问题的能力。
* 班主任要引导管理员注重团队精神。
* 在培养过程中，班主任要善于激发学生创新思维。
* 班主任对管理员的培养要保持耐心。

**（二）具体操作**

根据笔者的经验，培养管理员可以从以下几个方面进行实践。

┃ **1. 明确角色与职责** ┃ 班主任与管理员一起讨论并明确他们的角色和职责。例如：黑板管理员要维护黑板整洁，点心管理员要管理点心的分发，午餐管理员要监管午餐秩序与餐后卫生打扫，等等。制订简单明了的职责清单，便于学生们理解和执行。

**2. 培养责任感和团队精神** 培养管理员的责任感和团队精神，关键在于实践与引导。班主任要让他们意识到自己身为管理员和作为班级一分子的重要性，培养他们的集体荣誉感和责任感。在组织团队活动时，让管理员共同协作，完成任务，体验团队合作的力量。鼓励他们在执行任务时与同学们合作，共同为班级的和谐与进步而努力。同时，班主任要及时给予积极的反馈和鼓励，激发他们的团队荣誉感。

**3. 设置合理的目标和期望** 根据学生的年龄和能力，班主任要与他们一起设置实际可行的目标和期望，包括班级的各项工作、活动等，确保每个人都知道自己需要完成的任务，并设定一个合理的时间表。定期回顾他们的表现，给予肯定和鼓励，同时指出需要改进的地方。

**4. 提供培训和指导** 班主任要定期对小小管理员进行培训，教授他们基本的沟通技巧、解决问题的方法等。可以通过角色扮演和情景模拟，教会他们如何礼貌待人、维持秩序。同时，讲解基本的管理原则，如公平公正、重视沟通等。此外，鼓励他们发挥创意，自主设计班级活动，提升管理能力。培训过程中，班主任多给予正面激励，帮助他们建立自信。最后，强调管理员是班级的榜样，要时刻保持良好的言行举止，带动整个班级形成良好的风气。在管理员执行任务时，班主任也要提供必要的指导和支持，帮助他们更好地完成任务。

**5. 创造实践机会** 班主任要鼓励更多学生参与到班级管理中，也为管理员创造更多的实践机会，让他们在实践中学习和成长。一年级班主任为管理员创造实践机会，可从以下方面着手。

（1）设立班级管理岗位，如卫生监督员、图书管理员等，让每个学生都有机会参与班级管理。

（2）组织班级活动，如主题班会、节日庆祝活动等，让管理员们担任重要角色，在筹备和执行中锻炼组织能力。

（3）班主任可引导学生参与班级文化建设，如设计班徽、班歌等，培养其创新与合作精神。

（4）班主任要给予学生充分的鼓励与指导，让他们在实践中不断成长，提升自我管理能力。

通过以上措施，班主任为管理员创造了丰富的实践机会，促进其全面发展。

▌6. 注重激励和奖励▐ 班主任在培养管理员时可以设立奖励机制，对表现优秀的管理员给予适当的奖励和表彰，以激发他们的积极性和自信心。对于具体的奖励方法有以下几点可以参考：

（1）个性化激励：了解每位管理员的兴趣和特长，根据他们的特点给予个性化的激励。例如，对于喜欢绘画的学生，可以给予他们绘制班级海报的机会；对于善于表达的学生，可以让他们在班会上发言或分享经验。

（2）及时表扬：当管理员表现出色或取得进步时，班主任应及时给予表扬和鼓励。这种正面的反馈可以激发他们的积极性，增强他们的自信心。

（3）积分奖励制度：可以设立一个积分奖励制度，为管理员的每一项任务或贡献设定相应的积分。当积分累积到一定程度时，他们可以兑换一些小奖励，如文具、小玩具或额外的课间休息时间。

（4）定期总结与展示：定期组织班级会议或活动，让管理员分享自己的工作经验和成果。这不仅可以增强管理员的归属感和自豪感，还能激励其他同学向他们学习。

（5）家长参与：邀请家长参与管理员的培养过程，让他们了解孩子的表现和进步。家长的肯定和支持可以成为孩子继续努力的动力。

▌7. 建立反馈机制▐ 班主任在培养管理员的过程中，建立有效的反馈机制至关重要。这不仅能帮助班主任及时了解管理员的工作情况，还能激励管理员不断改进和提高。可以采用以下几种反馈方式：

（1）定期面谈：班主任可以定期与管理员进行面谈，了解他们的工作情况、遇到的困难和需要改进的地方。这种面对面的交流有助于增进信任和理解，促进双方的沟通。

（2）观察记录：班主任可以通过观察管理员在班级管理中的实际表现，记录他们的行为、态度和成果。这些记录可以作为反馈的依据，帮助管理员认识自己的优点和不足。

（3）同学评价：班主任可以组织班级同学对管理员进行评价，收集多方面的意见和建议。这有助于管理员从多个角度了解自己的表现，发现潜在的问题。

▌8. 实行轮换制度▐ 班主任在管理员的培养中，为了公平原则和学生的全面发展，可以实行轮换制度，让更多的学生有机会担任管理员。这不仅可以提升学生的自我管理能力，还能培养他们的责任感和团队合作精神，培养他们对班集体的集体荣誉感与领导能力。以下是一些建议，以帮助一年级班主任更好地实施这一制度。

（1）制订明确的轮换计划和规则。班主任应在学期初就制订好轮换计划，包括轮换的时间周期、范围、目的以及具体安排。规则方面，要明确管理员的职责和权利，以及轮换时的交接流程和注意事项。

（2）选择合适的管理员人选。班主任可以通过观察学生的日常表现，结合学生的意愿和家长的意见，选拔出具有一定组织能力、责任心和团队合作精神的学生担任管理员。

（3）要注重引导和监督。在轮换初期，班主任可以给予新任管理员一定的指导和帮助，让他们更好地理解和履行职责。同时，班主任要密切关注轮换过程中的情况，及时发现问题并进行处理。

（4）班主任要及时总结经验教训，对轮换制度进行不断完善。在每一轮轮换结束后，班主任可以组织学生进行反馈和讨论，了解轮换制度的优点和不足，以便在下一轮轮换中进行改进。

【案例】

一年级刚入学，班级的点心管理员岗位空缺，急需一名点心管理员对点心时间进行管理。

一开始，我向全班同学发布了招募点心管理员的通知，大家纷纷踊跃报名。根据平时的观察，我从报名的十几人中选出了 5 名候选人。

考虑到同学们对这类工作不熟悉，一开始不容易上手，我先让候选人通过观察我对点心时间的管理进行学习、模仿；同时也让他们明白基本的管理措施，如管理口令"1，2，3，静下来""表扬第 × 小组坐姿端正""批评 ××× 同学没有管好自己的小手"。

每人有一天的实习时间。候选人需要清晰记得哪个时间段需要进行点心的发放，并在该时间段进行班级纪律管理。在实习后，我组织班级同学进行投票选出工作最到位的候选人担任点心管理员。

选拔和培养一年级管理员需要细致的计划和持续的努力。通过上述建议，希望可以提供一些有益的指导，帮助学生们在领导能力、行为习惯和责任心等方面取得长足进步。同时，他们也能更好地为班级服务，促进班级的和谐与发展。

## 三、如何协调管理者和被管理者的矛盾

在一年级班级中，管理者与被管理者之间是和谐共生的。管理者通常是班委成员，他们负责维持班级秩序，组织活动，促进班级团结。而被管理者则是班级中的其他同学，他们遵守班级规则，参与集体活动，共同营造一个良好的学习环境。这种关系建立在相互尊重和理解的基础上。管理者应公平公正地行使职权，关心每一位同学的需求；而被管理者也应积极配合管理者的工作，共同为班级的发展贡献力量。通过双方的共同努力，一年级班级能够成为一个团结、友爱、积极向上的集体。在一年级班集体中，管理者和被管理者之间的矛盾是一个常见的问题。所以需要班主任谨慎处理此类问题，下面让我们来讨论一下。

### （一）注意事项

* 处理矛盾时要深入了解矛盾的具体内容和原因，准确把握矛盾发生的根源。

* 处理矛盾时要保持公正和客观的态度。

* 鼓励管理者和被管理者之间进行积极沟通。

* 可以制订明确的班级规则和职责分工。

* 在处理矛盾时，要关注学生的心理健康。

* 与家长保持良好的沟通，寻求家长的支持和配合。

* 处理完矛盾后，要持续关注学生的表现和情绪变化。

### （二）具体操作

**1. 明确角色定位** 让每个学生都明白班集体的运作需要有人来管理和被管理。管理者负责维护班级秩序，帮助被管理者更好地适应学校生活；而被管理者则需要服从管理，共同维护班级的秩序与和谐。

**2. 建立信任与合作关系** 通过各种团队建设活动，增强班级凝聚力，让学生明白每个人都是班级的重要组成部分。鼓励学生相互尊重、理解和支持，

培养他们的团队协作精神。这样，当涉及班级的共同利益时，他们会更愿意配合管理者的工作。

**3. 加强沟通与反馈机制** 鼓励学生提出自己的意见和建议，使得管理者能够及时了解并满足他们的需求。同时，也要让被管理者感受到自己的声音被重视，增强他们的归属感。定期组织班会，让每个人都有机会发表看法，共同商讨解决问题的方法。

**4. 培养自律意识** 对于被管理者，要教育他们明白规则和纪律的重要性，培养他们的自律意识。而对于管理者，要让他们学会如何合理、公正地行使权力，不滥用职权。通过引导和培训，帮助学生形成正确的价值观和行为习惯。

**5. 激励与引导** 为了激发学生参与班级管理的积极性，可以设立一些奖励机制。例如，对表现优秀的被管理者和出色的管理者给予表彰或小礼品，通过正面激励来强化他们的良好行为，同时也为其他学生树立榜样。

**6. 持续观察与调整** 在实施上述策略的过程中，班主任要持续观察班级的情况，并根据实际效果进行调整。如果发现某个方法不太奏效，应及时反思并寻找更合适的方法。同时，随着时间的推移和学生的成长，会有新的问题产生，因此班主任需要灵活应对、及时调整。

**7. 家庭与学校的合作** 要充分利用家长和学校资源来协调管理矛盾。班主任与家长保持良好的沟通，让他们了解班级的管理情况，争取他们的支持和配合。同时，学校方面也可以提供一些培训和指导，帮助班主任更好地处理这一矛盾。通过家校合作，共同为学生的成长创造一个和谐的环境。

**【案例】**

有一天，我正在办公室，有几个学生匆匆忙忙地跑来找我，"老师！老师！小庄和小胡打起来了！"打架？我急忙赶到"案发现场"。一到现场，我就看到小庄和小胡扭打在一起，谁也不服谁。我赶忙将他俩分开，并让他们一人站一边冷静一下。而后我找现场的学生了解事情发生的前因后果。从学生们七嘴八舌的描述中我大概了解了情况。小庄是我们班的体育委员，负责管理路队纪律。小胡在小庄多次喊了口令提醒后仍没有立正站好，小庄就去拉扯小胡，而后两人话不投机，打了起来。这是一起管理者和被管理者产生矛盾的事件。

在两位当事人冷静下来后，我与他们进行了沟通。小庄同学表示："小胡不听口令，一直在破坏纪律。我想让他站好。"而小胡同学则认为："小庄管我们的时候太凶了，还喜欢动手。"

明白了两人的矛盾点，我开始进行调解。

我对小胡同学说："刚刚是什么时间？"

小胡说："排队时间。"

"这个时间你应该做什么呢？"

"应该立正站好。"

"小庄是体育委员，他的工作是什么呢？"

"负责检查队伍有没有排整齐。"

"你排队立正站好了吗？"

"没有。"

"你排队没有站好他应不应该管你呢？"

小胡低着头羞愧地说："应该管。"

"体育委员管理队伍是他的职责，而我们小朋友要做的是配合他们的工作，这样班级才会越来越好。但同样，小庄你在管理的时候也要注意方式方法，注意说话的语气和方式，这样才会有更多的人愿意听你说话。"

小庄也表示会改进他的管理方法。

综上所述，协调一年级班集体中管理者和被管理者的矛盾需要多方面的努力和策略。通过明确角色定位、建立信任与合作关系、加强沟通与反馈机制、培养自律意识、激励与引导以及持续观察与调整等方法，可以有效地缓解这一矛盾，促进班级的和谐与发展。同时，家庭与学校的合作也是不可或缺的一环。通过家校共同努力，可以更好地支持学生的成长和教育。

## 四、培养学生管理能力过程中常见的问题和解决方法

在担任新一年级班主任的过程中，我们深知培养学生管理能力的重要性。然而，这一过程中往往伴随着诸多挑战。这些挑战大多源于学生年龄尚幼，他

们尚未完全具备自我管理的能力；同时，由于经验匮乏，班干部们在面对班级事务时难免会感到手足无措。此外，班干部对职责理解不够深入也是一大难题，许多学生虽被选为班干部，却对自身的责任和义务缺乏清晰的认识。

为了破解这些难题，我们特此撰写本节，详细剖析在培养学生管理能力过程中遇到的五大常见问题，并针对每个问题提出切实可行的解决策略。我们的目标在于助力一年级班干部明确职责，提升管理能力，使他们能够更好地为班级的发展贡献力量，成为老师得力的助手和同学们信赖的伙伴。

**（一）注意事项**

* 一年级学生需逐步适应管理者的角色，班主任应耐心指导并适时放权。

* 班主任自身要成为良好管理的榜样，影响班干部。

* 班主任要定期组织班干部培训，提升他们的管理技能和责任感。

* 班主任需要给班干部提供实践机会，并鼓励班干部在实践中学习和成长。

* 班主任需关注班干部的情感需求，及时给予正面激励和支持。

**（二）具体措施**

**1. 班干部职责不明确**　学生可能对班干部的具体职责和权限不够清晰，导致在执行任务时感到迷茫，无法有效履行职责，也给其他同学带来困扰。

解决方法：

（1）制订职责清单：班主任应明确列出各班委的具体职责，并在班级会议上公布，确保每位班委都清楚自己的任务。

（2）定期回顾：定期召开班委会，回顾各班干部的工作表现，及时调整职责分工，确保任务得到有效执行。

**【案例】**

小张同学凭借其活泼的性格和热情的态度，成功当选为新一届的班长。他站在讲台上，胸前的班长标识在阳光下闪闪发光，心中充满了对未来的憧憬和期待。

然而，初次担任班长的小张很快发现，班长这个职位并没有他想象中的那么简单。他知道自己是班级里最重要的角色之一，但具体需要做什么、什么时候做，他却感到一片迷茫。

每当老师走进教室，看到班级里闹哄哄的场景，小张总是犹豫着要不要出手管理。他担心自己的管理会让同学们不喜欢他，也害怕自己的方式不对会引起更大的混乱。于是，他选择了沉默，而班级里的纪律也因此变得松散。

参加校级班长会议时，小张更是感到手足无措。会议结束后，他往往只记得一些零星的片段，却不知道该如何将这些内容传达给班级同学。他担心自己的转述不准确，会引起同学们的误解或不满。

当老师让小张组织一次班级活动时，他更是陷入了深深的困惑。他不知道该从哪里开始策划，更不清楚自己有哪些权力可以调动班级资源。他试图向其他班级的班长请教，但每个班级的情况都不同，他得到的建议也五花八门，让他更加迷茫。

张老师注意到了小张的困惑和迷茫，决定找小张进行一次深入的谈话，帮助他明确班长的职责和权限。

"小张，你知道吗？班长是班级里的领头羊，是老师的得力助手。"张老师温柔地说道，"但班长并不是万能的，他也有自己的局限。重要的是，你要明确自己的职责和权限，知道自己应该在什么时候做什么事情。"

张老师给小张列出了一份详细的班长职责清单，包括维护班级纪律、组织班级活动、传达学校通知等各个方面。她还耐心地解释了每个职责的具体内容和操作方法，让小张对班长的工作有了更清晰的认识。

在张老师的指导下，小张开始逐渐找到了自己的定位。他学会了在老师不在的时候主动站出来维护班级纪律，用温和而坚定的语气提醒同学们保持安静。他还学会了如何有效地传达学校通知，确保每个同学都能及时了解到重要信息。

在组织班级活动时，小张也变得更加自信和从容。他学会了如何调动班级资源，如何与其他班干部合作，共同策划出有趣而有意义的活动。他的努力得到了同学们的认可和赞赏，班级的氛围也因此变得更加和谐和融洽。

经过一段时间的历练和成长，小张已经成为一名优秀的班长。他不再迷茫和困惑，而是能够自信地履行职责、行使权限。他的成长不仅为班级带来更加有序和谐的氛围，也让他自己收获了宝贵的经验和品质，成为更好的自己。

张老师看着小张的成长和变化，心中充满了欣慰和骄傲。她知道，小张的成长不仅仅是班长职位的成长，更是他个人品质和能力的成长。她相信，在未来的日子里，小张会继续努力，成为更加优秀的自己。

班主任在培养班干部时，不仅要注重选拔和任用，更要注重培训和指导，只有让班干部明确自己的职责和权限，才能够更好地履行职责、发挥作用，为班级的发展做出贡献。同时，班干部的成长也需要时间和耐心，班主任要给予他们足够的支持和鼓励，让他们在实践中不断锻炼和成长。

**2.班干部沟通协调能力不足**　在处理班级事务时，班干部可能需要与老师、同学进行多次沟通，但部分学生缺乏有效的沟通技巧，导致信息传递不畅或误解。

解决方法：

（1）模拟演练：通过模拟班级事务处理场景，让班干部在实践中学习和掌握沟通技巧。

（2）角色扮演：组织班干部进行角色扮演游戏，模拟与老师、同学沟通的场景，提高他们的应变能力。

【案例】

小红以其优异的成绩和认真的态度被选为学习委员。然而，尽管她在学习上如鱼得水，但在管理班级、与同学沟通方面却遇到了挑战。小红发现，每当课堂上有同学分心或聊天时，她通过大声提醒或点名批评来维护纪律，却并未带来预期的效果，反而让班级氛围变得紧张。

班主任李老师注意到班级纪律的混乱，决定找小红谈谈。在办公室里，李老师温柔地对小红说："小红，我看到你非常努力地在维护课堂纪律，但似乎效果并不理想。你知道为什么吗？"

小红低头想了想，说："老师，我觉得他们不尊重我。我提醒他们，他们反而聊得更欢了。"

李老师微笑着摇摇头，说："小红，你成绩优异，这是你的优点。但在管理上，光有成绩是不够的。你需要学会与同学沟通，了解他们的想法，共同寻找解决问题的方法。"

一天放学后，李老师将小红和其他几位班干部留在教室里，布置了一个模拟场景：课堂上，有几位同学因为讨论课外话题而影响了课堂纪律。

李老师让小红扮演学习委员的角色，而其他同学则扮演课堂上的学生。在模拟过程中，李老师鼓励小红尝试用更温和、更具体的方式提醒同学，比如："小明，现在正在上数学课，我们可以课间再讨论你的足球比赛吗？"同时，李老师也指导小红如何倾听同学的反馈，以及如何在保持尊重的前提下，与同学共同寻找解决方案。

通过几次模拟演练，小红逐渐掌握了如何更有效地与同学沟通，以及如何在维护课堂纪律的同时，保持班级的和谐氛围。

为了进一步巩固小红的沟通技巧，李老师又组织了一次角色扮演游戏。这次，不仅小红参与了游戏，全班同学都被邀请加入，共同模拟与老师、同学沟通的场景。

在游戏中，小红分别扮演了学习委员、老师，以及需要被提醒的同学等多个角色。通过不同角色的扮演，小红更加深入地理解了不同立场下人们的想法和需求，也学会了如何根据不同的情况调整自己的沟通策略。

特别是在模拟与老师沟通的场景中，小红学会了如何清晰地表达自己的观点，同时也学会了如何倾听和理解老师的意见，从而在与老师的合作中更加得心应手。

通过模拟演练和角色扮演等方法，班主任可以有效地帮助班干部提高沟通能力。这些方法不仅能让班干部在实践中学习和掌握沟通技巧，还能提高他们的应变能力和同理心，从而更好地为班级服务。同时，这些方法也能促进班级内部的和谐与团结，为班级创造一个更加积极向上的学习氛围。

**3. 班干部能力与岗位不匹配** 班主任在分配管理任务时，可能对学生的实际能力估计过高或过低，导致任务分配不合理，影响管理效果。

解决方法：

（1）充分了解：班主任在分配管理任务前，应充分了解学生的性格、能力和兴趣，确保任务合理分配。

（2）组织培训：班主任定期组织班干部进行培训，加强领导、组织和沟通等能力的培养，可以邀请专业人士进行授课，或通过实践活动锻炼学生的能力。

（3）按能分配：根据班干部的实际能力分配任务，对于能力较弱的学生给予更多指导和支持；对于能力较强的学生，赋予更多责任和挑战；对于无法胜任岗位的班干部，及时进行岗位调整。

**【案例】**

在一个充满朝气和活力的一年级班级里，班主任李老师正面临着一个小小的挑战：她发现班级里的班干部们虽然热情满满，但在实际的班级管理中，他们的能力与岗位似乎并不完全匹配。有的孩子性格内向，不擅长与人交流，却偏偏被选为了小组长；有的孩子虽然活泼好动，但缺乏组织纪律性，担任班长后显得有些力不从心。

李老师决定从源头入手，仔细观察每一位班干部，了解他们的性格、能力和兴趣。她发现，小明虽然平时话不多，但做起事来非常细心，适合负责班级的卫生工作；小红虽然活泼好动，但很有创意，适合策划班级活动；小杰虽然有些内向，但对待同学非常真诚，适合担任调解矛盾的角色。

于是，李老师对班干部的岗位进行了重新分配，确保每个孩子都能在自己擅长的领域发挥最大的作用。

为了确保班干部们能够更好地胜任新的岗位，李老师决定定期组织班干部培训。她邀请了学校的资深班主任张老师来为班干部们授课，讲解领导、组织和沟通等技巧。同时，她还设计了一系列实践活动，如模拟班级会议、角色扮演等，让班干部们在实践中锻炼自己的能力。

在一次模拟班级会议中，小红作为班长，第一次尝试组织全班同学讨论并制订班级规则。虽然一开始她显得有些紧张，但在李老师和同学们的鼓励下，她逐渐找到了自己的节奏，成功引导了讨论，并制订了大家都能接受的班级规则。

经过一段时间的培训和锻炼，班干部们的能力都有了显著的提升。李老师也根据他们的表现，对岗位进行了调整。她赋予能力较强的班干部更多的责任和挑战，如让小红负责策划班级的大型活动；而对于那些仍然在某些方面存在不足的学生，李老师则提供了更多的指导和支持，如帮助小明提高与人交流的能力。

然而，也有个别班干部在调整后仍然无法胜任自己的岗位。这时，李老师果断地再次进行调岗，将他们安排到更适合自己的位置上。例如，原本担任学习委员的小杰，在多次尝试后仍然无法有效组织同学们的学习活动。于是，李老师将他调到了图书管理员的岗位上，让他负责班级图书的借阅和管理。在这个新的岗位上，小杰展现出了出色的耐心和细心，很快就赢得了同学们的认可和喜爱。

经过李老师的精心培养和班干部们的努力，班级里的小能手们逐渐崭露头角。他们不仅在各自的岗位上大放异彩，还成为班级里的小榜样，带领着全班同学一起进步。而李老师也欣慰地看到，这些曾经"不匹配"的班干部们，如今已经成长为班级里不可或缺的力量。

**┃4.班干部管理角色长期固定┃** 如果管理角色长期固定，会限制学生的全面发展，同时也可能引发其他学生的不满和抵触情绪。

解决方法：

（1）人人参与：设立多种管理岗位，如黑板管理员、窗门管理员、桌椅管理员等，确保每个学生都有机会参与班级管理。

（2）岗位轮换：定期轮换管理岗位，使学生在不同的岗位上得到多方面的锻炼，增强其集体意识和责任感。

【案例】

在一年级这个充满欢声笑语的班级里，小陶同学就像一颗璀璨的星星，他的运动才能无人能敌，无论是跑步、跳绳还是篮球，他都游刃有余。因此，当班级选拔体育委员时，小陶毫无悬念地通过个人报名和班级投票，成功当选。

小陶对体育委员的工作充满了热情，每次排队时，他都会站在队伍的最前方，用他那响亮的声音喊着口令："立正！向前看——齐！向前看！双脚踩线！"他的声音就像一首激昂的进行曲，激励着同学们整齐划一地站好队伍。

然而，随着时间的推移，小陶的管理方式开始出现了问题。为了维持队伍的秩序，他有时会用力拉扯同学的胳膊，这种"粗暴"的管理方式让不少同学感到疼痛，甚至留下了瘀青。渐渐地，同学们开始有了反对的声音，小陶也感到了困惑和失落。

班主任陈老师注意到了这个问题，她决定采取一种巧妙的方式来引导小陶。于是，她提出了体育委员一周轮岗制度，让班级里那些活泼好动、经常扰乱队伍纪律的同学也来体验一下体育委员的工作。每天晨谈时，前一天的体育委员都会向全班汇报自己的工作感受，分享发现的管理问题和解决办法。

在这个轮岗的过程中，同学们逐渐体会到了体育委员的不易，也学会了如何更好地配合体育委员的工作。他们开始商量出了一些实用的管理策略，比如"站队时小手需要紧贴裤缝""体育委员要做好表率，由全班监督"等。

当轮岗结束，小陶重新站上体育委员的岗位时，仿佛变了一个人。他学会了用语言来管理队伍，不再用力拉扯同学的胳膊。他还想出了一个妙招：把调皮的同学的学号记录下来，进行扣分；同时，每周还会带一些糖果来奖励表现好的同学。这些变化让班级的氛围变得更加和谐，同学们也更加尊重和支持小陶了。

小陶的蜕变就像一颗种子在土壤中生根发芽，最终绽放出美丽的花朵。他不仅学会了如何更好地在岗位上发光发热，还收获了同学们的友谊和尊重。而这一切的改变，都离不开班主任陈老师的巧妙引导和同学们的共同努力。

从此以后，小陶就像班级里的小太阳一样，用他的热情和智慧照亮着每一个角落，让班级变得更加温暖和美好。

### 5. 班干部缺乏主动性和创造性

部分学生干部在初期工作中还存有热情与朝气，但长期下来逐渐失去主动性和创造性，消极怠工，无法积极解决问题和推动班级发展。

解决方法：

（1）权力下放：鼓励学生干部在工作中发挥主动性和创造性，给予他们一定的自主权和决策权。

（2）及时表彰：通过表彰和奖励等方式激励学生干部积极投入工作，增强学生干部的责任感和使命感，激发他们的工作热情和动力，推动班级管理工作的顺利开展。

### 【案例】

小强是班级的卫生委员，起初他对这份工作满怀热情，每天早早到校，仔细检查教室的每一个角落，耐心督促同学们打扫卫生。在他的努力下，班级卫生一直保持着整洁有序。

然而，好景不长，小强遇到了挑战。一些同学对他的督促置若罔闻，甚至故意捣乱，随意丢弃垃圾。每当他试图纠正，同学们总是嬉皮笑脸地应付，这让他感到沮丧和无奈。更让他失落的是，他的努力似乎没有得到老师和同学们的充分认可和支持。

班主任李老师注意到了班级的卫生问题，也发现了小强脸上的疲惫。她决定找小强谈谈心。

在办公室里，李老师温柔地问小强："小强，你一直在为班级卫生努力，但效果似乎不理想，你知道为什么吗？"

小强低头想了想，说："老师，有些同学不尊重我的工作，也不听我的劝告。而且，我觉得我的工作没有得到大家的认可。"

李老师微笑着摇摇头，说："小强，你的努力我看到了，但可能方法需要改进。我想给你更多的自主权，让你来带领班级开展卫生工作，你觉得怎么样？"

小强听后，眼中闪过一丝惊讶，随即露出期待的神色："真的吗？老师，我要怎么做呢？"

"你可以自己制订卫生检查标准和流程，组织有趣的卫生活动来激发同学们的兴趣。有任何想法或需要支持，都可以随时来找我。"李老师鼓励道。

得到老师的授权后，小强开始积极行动。他制订了新的卫生检查标准，并设计了"卫生之星"评选活动，每周表彰表现最好的小组。他还主动与同学们沟通，共同寻找解决问题的方法。

在李老师的建议下，小强还设立了"卫生小能手"奖励机制，表彰在卫生工作中表现突出的同学。这一举措极大地激发了同学们的热情，也增强了小强的责任感和使命感。

一次班会上，李老师特意表彰了小强和他的团队："小强和他的团队通过自己的努力和创新，改善了班级的卫生状况，为我们创造了更整洁、舒适的学习环境。让我们用热烈的掌声感谢他们！"

同学们纷纷鼓掌，小强和团队成员脸上洋溢着自豪和喜悦的笑容。这一刻，他深刻感受到了自己的价值和责任，也更加坚定了为班级服务的决心。

在培养班干部班级管理能力过程中，班主任应该给予学生干部更多的自主权和决策权，同时也要及时给予表彰和奖励来激发他们的责任感和使命感。只有这样，我们才能培养出更加优秀、自信的班干部来推动班级的发展。

本节详细探讨了班主任在培养学生管理能力过程中常见的五大问题，包括班干部职责不明确、沟通协调能力不足、能力与岗位不匹配、管理角色长期固定以及缺乏主动性和创造性。针对每个问题，提供了具体而实用的解决方法，并通过生动的案例展示了这些方法在实际操作中的应用和成效。通过这些案例，我们不仅能够看到问题背后的原因，还能直观地感受到解决方法带来的积极变化。希望这些建议能够帮助新一年级的班主任更好地指导班干部成长，激发他们的潜能，促进班级管理的优化，共同营造一个和谐、积极、向上的班级氛围。

# 第四章

# 学生常见问题的干预与解决策略

## 学生家长的焦虑

"老师，我家孩子最近不想去学校怎么办？"

"老师，孩子一上课就乱跑，完全不遵守纪律该怎么办？"

每年开学，班级中总会出现这些状况。有些学生有上学焦虑症，一到校门口就开始哭闹；有些学生上课满场乱窜，把教室当作游乐场。对每一个有刚上一年级的孩子的家庭来说，这些状况都很令人头痛。

初入小学，学生和同伴、老师之间是陌生的，性格内向或习惯未养成的学生很难快速适应全新的环境，如何帮助学生循序渐进地适应校园生活，是部分家长最想知道的事。

## 班主任老师的困惑

"有学生每天都跟其他同学发生冲突，屡教不改怎么办？"

"班上学生特别爱告状，应该怎么积极引导？"

"有个学生开学两周都不愿意来上学，有什么好办法吗？"

……

刚刚担任一年级的班主任，最手足无措的就是碰到以上班级中常见的几类教育难题。一年级开学后，在班主任的引导下，班级秩序正在建立，班级文化正在形成，但这时总会出现一些特别的学生，让新手班主任措手不及，甚至会打乱整个常规教育教学工作。这些状况如果不及时处理，将会像滚雪球一样，让问题越滚越大。如何找到问题的根本原因，选择正确的引导方法，让班级逐渐走上快车道，是新手班主任的必修课。

# 第一节　学生不愿来学校的干预与解决策略

对于一年级新入学的学生来说，"入学焦虑"是一个绕不过去的话题，很多家长在孩子入校一周后都有这样的疑问：孩子适应小学生活了吗？在学校门口，也常出现学生哭闹，不肯进校门的情况。

那遇到一年级新生不愿意进学校上学的情况，我们该怎么处理呢？

## 一、学生不愿上学的表现

小学的学校生活本应是无忧无虑的，然而，出于种种原因，有些学生可能会表现出不愿上学的情绪。面对学生的这种抗拒，新手班主任需要保持平和的心态，因为问题的显现并非全是坏事，它为我们提供了尽早给予学生帮助、克服其内心消极情绪的机会。在学生刚开始抗拒上学时，他们会有一些具体的表现，若这些表现能被及时发现并得到妥善处理，就能有效防止问题进一步恶化。那么，学生具体会有哪些表现呢？

**身体不适**　学生不愿意上学时，可能会表现出身体不适的症状。他们可能会出现头痛、肚子痛、失眠、胃痛等身体不适状况。

**情绪焦虑**　学生不愿意上学时，个体情绪波动可能会比较明显，比如他们可能会表现出烦躁、易怒、焦虑、崩溃等情绪，甚至晚上睡不着觉，一到早上就想吐，对上学有强烈的抵触情绪。

**自信不足**　一部分学生会提前表现出自信不足的情况，他们对小学的环境感到陌生，对自己的能力产生怀疑，对自己的未来生活感到迷茫，所以想要通过逃避的方式，让自己处于安全地带。

由此可见，学生不愿意上学的表现是多种多样的，可能会出现身体不适、情绪焦虑、自信不足等表现。当学生在开学前后频繁出现这些症状时，一定要重视起来，这些症状可能会对学生的身心健康和学习发展产生不良影响。新手班主任可以通过观察这些外显表现，及时发现问题，与家长沟通，共同提供适当的帮助。

## 二、学生为什么不愿意上学

学生为什么不愿意上学呢？事实上，学生不愿意上学的原因众多，可能涉及学习、人际、心理、家庭等多个方面，具体包括学习适应障碍、人际关系障碍、小学课程变化、原生家庭问题、家庭期望过高、沉迷电子产品等。班主任可根据学生情况进行对照，找到正确的原因，再寻求解决办法。一般来说学生不愿上学会有以下几点原因。

### 学习适应障碍

一年级学生不愿意上学的原因之一是学习适应性弱。学生从幼儿园进入小学，学习环境和方式发生了很大的变化，学习任务和要求也与幼儿园完全不同。这可能会导致学生对学习失去兴趣和信心，从而畏惧上学。

### 人际关系障碍

学生在学校的人际关系也可能影响他们上学的意愿。一些学生可能性格内向或不善交际，在学校与同学或老师关系不亲近，当他们面对陌生的环境和人群时，可能会感到害怕和不安。

### 小学课程变化

小学课程内容的增加和教学方式的转变，也是学生不愿上学的原因之一。小学课程以知识传授为主，学生兴趣不足，难以获得成就感和满足感。

### 原生家庭问题

极少数学生不愿上学可能源自原生家庭自身，如父母关系不和、家庭暴力等问题，让学生对学校生活失去信心，对任何事情都没有兴趣。

### 家庭期望过高

有些家长对孩子的期望过高，害怕孩子输在起跑线上。家长焦虑的情绪，可能会传染给孩子，让孩子感到压力过大。有些家长甚至会强迫孩子按照家长的意愿学习和生活。

### 沉迷电子产品

现代科技的发展，让电子产品成为学生生活的一部分。电子产品很容易让学生沉迷其中，失去对现实世界的关注和热情。

一年级学生不愿意上学的原因是多种多样的。为了解决这些问题，班主任应该了解可能出现的原因，及时关注学生的表现和需求，与家长合力协作，提供适当的支持和帮助。如果问题较难，无法解决，班主任可以引导家长寻求专业帮助。

## 三、如何让学生喜欢上学

小学生对父母、家庭依赖程度高，严谨有序的小学生活与自由趣味的幼儿园生活差异明显，很多学生在开学后都会表现出诸多的不适应，只不过有的学生可能会更直接地表达出来，而有的学生则可能内心隐藏，不易察觉；有的学生适应快，有的学生适应慢。让新一年级学生喜欢上学，需要家长和学校共同努力，班主任可以注意以下几点。

### （一）注意事项

＊ 真诚与尊重：班主任应展现出真诚的态度，让学生感受到被尊重和重视。

＊ 倾听与理解：班主任要耐心倾听学生心声，理解他们不愿上学的真正原因，从而引导学生发生转变。

＊ 明确谈话主题：班主任应明确谈话的主题和目标，避免漫无目的地交流。

＊ 使用恰当语言：班主任在交流时，语言要善意和真诚，语气语调要平和。

＊ 情绪管理：班主任要管理好自我情绪，避免因情绪激动而做出不当举止。

＊ 提供支持和帮助：班主任要针对学生不愿上学的原因，对家长提供相应的支持和帮助。

### （二）具体操作

**1. 读懂学生 寻找原因** 班主任经常会遇到不愿意来上学的学生，有的学生简单安抚就可以解决问题，而有的学生怎么安抚都不行，甚至严重影响正常的课堂秩序。这时班主任要意识到问题的根源，学生的哭闹崩溃只是一种外在的情绪反应，只有正确应对，找到真正的原因，才能缓解直至消除这些情绪。班主任老师可以先观察学生的表现，初步判断行为背后的可能原因，再跟家长进行深入交流，确定学生不愿意上学的真正原因。

**2. 伸出援手 走进内心** 在实施干预之前，班主任应首先对学生表达共情与理解，可以在学生每天进教室时拥抱或轻拍后背，以此传递关怀，帮助他们缓解焦虑和恐惧情绪。当他们需要家长陪伴或者哭泣不止时，班主任应该尽可能地陪伴他们，而不是直接简单地将他们交给家长。班主任也可以在晚上多打电话与学生沟通，让学生感受到老师的温暖。这样班主任就可以慢慢地走进学生的内心。以下是班主任跟学生交流时可以采用的妙招：

- 靠近学生：走到学生的身边，尽量保持较近距离，让学生感受温暖和关心。
- 温和目光：低下身子，与学生进行目光接触，用温暖、柔和的眼神看着学生。
- 轻轻安抚：可以轻轻地抚摸学生的头发、肩膀或手臂，这种身体接触能够传递安慰和支持。
- 柔和声音：用柔和、平稳的声音与学生交流，避免高声或严厉的语调。
- 给予肯定：用肯定的语气告诉学生，他们是被关心和支持的。
- 提供安全感：可以让学生靠在你的身边，或者为他们提供一个安全的空间。

┃**3. 方法灵活 智慧应对**┃ 班主任可以根据学生情况，进行适当干预。学生不适应学习生活，班主任可以和各科老师沟通，给学生更多关注与鼓励；学生有人际关系障碍，班主任可以开展"认识校园""认识新同学""相信我能行"等班会，让学生尽快熟悉陌生的环境，交到更多的朋友；学生有心理适应障碍，班主任可以告诉学生，老师是你最好的朋友，在学校里有任何问题可以来找老师；学生存在原生家庭问题，班主任可以约访家长来校，告知学生情况，给家长建议性对策。班主任可以根据学生的问题成因，灵活制订教育策略。

┃**4. 巧借媒体 指导教育**┃

为了防患于未然，扩大教育范围，班主任还可以借助班级群或班级公众号，向一年级家长发送新生家庭心理健康教育短信小贴士，让家长密切关注新入小学的学生的心理。在方法上，班主任指导家长如何消除学生的分离性焦虑，创造机会让学生与其他同龄学生接触，减少学生对父母或其他人的依恋；鼓励学生积极表现自我，在收获自信的同时拓展朋友圈。

让一年级学生喜欢上学，需要家长和学校共同努力。班主任和家长可以帮助学生建立良好的习惯和兴趣，鼓励学生在学校中表现自己，与同学进行良好的沟通，提供适当的奖励和激励，帮助学生建立良好的人际关系等。这些措施可以帮助学生更好地适应学校生活和学习环境，同时也可以提高他们的学习能力和自信心。

### 四、如何与不愿上学学生的家长携手共育

家校合力共育，能加强家校间的紧密联系与沟通，共同促进学生健康成长。双方协同合作，形成教育合力，有助于学生养成良好的学习习惯、生活习惯和道德品质，为学生未来发展奠定坚实基础。让一年级学生喜欢上学，需要家长和学校共同努力，家长可以参考以下做法。

**（一）注意事项**

＊耐心倾听：班主任要引导家长了解孩子不想上学的原因，不要急于批评或施加压力。

＊尊重感受：班主任要引导家长认可孩子的情绪，让他们感受到被理解和接纳。

＊正面引导：班主任要引导家长应用积极的语言和态度鼓励孩子，帮助他们看到学习的乐趣。

＊共同参与：班主任要引导家长应与孩子一起找出解决问题的办法，制订学习计划或调整学习方式。

＊设定目标：班主任要引导家长可以和孩子一起设定短期可实现的目标，让孩子逐步找回学习的信心。

＊保持沟通：班主任要引导家长应持续关注孩子的情绪和学习状态，及时发现问题并调整策略。

**（二）具体操作**

**1. 充分沟通 用心关注** 当孩子在学校遇到困难、心情低落的时候，家长们首先要做到充分倾听，创造一个与孩子单独相处的充裕时间，确保不被打扰，让孩子有时间和空间比较完整地表达自己的感受。同时，积极与班主任沟通孩子每天的表现，及时给予孩子支持与鼓励，及时解决出现的问题并跟进。

**2. 换位思考 共情孩子** 孩子在表达时可能会产生各种情绪，家长要注意，不要被孩子的情绪左右，要想象自己是孩子的一个容器，让孩子的情绪自由流淌，让孩子觉得自己被接纳，并且很安全，让孩子把真实的情绪表达出来。每天孩子放学后，家长可主动关心问孩子，及时疏导不良情绪：

今天你看起来很开心，可以跟我分享一下吗？

你看起来有点难过，我好担心，能跟我说一说吗？

最近发现你进步很大，有什么收获吗？

**| 3. 稳定情绪 肯定孩子 |** 当孩子能够充分真实地表达自己的情绪时，他就能感受到轻松与释放。接下来，家长可以和孩子共同协商如何帮助孩子，可以进一步询问，"你想到解决问题的办法了吗？"如果孩子没有想到办法，可以再进一步询问，"需要我怎样帮助你吗？"让孩子知道，自己的情绪是合理正常的，不管怎样，父母都理解自己，并且是自己坚强的后盾，问题也一定可以解决好。

**| 4. 积极沟通 鼓励孩子 |** 孩子总会遇到各种各样的困难，家庭的最大作用就是稳稳地托住孩子的情绪，像安全基地一样，给他满满的安全感和稳定感。当孩子有进步时，家长也可以给孩子提供适当的奖励和激励，比如表扬、鼓励、小礼物等。这些奖励和激励可以让孩子感到自己的努力得到了认可和鼓励，同时也可以激发他们的学习动力。

- 学习用品：如彩色笔、绘画笔、橡皮擦、尺子、笔记本等，这些与学习直接相关的物品，可以激发学习热情。
- 玩具和游戏时间：允许孩子玩他们喜欢的玩具，或者增加一些户外游戏的时间，这可以让孩子得到放松和愉悦。
- 阅读书籍：为孩子提供他们感兴趣的书籍，鼓励他们阅读和学习新知识。
- 特殊活动：如去动物园、公园游玩，或者参加一次亲子烘焙活动等，这些特殊的体验可以让孩子感到快乐和兴奋。
- 赞扬和鼓励：口头的赞扬和鼓励也是非常重要的奖励形式，可以让孩子感到被认可和重视。

# 第二节　学生上课不守规矩的干预与解决策略

一年级是学生人生的重要阶段，也是养成教育的关键期。一开始，学生规则意识还不够强，但随着时间的推移，大部分学生会在开学一至两个月内，逐渐适应环境并认真上课。当然，每个班总会有部分学生，仍然无法适应课堂。

遇到一年级新生上课不守规矩的情况，我们该怎么处理呢？

## 一、学生上课不守规矩的表现

其实，对于刚刚从幼儿园升入小学的学生来说，无法适应小学课堂是一个常见问题。由于幼儿园和小学的教学方式、内容、环境等存在很大的差异，学生可能会感到难以接受，无法适应课堂上的纪律和要求。学生不守规矩的行为表现是多种多样的，以下是一些常见表现。

**1. 注意力不集中 沉浸于自我世界** 在课堂上，学生总是无法集中注意力。无论是在讲课时还是在做活动时，总是看向窗外或者四处张望，无法长时间专注于一个任务，或专注于老师的教学内容。在课堂活动中，也无法跟上其他学生的步伐，无法理解老师的教学内容，经常会落后于课堂进度。

**2. 随意离开座位 无法控制行为** 在课堂上，学生很难听从老师指挥，也不太守规矩，甚至到处乱走说话，故意打扰别人上课，影响他人学习。此类学生经专业诊断，多患有多动症与注意力缺陷，学生也想好好表现，但实在无法控制自我行为。

**3. 故意打扰别人 试图引起注意** 在课堂上，学生总是故意打扰其他同学，试图引起别人的注意。有时在课堂上大声说话，或者故意发出奇怪的声音，甚至会故意推搡旁边的同学。此类学生行为不仅影响了其他同学的注意力，也影响了老师的授课效果。老师多次提醒，但学生难以改正。

**4. 毫不畏惧老师 无视课堂纪律** 在课堂上，学生不愿意参与活动或者讨论，拒绝与老师和其他同学互动，对老师和同学不尊重，不能遵守基本的礼仪和规矩，甚至会攻击其他同学。

学生无法适应课堂的表现是多种多样的，这些表现可能会对学生的身心健康和学习发展产生不良影响。班主任可以通过观察学生的外显表现，及时发现问题，并与家长沟通，共同提供适当的帮助。

## 二、学生为什么上课不守规矩

学生为什么上课不守规矩呢？事实上，学生不愿意上课的原因众多，涉及环境变化、家庭教育、心理因素、身体原因等多个方面，需要我们根据学生个体差异情况，具体问题具体分析，对症下药。

**1. 教育环境变化 幼小差异化大** 幼儿园的教室一般会布置得非常美观、富有童趣；而小学教室一般由课本、黑板、桌椅、多媒体讲台等教学设备组成，对学生的吸引力低。幼儿园除了全面、和谐的启蒙教育外，更关注照料和养育学生；小学则根据一定的培养目标和课程标准，对学生进行有目的的、有计划的教育，特别关注学生的兴趣、好奇心、求知欲、良好的道德行为习惯和学习习惯的培养。幼儿园老师对学生生活照顾比较多；小学老师的主要精力在于教学，生活上关心相对较少。幼儿园教学以游戏为主，注重让学生在游戏中学习，在活动中体验；小学教学趣味性相对较弱。这些原因，都会导致学生无法快速适应新生活，甚至十分抗拒面对现状。

**2. 家庭教育失职 缺乏良好习惯** 家庭环境是学生成长的重要因素之一。如果家庭中缺乏规矩和纪律，或者家长没有以身作则，学生就可能无法形成良好的纪律意识，从而在上课时表现出不守规矩的行为。有些父母教育方式不当，有些父母溺爱学生，没有正确引导学生遵守规矩和纪律。有些父母对学生的学习要求过高，导致学生产生厌学情绪，从而在课堂上表现出不守纪律的行为。有些家庭生活习惯不良，比如不按时作息，学生可能会在上课时表现出不守纪律的行为。

**3. 缺乏爱与关心 想要获取关注** 学生上课注意力不集中，可能是因为想引起他人关注。有些学生在课堂上无法集中注意力，可能是因为他们希望通过一些行为来吸引他人的注意，从而得到更多的关注。这种行为可能是为了满足自己的虚荣心或者寻求他人的认可。当学生在课堂上表现出不守纪律的行为时，他们可能会得到老师的批评或者同学们的嘲笑，这会让他们感到自己的行为被注意到了，从而满足了自己的虚荣心。

**4. 客观身体原因 无法控制自我** 学生不遵守课堂纪律，可能是因为多动症。多动症是一种常见的儿童行为障碍，主要表现为注意力不集中、活动过度和冲动行为。这些症状可能会影响学生的学习和生活，导致他们无法遵守课堂纪律。多动症的学生在课堂上往往无法集中注意力，容易分心，无法遵守课堂纪律。他们可能会在课堂上随意走动、大声说话、发出奇怪的声音等，影响其他同学的学习。如果学生被诊断为多动症，家长和老师需要采取一些措施来帮助学生改善症状。

## 三、如何帮助学生上课守规矩

对于小学生来说，从幼儿园到小学的过渡是一个重大挑战。对家长和教师而言，这也是很大的考验，幼儿园和小学都必须为之做好准备。如何帮助学生顺利过渡，尽快适应小学生活？班主任需要注意以下几点。

**（一）注意事项**

* 明确规矩：班主任应清晰阐述课堂纪律，如准时上课、保持安静等。

* 树立榜样：班主任自身要遵守规矩，成为学生的好榜样。

* 正面激励：班主任要对守规矩的学生及时表扬，以激励其他学生效仿。

* 耐心引导：班主任对违规的学生要耐心引导，并应了解其原因，给予学生帮助。

* 家校合作：班主任要与家长沟通，共同监督学生学习时的规范。

**（二）具体操作**

**1. 趣味横生 建立明确的课堂规则** 在开学之初，班主任可以和学生一起制订明确的课堂规则，如坐姿端正、认真听讲、不随意走动等。班主任也可以把自己对学生的期望简洁明了地告诉他们。要注意的是，这些规则必须通俗易懂，易于理解，具有很强的行动指引性，以便学生能够快速适应课堂生活。比如：设置一些小口令，通过游戏互动的方式引导学生适应新课堂；也可以将课堂规则编成儿歌，来帮助学生更好地理解和遵守；同时，还可以根据实际情况对儿歌进行适当修改和调整，以适应不同班级和学生的需求。比如：

坐端正，听仔细；

小手放好，小脚放平；

眼睛看老师，耳朵听仔细；

有问题，先举手，老师同意再开口；

声音响亮有礼貌，认真听讲不插嘴；

同学发言要安静，不打断人不插嘴；

认真听讲学知识，小手放好不走神；

保持整洁有爱心，桌面干净无杂物。

**2. 精心组织 打造有趣的互动课堂** 学生刚从幼儿园生活过渡到小学生活，更喜欢富有趣味性的课堂活动。教师在一年级开学之初，可以精心设计课堂教学活动，组织一些有趣的课堂互动环节，如小组讨论、角色扮演等，让学生在轻松愉快的氛围中学习知识，同时培养学生的人际交往能力和沟通能力。

• 角色扮演游戏。通过角色扮演游戏，学生可以更好地理解课程内容，同时也可以增加课堂的趣味性。例如，在学习故事或历史事件时，老师可以让学生扮演故事中的角色，进行表演或对话。

• 小组合作游戏。小组合作游戏可以培养学生的团队协作能力和沟通能力。例如，老师可以让学生分组进行拼图游戏、搭建积木等活动，比一比哪个小组最快、最好。

• 知识竞赛。通过知识竞赛，可以激发学生的学习兴趣和竞争意识。例如，老师可以设置一些有关课程知识的题目，让学生进行抢答或团队比赛。

• 创意绘画或手工制作。创意绘画或手工制作可以培养学生的创造力和想象力。例如，在美术课或手工课时，老师可以让学生绘画或制作手工艺品，展示他们的作品并互相欣赏。

• 音乐或舞蹈表演。音乐和舞蹈是很好的互动方式，可以让学生放松身心，同时也可以增加课堂的趣味性。例如，在学习歌曲或舞蹈时，老师可以让学生进行表演或舞蹈比赛。

• 故事讲述或朗读比赛。举办讲故事比赛或朗读比赛，可以培养学生的表达能力和自信心。例如，老师可以让学生轮流上台讲述一个故事或朗读一段文章，其他同学可以进行评价和打分。

**3. 正面教育 提供恰当的激励评价** 给学生正面的评价是教育过程中非常重要的一部分，可以激发学生的学习动力，增强他们的自信心和自尊心，提高他们的学习兴趣和学习效果。一年级班主任可以通过以下方法，有效地激励学生，提高他们的学习兴趣和自信心，促进他们的全面发展。

• 要具体明确地表扬学生。针对学生的具体表现或成就进行表扬，而不是简单地说一句"你真棒"。具体的表扬可以让学生知道自己的优点和进步的方向。

- 强调努力和进步。表扬学生的努力和进步，而不仅仅是他们的天赋或能力。这可以鼓励学生继续努力，并培养他们的成长型思维。

- 使用鼓励性语言。使用鼓励性的语言和语气，表达对学生的信任和支持。例如，"我相信你可以做得更好""你一直在进步，我为你感到骄傲"。

- 给予实质性奖励。除了口头表扬外，还可以给予一些实质性的奖励，如小礼品、奖状、喜报等，以表达对学生的认可和赞赏。

- 定期给予反馈和鼓励。定期给予学生反馈和鼓励，让他们知道自己的学习进度和表现。一年级时可安排每周一评一奖，随年级的上升可以逐渐延长周期。

- 鼓励其自我评价。引导学生自我评价和反思，帮助他们发现自己的优点和不足，并鼓励他们制订改进计划。

- 与家长合作鼓励。与家长保持密切联系，及时告知学生的进步和成就。家长的鼓励和支持对学生的成长至关重要。

## 4. 科学支持 寻求专业的诊疗帮助

需要注意的是，很多时候学生上课不遵守纪律是故意的，他是有某些生理或心理方面的疾病。比如说"儿童青少年多动症"，就是我们常说的"多动症"，常见的表现为孩子特别好动、注意力不容易集中等。这种病会影响到孩子的社交、情感和学习能力。2019 年，我们国家的统计显示，在 0 到 19 岁的孩子里面，大概每 10 万个孩子中就有约 2070 个孩子患有多动症。很多患儿的家长往往认为自己的孩子是贪玩，还是用正常标准要求自己的孩子，耽误了多动症最佳的干预时期。这也是多动症就诊率非常低的原因之一。当学生在每节课上大喊大叫，整节课无法集中注意力，很难和人正常沟通交流，考试成绩明显异于其他同学时，班主任可以给予家长建议，让家长正视学生问题，寻求专业诊疗。

- 接纳学生。无论是班主任，还是家长，都要接纳学生的与众不同。脑神经发育方面出现障碍，不是学生的过错，没有一个学生天生愿意变成这样。我们需要无条件接纳这些看上去并不是那么完美的学生，体谅学生的不易，理解学生行为表现背后的真正原因，不指责批评，不歧视冷落，更不能简单地把这个学生与其他学生做横向比较，说"为什么别人都会你不会"之类的话。

- 及时干预。脑神经发育方面存在缺陷或障碍，必然会对学生的生活、学习产生一些阻碍。家长应当积极地寻求专业医院的帮助，陪伴学生做权威专业的医学检测。一旦学生被确诊相关障碍，要积极干预，通过适量的运动，如游泳、跳绳、跑步、蹦床、平衡木、拉力器等，促进学生的大脑发育。

• 耐心等待。等待不是指无所事事或放任不管，而是要更加悉心地观察，用心地呵护，尽心地陪伴，耐心地等待，要相信每一粒种子都会开花结果，每一位学生都有收获的时节。

## 四、如何与不守规矩学生的家长携手共育

随着学生进入学校，开始正式的学习生活，遵守课堂规矩成为他们必须学会的一项基本能力。一年级的学生由于年龄尚小，自我控制能力有限，所以往往需要家长和老师的引导和帮助。在这个过程中，家长的角色尤为重要，因为他们与学生有着最亲密的关系，最了解学生的性格和习惯。那么，班主任要如何引导家长帮助学生上课守规矩呢？

**（一）注意事项**

* 确立规则：班主任要引导家长与孩子一起明确课堂规则，确保他们理解并接受。

* 做好榜样：班主任要引导家长要以身作则，展示出良好的行为习惯和守规矩的态度。

* 正面激励：当孩子遵守课堂规则时，班主任和家长应及时给予正面的反馈和奖励。

* 耐心引导：若孩子出现违规行为，班主任和家长要耐心引导同时解释规则的重要性。

* 制订时间表：班主任要引导家长可与孩子一起制订合理的学习生活时间表，帮助养成良好习惯。

**（二）具体操作**

┃1.了解孩子 因材施教┃ 每个孩子都是独一无二的，他们的性格特点、兴趣爱好、行为习惯等都有所不同。因此，家长首先要了解自己孩子的性格特点，这样才能有针对性地进行引导和教育。例如，有的孩子天生就比较内向，可能在课堂上不敢发言或表现自己；而有的孩子则可能比较外向，喜欢在课堂

上表现自己，但也可能因此影响课堂秩序。对于不同类型的孩子，家长需要采取不同的策略，帮助他们适应课堂生活。

**2. 提前沟通 强调规矩** 家长需要与孩子进行沟通，让他们明白遵守课堂纪律的重要性。家长可以告诉孩子，课堂纪律是为了保证每个人都能在一个良好的环境中学习，如果每个人都随心所欲，那么课堂就会变得混乱无序，不仅自己学不到知识，还会影响到其他同学。同时，家长也可以引导孩子换位思考，让他们想象如果自己是老师，会希望学生遵守哪些纪律。这样，孩子就能更加深入地理解课堂纪律的重要性。

**3. 制定家规 培养习惯** 家庭纪律是孩子行为习惯养成的重要基础。家长可以在家中制订一些与课堂纪律相似的家庭纪律，如按时作息、尊重长辈、不随意打断别人说话等。这样，孩子就能在日常生活中逐渐养成良好的行为习惯，为将来的课堂学习打下良好的基础。以下是家规的示例。

家规

（1）尊重长辈，听从教导，不得无理取闹或顶撞家人。

（2）按时完成家庭作业，保持学习桌面的整洁，培养良好的学习习惯。

（3）讲究个人卫生，勤洗澡、勤换衣，保持衣物整洁。

（4）不随意使用他人物品，学会尊重他人隐私和财产。

（5）遵守家庭作息时间，早睡早起，保证充足的睡眠。

（6）积极参与家务劳动，学会分担家庭责任。

（7）待人礼貌友善，学会感恩和分享，培养良好的社交习惯。

**4. 鼓励孩子 提高信心** 对于那些在课堂上不守规矩的孩子，家长可以尝试鼓励他们积极参与课堂活动。家长可以与孩子一起预习课程内容，帮助孩子理解课堂知识，提高他们的自信心。同时，家长还可以鼓励孩子在课堂上发言、参与讨论等，让他们感受到自己在课堂中的价值。这样，孩子就会更加珍惜课堂学习的机会，也会更加自觉地遵守课堂规矩。

每日一鼓励

| | |
|---|---|
| 你做得很好，我为你感到骄傲！ | 不要害怕失败，失败是成功之母。 |
| 记住，每一小步都是向前的一步。 | 你是最棒的，我相信你！ |
| 你的努力一定会有回报的，加油！ | 相信自己，你是最独特的。 |

不要怕犯错误，从错误中学习，你会变得更强大。

你的坚持让我看到了你的决心，你真的很棒！

无论你在哪里，无论你做什么，我都会永远支持你。

**5. 密切沟通 家校共育** 家长与老师是孩子教育过程中的两个重要角色。家长需要与老师保持密切沟通，了解孩子在课堂上的表现和学习情况。对于孩子在课堂上出现的不守规矩的行为，家长可以与老师共同探讨原因和解决方案。同时，家长还可以向老师请教如何更好地引导孩子遵守课堂规矩，共同为孩子的成长和发展努力。

**6. 以身作则 树立榜样** 家长是孩子的第一任老师和榜样。家长的言行举止会对孩子产生深远的影响。因此，家长在日常生活中要以身作则，遵守各种规则和规矩，为孩子树立榜样。例如，家长在公共场合要遵守公共秩序、尊重他人；在家中，要尊重家庭成员、遵守家庭规矩等。这样，孩子就能从家长身上学到如何遵守规矩、尊重他人。

**7. 耐心引导 持之以恒** 教育孩子遵守课堂纪律是一个长期的过程，需要家长的耐心和坚持。在这个过程中，家长可能会遇到各种困难和挫折，但不能因此放弃。家长要相信自己的孩子能够逐渐改正不良习惯、学会遵守规矩，并给予他们足够的支持和鼓励。同时，家长还要关注孩子的心理变化，及时发现并解决他们可能存在的问题和困惑。

总之，家长在帮助学生上课遵守纪律方面发挥着至关重要的作用。通过了解孩子的性格特点、与孩子沟通、制订家庭规矩、鼓励孩子参与课堂活动、与老师保持密切沟通、以身作则以及耐心引导等方式，家长可以帮助孩子逐渐养成良好的行为习惯和课堂纪律意识。这将为孩子未来的学习和生活奠定坚实的基础。

# 第三节　学生爱告状的干预与解决策略

每年开学，最让新手班主任头痛的问题就是学生爱告状，下课告，吃饭告，课间运动告，就连上课也要告。如果不理会学生，班主任有可能错过一些需要及时介入的学生事件；如果总是理会，学生的告状情节会愈演愈烈，不分场合与时间。

如何引导学生正确理解哪些事情需要告诉老师，哪些情况可以自己处理，哪些时间尽量先不诉说，是班主任需要掌握的技能。

## 一、学生爱告状的具体表现

学生爱告状是一种常见的行为特征。他们往往因为年龄较小，对于如何处理生活中的冲突和矛盾还不够成熟，所以倾向于向老师或家长寻求帮助和解决方案。这种行为在一定程度上反映了他们的依赖性和对权威的信任。然而，频繁地告状也可能带来一些问题，导致学生之间关系紧张，让他们失去独立解决问题的机会。那学生爱告状有哪些具体表现呢？

**1. 频繁告状**　学生可能会经常向老师告状，每次遇到同学之间的矛盾或者不公平的事情，学生都会立刻告状。

**2. 因小事告状**　学生告状的内容可能比较琐碎，例如"小明又打我了""小红把我的笔拿走了""同桌拿了他的橡皮擦""前桌的同学在上课时踢了他的椅子""班上其他同学在课间玩耍时声音太吵"，等等。

**3. 为获取关注告状**　学生可能因为情感依赖而告状，或者通过告状来引起老师的注意，每次告状的内容都是关于其他同学的小错误，似乎认为只有通过告状才能引起老师的关注和表扬。

**4. 因解决能力弱告状**　老师在处理告状时发现，学生对小事非常在意，但缺乏一些解决问题的能力，于是选择向老师告状，希望老师能帮助他解决问题。

## 二、为什么学生特别爱告状

一年级学生为什么特别爱告状呢？事实上，一年级学生爱告状的原因众多，涉及心理与教育等多个方面，根据心理学家和教育学家多年的研究分析，学生爱告状的原因大致有以下几点。

**1. 道德发展的必经阶段**　科尔伯格的道德发展理论认为，4~10 岁的学生还没有把社会规范内化为自己选择的道德准则，他们主要着眼于自身的具体结果，在获得奖赏和逃避惩罚的需要驱使下行动。所以，这个年龄段是学生最喜欢告状的时期，他们愿意服从老师，对于可能导致惩罚或者获得奖赏的行为非常敏感。于是，看到老师不允许的行为发生时，他们就会特别愿意告状。

**▌2.认知能力发展的表现▐** 认知发展理论认为，儿童在 4 岁以后是直觉思维期，主要对事物的表面现象做出反应，还没有形成抽象推理的逻辑思维。因此，当学生看到一个现象，比如同学有不良行为时，就会凭直觉做出判断，然后做出告状的行为反应。但是，学生并不会考虑到这会给同学或者老师带来的感受，他还不能理解这种行为和他人感受的逻辑关系，所以告状这种简单、直接的行为就不断地发生。

**▌3.表达不满并寻求支持▐** 有时候学生告状是因为自己的利益受到了损害，心中觉得不满，希望老师给自己主持公道，或者把自己不能控制的局面挽回过来。学生不能接受别人不遵守秩序或者打乱规则的行为，也不愿意别人打破自己的习惯，因此会和别的学生冲突较多，导致经常告状。

**▌4.语言表达能力的发展▐** 上学之后，学生的语言表达能力有所提高，所以他们愿意对身边的人和事进行描述和评价，表达自己的意志和想法。因此，有些学生会显得比较絮叨，不停地说话，包括告状。

**▌5.吸引老师的注意▐** 这个年龄段的学生对老师的赞扬和关注非常重视。因此，有些学生会通过告状的方式表现出自己懂事、听话守纪律、任务完成得好等等，希望以此得到老师的表扬和关注。

## 三、如何引导爱告状的学生

学生正处于行为习惯养成的关键时期，其中爱告状是许多学生在这个阶段表现出的一种行为特点。作为班主任，面对这种情况，我们需要深入了解学生的心理需求，并采取恰当的方式进行引导，以帮助他们建立健康的行为习惯。

**（一）注意事项**

＊耐心倾听：班主任要认真聆听学生的告状内容，不要打断或轻视。

＊明确界限：班主任要教育学生区分"告状"与"告知"的界限并提醒学生在必要时要寻求帮助。

＊情感支持：班主任如遇真正受委屈的学生，要给予情感支持和安抚。

＊正向激励：班主任要鼓励学生通过积极的方式解决问题并对表现进步的学

生给予表扬。

**（二）具体操作**

**1. 了解原因 耐心倾听** 学生爱告状的原因多种多样，可能是因为他们希望引起老师的注意，获得认可；也可能是因为他们缺乏解决问题的能力，需要得到老师的帮助；还有可能是因为他们对规则的理解不够深入，容易将一些小事情放大。班主任了解了事情的原因，会有助于班主任更有针对性地引导学生。学生告状时，班主任需要耐心倾听，了解事情的经过和真相；不要轻易打断学生的话，也不要急于下结论。通过倾听，班主任可以更好地了解学生的想法和感受，为后续的教育引导打下基础。

**2. 引导学生 自我反思** 在了解了事情经过后，班主任可以引导学生进行自我反思，让他们思考自己的行为是否合适，是否有更好的处理方式。通过反思，学生可以逐渐认识到自己的问题所在，提高自我认知能力和解决问题的能力。对于学生来说，自我反思是一个相对陌生的概念。作为班主任，我们可以通过以下方式来引导学生进行自我反思。

**提问引导法**

班主任可以问："你觉得自己在这次活动中表现得怎么样？有哪些地方做得好，有哪些地方需要改进？"

**使用反思画本**

班主任可以鼓励学生每天画一画，记录自己在学校和家庭中发生的事情，以及自己的感受和想法。

**情境模拟与角色扮演**

班主任创设一个日常生活中的小场景，让学生扮演其中的角色，然后引导他们思考：在这个情境中，我做得对吗？有哪些地方可以做得更好？

**3. 教授技巧 尝试解决**

学生爱告状往往是因为他们缺乏有效的沟通技巧和解决冲突的方法。班主任可以通过课堂讲解、角色扮演等方式，教授学生如何与同伴沟通、如何表达自己的想法、如何寻求帮助等技巧；同时，也可以引导学生学习如何化解冲突，如换位思考、寻求共同点等。在学生掌握了基本的沟通技巧和解决冲突的方法后，班主任需要鼓励学生遇到问题时，先尝试独立解决，如确实无法解决再给予指导和帮助。这样有助于逐渐培养学生独立解决问题的能力，减少对老师的依赖。

### 4. 正面反馈 因材施教

当学生成功解决了一个问题或者有所进步时，班主任需要及时给予正面反馈和鼓励。这可以让学生感受到自己的成长和进步，增强他们的自信心和积极性，同时也可以激发其他学生向他们学习、模仿的热情。每个学生都是独一无二的个体，他们在性格、兴趣、能力等方面都存在差异。因此，班主任在引导爱告状的学生时，需要注意个体差异，因材施教。对于不同性格和需求的学生，班主任需要采取不同的引导策略和方法，以达到最佳的教育效果。

总之，引导爱告状的学生需要班主任的耐心、细心和智慧。通过深入了解学生的心理需求、倾听他们的心声、教授沟通与解决冲突技巧，并鼓励他们独立解决问题，班主任可以帮助学生建立健康的行为习惯和心理品质，为他们的成长奠定坚实的基础。

## 四、如何与爱告状学生的家长携手共育

学生爱告状是一个常见的现象，但过度告状可能会对学生的社交能力和自我管理能力产生负面影响。班主任要提醒家长，可以通过以下方法来帮孩子减少告状行为。

**（一）注意事项**

* 家长应了解孩子告状背后的原因，不要急于下结论。
* 家长应教育孩子通过积极方式表达感受，而不是频繁告状。
* 家长应指导孩子如何与同学友好沟通，解决小矛盾。
* 家长应合理分析告状内容，避免偏袒，同时引导孩子自己处理。
* 家长应对孩子给予情感支持，让他们感受到安全和信任。
* 家长要以身作则，展现宽容和理性的态度。

**（二）具体操作**

### 1. 耐心倾听 理解诉求

家长要理解孩子的告状行为。在孩子的成长过程中，告状是他们寻求关注、表达不满或获取帮助的一种方式。一年级的孩子正处于社交技能的发展阶段，他们可能还没有完全掌握如何与他人有效沟通的方

法，因此容易通过告状来解决问题。家长应耐心倾听孩子的诉说，理解他们的感受和需求。这有助于建立信任，让孩子感受到家长的支持和关爱。

### 2. 鼓励独立 解决问题

首先，家长要鼓励孩子尝试自己解决问题。当孩子遇到困难或冲突时，家长可以引导他们思考可能的解决方案，并鼓励他们勇敢尝试。其次，家长要教孩子在寻求帮助时明确表达自己的问题和需求，以便他人能够更好地提供帮助。最后，家长还可以与孩子一起制订一些简单的规则和行为准则，让他们明确知道哪些行为是合适的，哪些行为是不合适的。

### 3. 营造氛围 培育家风

家庭氛围对孩子的成长和行为习惯有着深远的影响。为了帮助孩子减少告状行为，家长需要营造一个积极、和谐的家庭氛围。家长要以身作则，成为孩子的榜样。并且，家长要多与孩子交流，了解他们的需求和想法；多与孩子互动，通过陪伴和关爱，让孩子感受到家庭的温暖和支持。此外，家长还可以组织一些有趣的家庭活动，如户外运动、手工制作、阅读等，增进家庭成员之间的感情和默契。

### 4. 鼓励孩子 自主发展

为了培养孩子的独立性和自主性，家长需要给予孩子足够的空间和时间来自主发展。要尊重孩子的个性和兴趣，不要过度干涉他们的选择和决定。允许孩子尝试新事物、探索未知领域，让他们在实践中学会独立思考和解决问题。鼓励孩子参与社交活动，通过与其他孩子的互动和合作，他们可以学会如何与他人相处、如何处理冲突和解决问题。

**给予适当的自主权**

例如，在日常生活中，可以让孩子自己决定穿什么衣服、吃什么食物等。

**鼓励尝试新事物**

通过尝试新事物，包括学习新技能、参加新活动等，孩子可以锻炼自己的能力和勇气，增强自信心和自主性。

**培养责任感**

例如，可以让孩子整理自己的房间、帮忙洗碗等。

**尊重个性和兴趣**

尊重孩子的个性和兴趣，给予他们足够的空间和支持，让他们在自己喜欢的领域自由发展。

总之，作为家长，需要通过理解、倾听、引导和正面激励来帮助孩子减少告状行为。通过培养孩子的独立解决问题能力、沟通技巧和团队合作精神，家长可以帮助他们建立更健康、成熟的社交方式。

# 第四节　学生常与同伴发生矛盾的干预与解决策略

随着学生年龄逐渐增长，自主意识不断增强，同伴间的影响力也越来越重要。学生在与其他同伴相处的过程中，不可避免会出现各种各样的小矛盾。这是学生成长过程中的正常现象，也是提升学生人际交往能力的契机。

为什么有些学生会频繁与同伴发生矛盾呢？作为班主任又该如何指导呢？可以从学生的发展规律、性格特点出发，积极引导学生独立解决矛盾。

## 一、学生之间发生的常见矛盾

学生与同伴之间的矛盾可能有很多种，这些矛盾通常与他们的年龄、认知水平和人际交往能力有关。从具体事件来看，频繁与他人发生冲突的学生可能会有以下表现。

**1.争抢物品**　学生通常会带一些玩具到学校，他们可能会因为物品而产生争执。例如，学生小明和小红在课间玩耍时，因为争抢一个玩具发生了冲突。小明认为玩具是他的，而小红认为玩具是她先拿到的。两人互相推搡，最终导致玩具损坏。

**2.意见不合**　学生们有不同的兴趣和爱好，他们可能会因为对某个话题或活动的不同看法而产生矛盾。例如，一年级学生小华和小丽因为对某个课堂活动的意见不合发生了冲突。小华认为应该按照他的想法进行，而小丽则坚持自己的意见。两人争论不休，最终影响了课堂秩序。

**3. 误解沟通**　学生还没有学会如何有效地与他人沟通，他们可能会因为误解对方的意图或表达方式而产生矛盾。例如，一个学生可能认为另一个学生在嘲笑他，而实际上那个学生只是开玩笑。

**4. 规则问题**　学生可能会因为不清楚或违反社交规则而产生矛盾。例如，一个学生可能不小心撞到了另一个学生的书桌，导致书桌上的东西掉落；或者某位同学违反老师制订的规则，让另一位同学非常气愤。

**5. 身体冲突**　学生比较活泼好动，导致学生之间容易因为身体上的接触或碰撞而产生冲突。例如，两个学生在玩耍时可能不小心撞到一起，导致一方受伤，从而引发冲突。

无论哪种类型的冲突，班主任都需要及时解决，以避免对学生之间的关系造成负面影响。老师和家长应该关注学生的情感和需要，提供支持和指导，帮助学生学会解决冲突的方法和技巧。

## 二、学生为何常与同伴发生矛盾

学生常与同伴发生矛盾是很正常的事，原因也是多方面的，涉及认知、情感、人际交往等多个方面的发展。因此，我们需要从多个角度进行分析和解决，具体可以从以下几个方面入手，确定矛盾发生的根本原因。

**1. 认知发展不成熟**　学生正处于认知发展的关键时期，他们的思维方式和表达方式还不够成熟。他们可能无法准确理解他人的意图和感受，或者无法用恰当的语言表达自己的想法和感受。这可能导致他们在与同伴交流时产生误解，进而引发矛盾。

**2. 人际沟通能力不足**　学生在社交技能方面还不够成熟。他们可能缺乏处理人际关系的技巧，不知道如何与他人建立良好的关系，也不知道如何解决矛盾。当与同伴发生矛盾时，他们可能会采取一些不适当的行为，如争吵、推搡等，进一步加剧矛盾。

**3. 情绪尚不够稳定**　学生正处于情感发展的关键时期，他们的情感容易受到外界因素的影响。在与同伴相处时，他们可能会因为一些小事情而产生情绪波动。同时，他们也可能因为缺乏情感表达能力，无法正确表达自己的情感，从而导致矛盾的产生。

**4.家庭环境影响** 家庭环境对学生的成长和发展有着重要的影响。如果家庭中缺乏良好的沟通和教育，学生可能会在处理人际关系方面遇到困难。此外，家长对学生的期望和要求过高，可能会让学生在与同伴相处时感到压力，进而引发矛盾。

**5.学校环境影响** 学校是学生成长的重要场所之一。如果学校缺乏良好的教育和管理，学生会在与同伴相处时遇到困难。例如，学校中的规章制度不明确或者执行不力，可能会导致学生之间的矛盾加剧。此外，学校中的师生关系也可能对学生的成长产生影响。如果老师缺乏耐心和理解，可能会让学生感到被忽视或不被理解，进而引发矛盾。

总的来说，学生与同伴发生矛盾的原因是多方面的，需要我们从多个角度进行分析和解决。作为班主任，我们需要关注学生的情感和需要，提供支持和指导，帮助他们学会如何与他人相处和解决矛盾。

## 三、如何对常与同伴发生矛盾的学生进行正面引导

面对学生之间产生的矛盾，班主任可以采取六步法来解决问题，促进学生的健康成长和全面发展。

**（一）注意事项**

* 公正处理：班主任应保持中立，公正地评估双方的责任，不偏袒任何一方。

* 引导沟通：班主任应帮助学生认识到沟通的重要性，教导他们如何有效表达自己的想法。

* 教授技巧：班主任应传授学生解决冲突的基本技巧，如换位思考、寻求共同点等。

* 情绪管理：班主任应教导学生如何控制和管理自己的情绪，避免情绪化的冲突。

**（二）具体操作**

**1.追根溯源 倾听学生心声**

班主任需要深入了解矛盾的根源，包括学生的个性、家庭背景、社交能力等方面。只有了解了问题的本质，才能有针对性地制订解决方案。可以通过与

学生、家长和其他教师的交流，以及观察学生的行为和表现等方式来了解情况。同时倾听学生的心声，了解他们的感受和需要。可以安排个别谈话或小组讨论等，让学生表达自己的想法和感受。在倾听的过程中，班主任需要保持耐心并理解学生，不要急于给出解决方案，而是先让学生充分表达自己的想法。

### 2. 正面调解 教授沟通技巧

班主任要做好当事人的引导工作，明确矛盾的本质，鼓励学生换位思考，以客观的态度看待问题；做好"调解者"，鼓励学生真诚承认在矛盾中自己的错误，不要找借口或推卸责任，友情的第一要义就是"真诚"；做好"解决者"，寻找双方都能接受的解决方案，尝试让学生自主解决矛盾。班主任还可以教授学生一些沟通技巧，如倾听、表达、提问等，通过角色扮演、小组讨论等活动，让学生在实践中学习如何与他人有效沟通。同时，班主任还可以鼓励学生们在沟通时保持尊重、友善和耐心的态度，以减少冲突的发生。

### 3. 情绪管理 建设班级文化

对于常与同伴产生矛盾的学生，班主任可以通过开展情绪教育课程、组织情绪管理训练活动等方式，帮助他们学会识别、表达和管理自己的情绪。此外，班主任还可以引导学生在面对冲突时保持冷静、理智的态度，避免情绪失控导致矛盾升级。在征求当事人意见后可通过开展主题班会等形式，将问题呈现给全班同学，让大家一同讨论解决方案，并举一反三，让学生今后碰到同类型矛盾时能够妥善解决。班主任可以通过制订班级规章制度、组织班级活动等方式，营造良好的班级氛围和文化。

### 4. 家校合作 持续关注跟进

家校合作是解决学生矛盾的重要途径之一。班主任可以积极与家长沟通，了解学生在家庭中的表现和情况，并与家长共同制订解决方案；同时，也可以向家长提供相关的教育资源和指导，帮助家长更好地了解和教育学生。对于常与同伴产生矛盾的学生，班主任需要持续关注并跟进他们的表现，定期与他们进行交流，了解他们的想法和感受，提供必要的支持和帮助。同时，班主任还可以与其他教师、学校心理辅导师等合作，为这些学生提供更全面的引导和支持。

面对学生频繁与同伴发生矛盾的情况，班主任需要以高度的责任感和使命感，积极采取措施解决问题，促进学生的健康成长和全面发展。这需要班主任具备丰富的教育经验、敏锐的洞察力和灵活的处理能力，同时也需要学生、家长和其他教师的支持和配合。

## 四、如何对常与同伴发生矛盾的学生家长进行家校共育

当家长发现自己的孩子常与同伴产生矛盾时，家庭教育显得尤为重要。良好的家庭教育不仅可以帮助孩子解决当前的社交问题，还能为他们的未来发展打下坚实的基础。这时班主任可以引导家长可以从以下几方面入手，对常与同伴产生矛盾的孩子进行有效的家庭教育，从而实现家校携手共育。

**（一）注意事项**

\* 倾听理解：班主任要引导家长耐心倾听孩子讲述矛盾过程，理解他们的感受，不要急于批评。

\* 情绪安抚：班主任要引导家长先安抚孩子情绪，然后再一起分析问题的原因。

\* 引导沟通：班主任要引导家长须教导孩子用恰当的语言和方式与同学沟通，表达观点和感受。

\* 教授方法：班主任要引导家长教授孩子一些基本的冲突解决方法，如道歉、分享、轮流等，鼓励他们尝试解决问题。

\* 培养同理心：班主任和家长应引导孩子换位思考，理解对方的立场和感受。

**（二）具体操作**

**1. 确认孩子真正目的**

孩子年龄比较小，在和其他人交往的过程中可能由于想要达到自己的一些目的，而采取不恰当的行为。这时如果家长直接批评孩子，容易导致孩子将自己的目的和行为混淆，不能很好地了解自己到底哪里不对。所以这时家长要先和孩子确定他想要达成怎样的目的，才能判断孩子做出这样的行为是由于有不恰当的目的，还是并无坏心思只是采取了不恰当的行为。家长可以这样询问孩子：

我明白你现在感到很难过，可以告诉我发生了什么吗？

你看起来很生气，是不是有什么事情让你不满意了？

我感觉你有点失落，是不是有些期望没有达到？

你的感受是很正常的，每个人都有难过的时候，我们可以一起想办法解决。

## 2. 引导理解他人感受

经常引起别人负面情绪的孩子，通常不能较好地考虑他人的立场、情绪和感受，所以需要家长耐心细致地给孩子讲解在不同情境中不同人可能会有怎样的情绪和感受，以及为什么他们会产生这些情绪和感受，帮助孩子理解别人的感受和立场。随着孩子理解别人立场、情绪和感受的能力加强，他就逐渐能够理解人与人之间在喜好和选择上的不同，进而学习如何尊重和理解别人。

你试着想象一下，如果他是你，他会有什么感受呢？

想象一下，如果你的朋友遇到了同样的事情，你会希望他怎么做呢？

你问问自己，如果我是他，我会有什么感觉？然后尝试去关心和支持他。

## 3. 定期沟通并反思改进

通过沟通，家长可以及时了解孩子在与同伴相处过程中的困惑和收获，发现孩子的问题并给予指导。同时，家长还可以引导孩子进行反思，让他们思考自己在与同伴相处时的表现，如何改进等。通过反思，孩子可以逐渐认识到自己的问题所在，并学会在未来的相处中避免类似的问题。反思记录表由事件概述、事件反思与下一步行动计划三部分构成，通过记录矛盾冲突事件，尽量避免矛盾冲突过多的发生（见表 4-1）。

表 4-1　反思记录表

| 反思记录表 | |
|---|---|
| 日期 | ＿＿年＿月＿日 |
| 事件概述 | |
| 事件反思 | |
| 下一步行动计划 | |

## 4. 教导孩子养成礼貌行为

很多时候，孩子出现问题行为的原因是不知道应该怎样达到自己的目的，所以才选择了错误的行为。特别是当孩子处于社交场景时，对于爱玩的孩子来说，这时他们会很兴奋，在这种紧张激动的场景中，孩子冷静思考的能力受到影响，采取不当行为的可能性也就加大。家长可以在日常生活中给孩子示范不同情境下怎么做是恰当的，帮助孩子了解正确的行为方式；也可以通过角色扮演的方式带孩子熟悉有效的行为方式，尝试处理不同的情况，逐渐养成良好的行为习惯。

## 5. 实时鼓励正面行为

当孩子表现出积极、友好的行为时，家长要及时给予肯定和鼓励。这可以增强孩子的自信心和积极性，促使他们更愿意表现出正面行为。同时，家长还可以与孩子一起制订一些行为准则或奖励机制，以激励他们持续表现出良好的社交行为。

总之，孩子总是跟别人发生冲突，大部分时候都只是因为无法判断自己的行为是否正确而引发的"意外"，家长只要适当引导就可以纠正过来。不过，如果发现孩子是出于不恰当的目的与他人发生冲突，家长一定要严厉提醒、及时干预，让孩子意识到自己的错误，避免孩子的性格"跑偏"。

# 第五章
# 班主任与家长沟通的困难与技巧

苏霍姆林斯基曾说过："教育的效果取决于学校和家庭教育影响的一致性。如果没有这种一致性，那么学校的教学和教育过程就会像纸做的房子一样倒塌下来。"家校沟通就是为了促成这种一致性。老师和家长就像两只船桨，只有双方朝着同一个方向划桨，才能让学生向着前方驶去，顺利到达成功的彼岸。但是有时，因为各种原因，造成家长和老师无法力往一处使，这时就需要班主任来尽快解决问题，不然问题越来越多，就会有"翻船"的风险。

一年级班主任在迎接一群性格各异的学生时，同时也要面对一群个性迥异的家长。很多老师认为，不怕有个性的学生，就怕有个性的家长。而老师们在家校沟通时，也总会碰到一些难题。

"我们班家长总是不满意孩子的座位。"

"我们班小 A 不小心被同学撞了，小 A 家长一直不依不饶。"

"我们班某某爸爸总说数学老师太年轻了，认为这么年轻肯定管不住学生，教不好课。"

"我们班家长认为老师太凶了，孩子都吓得产生了心理阴影。"

班主任在面对家长的这些"不满"和"投诉"时，总是胆战心惊又焦头烂额。但是一个团结和谐的班集体，家长和老师的关系一定是教育阵线联盟。因此，无论面对怎样的家长，老师们都要懂得有礼有节的沟通，让家校形成合力，共促班级良性发展。

## 第一节　班主任与袒护型家长的沟通技巧

袒护型家长是指对于孩子的错误思想及行为，父母无原则的包容和支持，这类父母总认为"我家孩子没错，一切都是别人的错"。

## 一、如何与"得理就要声高"的家长进行沟通

当学生之间起了冲突，经常会出现一方理亏，一方占理的情况。而有时占理一方的家长会不依不饶。这就需要班主任介入化解双方矛盾。

**（一）注意事项**

* 避免在公众场合处理问题。

* 避免问题的延后性处理。

* 避免将小矛盾激化为大矛盾。

* 事件处理后要跟踪回访。

**（二）具体措施**

**1. 及时沟通，让关爱消除对立**　　不可否认，绝大多数家长都是通情达理的。然而，在遇到个别"得理就要声高"的家长时，若问题处理不当，就会引发矛盾。学生天性活泼好动，发生一些小磕碰在所难免。比如，个别家长每次放学接孩子时都会开启"全身扫描"模式，仔细检查孩子的身体状况。一旦发现孩子身上有瘀青或红肿，即便是孩子自己摔伤的，也会大声质问老师。因此，班主任在了解家长脾性后，应对这些家庭的学生给予特别关注。这些学生一旦发生磕碰或同学间的摩擦，老师应立即告知家长，避免家长发现后再来质问，使自己处于被动地位。在沟通过程中，老师应表达对学生的关爱，例如："小A摔跤了，已经带去校医处检查。""小A说有点疼，因此没让他参加剧烈运动。""孩子目前的情况，您也可以带她去医院进一步检查。"从关爱学生的角度出发进行沟通，让家长感受到老师对学生的深切关怀。

**2. 多方取证，用证据有效应对**　　在处理学生之间的矛盾时，为防止家长因学生表述不清或片面之词而引发的质询，老师应采取"多方取证"的策略，以证据为基础，有效应对家长的询问。一旦事件发生，老师应迅速了解事情的原委，若当事人表述不清，应及时召集事发时的目击者，进行深入调查，确保掌握全部事实。如学校安装了摄像头，可下载监控的视频以便在需要时作为证据。在掌握事情全貌后，再通过电话等方式告知家长。若家长对老师的处理方式不满意，可邀请其到学校进行面对面沟通。为预防出现家长不满意的情况，在与家长沟通的过程中，若家长一味否认学生的过错，将责任全部归咎于对方

或学校，老师应避免与家长争执，用证据成为沟通的基础，以增强说服力。

**3.立足学生，以"发展"建构信任** 若同学之间产生冲突，家长心疼自己的孩子，指责对方和老师，这时候老师一定要保持冷静，要理解家长的这种情绪。等家长宣泄了之后再进行沟通，引导家长回归理性思考。譬如一些家长因为孩子受到一点委屈，就一定要对方公开赔礼道歉，这样就容易把矛盾激化，这时候老师就要引导家长看到"孩子的利益"。例如可以指出"如果这种小冲突要这样大动干戈，对方家长有可能不肯照做，就算照做了心中也一定有意见。这样孩子就少了一个朋友，而其他学生和家长看到这种情形，也会教育自己的孩子远离您的孩子，这样孩子就少了更多的朋友。"此类事件的处理原则是要让家长感受到老师的出发点和目的都是为了自己的孩子。要让家长跳出这件事情，看到对孩子真正有利有弊的两方面。

## 二、如何与"错不在我"的家长进行沟通

有些家长舍不得孩子"吃苦""受委屈"，总帮孩子找各种托词逃避责任。譬如孩子作业没有写完，有的家长就认为是老师作业布置得太多太难；孩子成绩退步了，有的家长认为是换了老师、旁边同学太吵、考场纪律不佳等原因；学生之间有冲突时，一些家长会把全部责任归咎于老师的班级管理、其他同学的问题，而忽视了孩子自身的原因。这些家长的做法，也会给学生传导不正确的处事观念，让学生学会逃避责任，推卸责任，或者习惯性争辩。班主任在引导这些"被过度保护"的学生时，要了解其特点，对症下药。

**（一）注意事项**

＊班主任要善于抓住机会对学生进行引导。

＊班主任要引导家长重视意志力的培养。

**（二）具体操作**

**1."小事"循序引导，矫正认知** 在和"错不在我"的家长进行沟通时，老师一定不要着急，即便晓之以理，动之以情，沟通效果也不一定好。关键是要寻找突破口，有针对性地一点一点地进行引导，而学生就是这个突破口。比如老师要求学生带画笔，小 A 忘了，他习惯性地怪奶奶没有给他带。这时候老师告诉小 A 自己的事情要自己做。下一次小 A 带齐了学具时，老师就要趁机表扬他，让他既能明白自己的事情自己做的道理，同时还能尝到自己把事情做好

的成就感。而对于更难的事情，老师要一步步引导，并且和家长打配合。如有要求完成的作业，家长要明确告知学生什么时候完成，并讲清楚完成不了会产生什么后果，之后坚定地按照约定，让学生承担后果。在此过程中，家长一定要和学校统一思想和要求，才能慢慢取得成效。

**2. "闹事"公正协商，明晰责任** 学生之间产生纠纷，若家长一味强调自己的孩子没错，这要如何处理？这时候，老师要不偏不倚，公平公正，把事情讲清楚。如果家长仍然不依不饶，老师要坚定立场，不要轻易妥协。必要的时候，可以寻求学校的帮助和支持。因为一旦妥协，家长就会认为只要自己够强势，老师就会退步，这对班级今后的管理不利。同时老师要有理有据，以理服人，让家长真正认清己方的过错。在协商的时候，老师的语气和态度非常关键。即便碰到态度不友好的家长，也要和善地同他进行交谈，就事论事，并且谈论的中心一定要围绕学生的根本利益，让家长能感受到老师是真正关爱自己孩子的。

**3. 给予机会，增强认同** 班主任平时要给予责任心不强的学生一些为班级做事的机会，并且帮助他们认真完成任务，再向家长反馈学生的表现，可以多夸一夸学生担任班干部时的认真负责，也顺势夸一夸家长对于学生责任心培养的重视，通过正面引导和暗示，让家长也慢慢认同自己是一个重视孩子责任心培养的家长。在家长会上也可以聊一聊学生责任心的培养要趁早，尽量杜绝学生推卸责任的苗头等话题，因为学生既然可以给不写作业找借口，给忘带学具找借口，那么也可以给不努力学习找借口；同时在班级群也要经常发一些关于培养学生责任感的文章，及时表扬班级有责任感的学生，让家长能理解和认同老师关于培养学生责任心的做法。

父母是孩子最主要的模仿对象，父母要向孩子展示优秀的习惯、品质、人格和处世态度，为孩子的成长打好根基。很多家长并不是出于恶意，而只是见不得自己的孩子吃亏、受苦，因此在孩子应该自己面对的事情面前帮孩子一一挡住。而这份溺爱，反而剥夺了孩子的成长空间，滋生了学生的"霸道""不扛事"。老师在和这类家长打交道时，不仅要保持家校的良性沟通，同时也要纠正家长和学生的不当做法。

## 三、如何与"一手包办"的家长进行沟通

"包办"的家长在一年级很常见，只是不同家长"包办"的范围不同，尤其是隔代抚养，爷爷奶奶对于刚入学的孩子的大小事宜几乎都是大包大揽的。

这些"包办"无处不在，生活中的包办有：给孩子喂水、喂饭、剥水果，上学路上给孩子背书包和水壶；又如学校午餐有虾时，总有很多学生不吃，或者虾皮虾肉一起囫囵吃，因为他们在家里都是家人帮忙剥好的，自己还不会剥虾。学习上的包办有：很多一年级学生不会整理书包、课桌，不会削铅笔，不会系红领巾，有时候忘记带课本了，一问就理所当然地回答"妈妈没有帮我放到书包里"；不会做的题目，不愿意思考，总是一味求助家长。情绪上包办有：孩子在成长过程中都会碰到挫折，有各种消极情绪。但是一些家长总是习惯性地替孩子解决成长中的各种烦恼，这样就让孩子丧失了很多体验情绪的机会。

家长觉得孩子年纪太小做不好，动作太慢效率低，或者觉得多为孩子打理生活上的事，能为孩子腾出更多时间学习，因而大包大揽。但是这样反而把孩子养得不感恩，不抗压，适应能力低，所以这并不是在帮孩子，其实是在"损"孩子。

### （一）注意事项

＊ 家校达成共识：家长和老师的养育方式要跟随学生的发展而调整。

＊ 家庭观念统一：家长要重视孩子对生活技能的培养。

＊ 培养学习习惯：家长要借助培养学习习惯，增强孩子的学习能力。

＊ 尊重情感体验：孩子的消极情绪也会对孩子产生积极影响。家长应正确引导，帮助孩子理解和处理这些情绪，促进其情感发展。

### （二）具体措施

**1. 多陪伴** 育儿过程中尤其提倡高效陪伴。孩子做看客，家长全代劳，这种陪伴徒劳无益。一些家长在陪孩子写作业时坐在旁边看手机，这可不是有效的陪伴。老师可以引导家长和孩子达成一些家庭协议，如陪伴孩子学习时，放下手机；陪伴孩子聊天时，不分心；陪伴孩子游戏时，不敷衍。让孩子得到高质量的陪伴。

**2. 多示范** 一年级孩子做事很慢，这是成长的必然过程。家长要接受孩子的这种慢，同时可以多给孩子做示范，做一半，留一半，在示范中带着孩子

习得生活技能。班级也要经常开展整理活动，老师和完成度良好的孩子要多进行示范，让大家一起跟着学。同时班级也可以开展相应的"生活小技能活动"，如开展亲子制作美食活动，开学时鼓励亲子一起包书皮。在日常的劳动课上，合理安排生活技能教育，如引导学生整理书包、整理课桌、扎头发、系鞋带、系红领巾、整理房间等等，通过有序引导，让每一个学生都能做好力所能及的事情。

┃3. 多鼓励┃　家长大多能注意到自己在孩子生活上和学习上的过多干预，但很少会注重到孩子的情绪体验。家长要认识到孩子学会应对挫折是成长的财富。学生在学习和生活中碰到困难时，老师可以引导学生家长给予孩子自己解决问题的机会。发生冲突是同伴交往中很常见的现象，只要没有越过道德界线，没有受伤，家长都可以放手让孩子自己解决。如遇到有同学拿了孩子的东西没还，孩子没带学习用具，孩子上课做小动作被老师批评等情况时，家长切不可觉得自己孩子受了委屈而冲动地"为孩子出头"，而应该给孩子时间，让孩子自己消化这种情绪，解决这个问题。家长能做的就是帮孩子疏导情绪，提供解决问题的方法，并跟踪孩子的处理情况。

## 四、如何与"唯我为尊"的家长进行沟通

"唯我独尊"，是指家长教育孩子只需考虑自己，不考虑他人。

有些一年级的孩子因为被过度保护会表现得自私，一切以自我为中心。如午餐发水果的时候，一定要第一个冲过来，挑选最大的水果；会故意占据很大的座位空间，导致前后的同学座位很挤。而因为年纪太小，孩子注意不到自己自私的行为，如果其他同学说他，他还要大声申辩："我不是故意的！"这些学生的家长也往往用不恰当的方式教育孩子不要吃亏、不能吃亏。

家长对自己孩子的偏爱是可以理解的，但一些家长过度偏爱，处处让自己的孩子"占上风"，忽视培养孩子公平、宽容等品质，这对学生的成长是不利的，尤其当班级里学生之间发生矛盾，这些家长会表现得很强势，这样对班级的团结也是不利的。那么作为班主任，可以从以下几个方面着手，促进家校的和谐。

### （一）注意事项

\* 引导换位思考：通过角色扮演让孩子体会到对方的感受。

* 注重班级和谐：孩子的小冲突不要上升为家长之间的冲突。
* 提供协商策略：灵活应对家长的诉求，若有不当私下委婉拒绝。

**（二）具体措施**

**1. 班级公约公开化** 班级公约是班级的"法律"，对于约束和引导学生的行为具有重要的作用。因此，班主任除了带着学生一起制定班规，还要把这些公约发到班级群，并向家长介绍说明。比如，在日常管理时，会对不遵守校规和班规的学生进行提醒和教育。班级可以规定因行为不当导致班级扣分的学生，要罚做值日一天。这条规定颁布之前，个别家长会对孩子额外值日心存不满。而班级公约公开之后，如果学生被扣分，老师可以及时跟家长反馈学生的不当行为，同时也委婉提到值日一天。因为大家都对班规有所了解，所以家长就不会有意见。

一年级的排座位是个老大难的问题，高个子不满总是被排在最后面，矮个子害怕前面的同学挡住了自己的视线，有些家长还特别希望自己的孩子最好坐在品学兼优的同学中间，以免受到自律能力弱的学生的打扰。因此，每次知道老师要排座位时，个别家长就提前跟老师打招呼："老师，我家孩子视力不太好。"于是老师只能给他排到前排中间。所以老师要公布班级排座位的方法，避免固定座位，最好每周轮换，确保学生可以坐在不同的位置。因为学生的座位一直都在依据一定的原则变动，家长也就不好再说什么。

**2. 班级选拔透明化** 机会总是有限的，一些竞技比赛或者活动只有少量的名额。因此，一些家长为了让自己孩子得到更多的机会，总是私下里跟老师打招呼，"老师，这次演讲比赛能不能让某某去，他演讲能力很好的"，"老师，我听说马上要进行国旗下演讲，这次可以让某某去吗？您看，他上次朗诵都得奖了"。这些私下自荐其实让老师很为难。拒绝得太生硬，怕引起家长的不满；太客气了，有些家长会推荐得更频繁。但无论如何，老师都要拒绝这种有失公正的请求。所以，为了避免这种尴尬情况的出现，老师一定要提前在家长会或班级群正式讲解班级各项活动选拔的方式，并且委婉地告知家长，为了对每个学生公平公正，班级选拔只接受公开的申报，不要进行私下的推荐。这样就可以避免尴尬局面。

**3. 家校沟通对比化** 一些家长之所以教育孩子要自私，是因为总把同学关系看成竞争关系，或者忽视学生的人际关系。在班级里，自私的学生往往人缘差。比如组小队时，往往被大家拒之门外；平时和他一起玩的学生也不多。因此，对于这些学生，如果和同学发生冲突，就要多引导他们进行换位思考：

"如果你是小明，每次两人搭档都要让对方先选角色，你是什么感觉？"

"小明都委屈地跟我说，下次不想和你搭档了。"

"你看，这次你让小明先选，还说要和他轮流选，小明很高兴，说下次还想和你组队。"

这种对比化的反馈让学生知道，自己为别人着想时会更受同学欢迎。

在和家长反馈时，老师一定要抓住契机，一定要在学生取得进步的时候进行对比反馈。

"某某爸爸，现在某某可是孩子们很喜欢的搭档，大家都争着和他搭档，都夸他有规矩、守秩序，总是提醒大家要轮流选角色。孩子们说就喜欢和这么公正的同学一起组队。某某爸爸，也要给您点赞哦！教导孩子这么大度，谦让。说实话，某某变化真的很大，之前因为某某每次都一定要自己先选角色，其他孩子都不肯和他组队。您看，现在他明白了要轮着来，不能光顾自己，所以很受大家欢迎。某某爸爸，多亏了您这段时间对他这方面的引导啊！"

# 第二节　班主任与放任不管型家长的沟通技巧

放学后，一些小学生会跑到旁边的小卖部买零食。吃完零食后，学生有时会不小心掉落或故意随地扔零食包装袋。面对孩子如此表现，家长会出现截然相反的两种态度，一些家长会责令孩子捡起来，而一些家长就听之任之，当作没看见。

很多班主任和家长进行几次沟通后，就能感觉到一些家长的敷衍。有老师反馈："我给家长发的信息，就像石沉大海，明明都已读了，家长就是不回复。"

"最怕看到家长说'好的'。我跟家长把事情的来龙去脉讲了一大段，本来想好好和家长聊一下，结果家长连着几个'好的'马上就把话题终结了。"

苏霍姆林斯基说过："学校和家庭，不仅要一致行动，要向儿童提出同样的要求，而且要志同道合，抱着一致的信念，始终从同样的原则出发，无论在教育的目的上、过程上还是手段上，都不要发生分歧。"良好的家校沟通，一定是老师和家长统一战线，积极合作，如此才能助力学生更好地成长。

## 一、如何与"自我享受"型的家长进行沟通

现在一年级学生的父母基本上是 80 或者 90 后，一些家长本身就是独生子女，在成长的过程中受到了无微不至的关怀和照顾，哪怕到了为人父母的年龄，家长自身仍然没有完全改变"被照顾"的模式，平时注重自我享受，不会也不愿意把过多的时间和精力放在自己孩子身上。一些家长甚至心安理得地认为：学习是老师的责任，孩子的生活可以安排给爷爷奶奶；作为父母，似乎也没什么要管的。

在日常沟通时，一些家长会直接表明，如果有孩子的相关问题要沟通就找孩子的爷爷奶奶。如果老师哪天跟他反馈孩子的学习情况，他甚至还要质疑老师为什么要把学习的责任"甩锅"给家长。而一些学生也无奈地表示："我爸爸回家就是躺在沙发上打游戏，很少关心我的学习。""我妈妈平时在家就是刷短视频。我跟她说话，她总是心不在焉的。"

"父母才是学生的第一责任人。"这种责任不仅仅是法律上的抚养责任，更是指学生身心发展的陪伴义务。其实，家长并不是不懂这个道理，只是对于"享受"惯了的家长来说，的确很难改变这种舒适模式。同时，受时代的影响，我们发现电子产品的确对亲子关系产生了极大的影响，甚至成为横亘在亲子之间的一道屏障，一些家长在手机和孩子的取舍间明显自制力不足，电子产品盗取了亲子相处的时间。在和这些家长沟通时，要注意以下这些方面。

**（一）注意事项**

＊班主任在进行家庭教育指导时，要多鼓励和肯定家长已经在做的事情，而不是直接干预和要求。

＊班主任要委婉地向家长传达孩子的诉求。

＊班主任可以通过真实情况的呈现，让家长意识到自己的缺位给孩子造成的影响。

**（二）具体措施**

▌1. 家长会明确做法▐ 班主任除了召开常规的新生家长会，告知新生的相关事宜，在了解了班级情况的一段时间后，还可以召开一些有针对性的全员家

长会、小型家长会。如召开"爸爸家长会"，介绍父亲在孩子的成长过程中的
重要作用，并且给予一些指导和建议，让爸爸与孩子的亲子相处更愉快；召开
"妈妈家长会"，告知妈妈对于孩子的关爱要有温度，也要适度，同样给予一些
指导和建议。

**2. 班级活动增进沟通** 班主任可以引导家长定期开展一些亲子活动，如
"我和爸爸妈妈一起逛博物馆""亲子阅读""亲子厨房""亲子运动""亲子表
演"，通过这些有趣的活动，让家长多陪伴孩子。班主任还可以让家长在班级
群发布一些亲子的视频、照片和亲子感言，形成班级亲子陪伴的氛围。哪怕有
些家长借口再多，相信在一系列的班级活动中，也会选择一些活动和孩子一起
完成。如果有些家长仍然不肯参与，老师也可以私下沟通，委婉地替学生表达
心声："某某爸爸，某某最近写了一篇日记，说最大的心愿就是能和爸爸一起
进行亲子运动。"如果家长参加了，事后老师一定要记得给予正向反馈："某
某爸爸，某某高兴了一整天，很自豪地跟很多小朋友讲了自己和爸爸运动的故
事，您真是一个有心的爸爸，这么关注孩子的成长……"

**3. 以身作则消除隔阂** 所有父母都知道电子产品对未成年人的危害，但
是知道和做到之间总是隔着深沟。针对电子产品让学生感受到了家长的冷漠的
问题，老师可以专门召开家校专题讲座，让家长知晓因玩手机而忽视孩子对孩
子产生的巨大伤害。可以让家长在家庭中设立"特别时光"，即在这一段时间
内家长和孩子都不能看手机、看电视，只能一起聊天或者一起活动。同时要让
家长明白以身作则的重要性，如果家长离不开手机，以后也难以对孩子提出要
求，为了预防孩子沉迷手机，家长要提前做好示范。

## 二、如何与不回复信息的家长进行沟通

没有家长不爱自己的孩子，尤其是一年级的家长，他们对刚入学的孩子总
是充满期待。然而，有些家长在与老师沟通时却未能及时回复信息，这背后一
定存在某些原因。因此老师要通过家访等方法了解具体情况。一般有以下几个
方面的原因：

家长"分身乏术"：有些学校有很多学生的家长是外来务工人员，这些家
长很多从事送外卖、开小店、做销售等工作，日常为生计、为生意、为交际等

等原因而奔波忙碌，根本没有时间、更没精力去关注孩子，更谈不上与孩子进行沟通交流。只要孩子不愁吃的、不缺穿的，他们觉得就够了。

家长"无能为力"：这种类型的家长由于自身文化程度不高，而现在孩子们学的知识难度又较高，他们无力辅导孩子的功课。孩子不会，家长自己也不会。

家长"溺爱"：学生有一个适应期，在这期间做很多事情会感到困难。如学拼音的时候，很多学生会觉得困难，拼读非常辛苦，家长不忍心看着孩子"受苦"，因此会降低对于孩子的要求。所以当老师来反馈孩子学习情况的时候，家长会选择回避。

家长"观念落后"：一些家长用自己小时候父辈教育自己的方式来教育孩子，认为自己小时候家长从不需要和老师沟通，现在自己也就从不主动沟通，而对于老师主动地沟通，也不知道怎么回复。

面对这些情况，要怎样才能建立起有效的联系呢？

**（一）注意事项**

\* 班主任要了解家长不回复信息的原因，不要简单认为家长不管小孩。

\* 家长若暂时不回复，班主任仍要坚持反馈，不要受家长态度的影响。

\* 班主任采取多种方法进行反馈，寻找家校沟通的有效途径。

**（二）具体措施：**

**1.尊重为先 坚持沟通** 尽管家长没有回复，但老师不要心生抱怨。千人千面，一千个家庭也有一千种养育方式。因此老师仍要尊重家长的育儿方式和育儿观念。尽管家长不回复信息，但老师仍要继续主动与家长沟通，并且语气要平和，态度要友好，通过多次主动的联系，家长总会抹不开面子，最终会接受老师的沟通请求。

**2.关爱为先 抓住机会** 如果家长多次不回信息，不接电话，并且拒绝老师的提议，老师可以采取其他沟通方式。如抓住每次放学的时机，可以有计划地先确定好要和哪个家长面谈；甚至可以让学生给家长带书信，类似于喜报："某某妈妈，您好！今天要特意给您发一封喜报，表扬我们的某某早读特别自觉，作为一年级的孩子，这实在是太难得了，感谢您对于孩子习惯的培养。相信通过我们家校的配合，孩子会更加出色。"像这样多发一些喜报，家长看到孩子的进步，看到老师的付出，总会心有所动，进而真诚地和老师沟通。

**3. 肯定为先 给予对策** 学生在一年级期间最重要的是习惯的养成，学生刚刚入学，一定要开一个好头。如果发现家长回避沟通，一定要坚持向家长反馈学生的情况，否则到了二、三年级或高年级，老师就更难得到家长的回复了。因此，老师可以把一年级沟通的重点放在培养学生的习惯上，并且给予家长一些方法，消除家长对沟通的惧怕心理；每次沟通时，一定要先肯定学生的优点，并且反馈要有细节，比如，向家长反馈学生学习习惯不好时，可以举例子，如没有记作业的习惯、作业做得不完整、上课容易走神、自习课与同学交谈等。这样更容易让家长看到学生的具体问题，既能帮助家长找到问题，又能让家长感受到老师对孩子的关注。

## 三、如何与敷衍的家长进行沟通

敷衍的家长在和老师沟通时，通常非常热情，积极回复；但又往往满口答应却一动不动。任凭老师怎么说，敷衍的家长总是"岿然不动"，只给老师开一堆空头支票。

"小明妈妈，小明这几天铅笔都很粗，要让他每天回家自己削好笔哦。做好学习准备是很重要的。"

"好的，老师，放学就让他削铅笔。"

但是第二天，小明的文具袋里全部都是秃头的笔，写出来的字都是黑乎乎的。

"小明妈妈，小明每天到校太晚了，总是踩着铃声进教室。尽量稍微早一点哦。"

"好的，老师，我监督他明天早起，早点到学校。"

可接下来一段时间，小明仍然是最后一个进教室的，脸上还是一副不以为意的表情。

面对这样敷衍的家长，老师若仅仅在口头上进行沟通，收效甚微。我们可以尝试采取以下措施。

**（一）注意事项**

\* 班主任要一分为二地看待家长的敷衍。

\* 班主任对学生的某种习惯要跟进反馈。

**（二）具体措施**

**1. 开展家访，明确要求**　家长和学生一样，都有一个过渡期。有些家长并不知道一年级的明确要求，当然也有一些家长是对孩子的学习和生活习惯不上心。对于这类家长，一定要及时进行家访，告知他们学习习惯和生活习惯的明确要求和重要性。老师平时就会在家长群反馈学生各方面的习惯，也会拍照表扬一些做得好的小朋友，以此作为示范。家访时可结合平时在班级群里的反馈，给予家长具体细致的指导；并真诚地告知家长孩子在这方面需要家长的指导和帮助，这样才能帮助学生培养良好的习惯。当然，一次家访可能只会产生短期的效果，也可能没有效果。但是老师不要泄气，在家访后，要继续跟进学生的行为习惯；如果多次反馈，家长仍然无动于衷，没有行动。老师也可以在不失和气的情况下，表明老师的态度：孩子良好的行为习惯须要从小养成，在这个过程中家长如果因为各种原因没有监督孩子对良好习惯的养成，会对孩子将来的学习生活造成很大的影响。

**2. 用"真心"消除"假意"**　一年级是培养习惯的起始阶段，一定要让家长重视孩子的行为习惯。班主任要坚持给家长反馈学生的习惯，表扬学生习惯良好的地方，把学生每一个点滴的进步及时告知家长，并给家长发表扬信；也反馈学生行为习惯还不够理想的方面，并在学校给学生示范，必要的时候，可以把老师指导学生的过程拍下来发给家长，提醒家长在家里也可以这样指导；同时给予学生一些展示的机会，让家长知道学生的良好习惯在学习生活中的重要性。

**3. 小圆桌订协议**　在面对敷衍的家长时，学生也能发挥重要的作用。学生都希望被表扬，被看见，因此可以让学生多提醒家长，并且每一次学生提醒了家长，就对学生进行奖励。

"妈妈，老师今天表扬我了，您不要错过老师发的表扬短信。"

"妈妈，您记得叫我早睡早起。这样我就可以加分了。"

"爸爸，我今天把书包整理好，明天就可以当小老师了，指导小朋友整理书包哦！"

同时还可以让老师、学生、家长一起坐下来制订协议，短期内集中培养某一种或几种习惯，让妈妈或爸爸做家里的监督人，像签订合同一样正式地签订协议，让家长、孩子都能把这件事重视起来。当然老师仍然要坚持跟进，表扬家长和学生的坚持，当他们松懈时及时敲边鼓。

## 四、如何接住家长抛过来的"刚性借口"

许多忙碌的父母没时间照顾和陪伴孩子，更别说和老师携手共育。每次老师反馈学生的情况，家长总是匆匆地回复，也会很抱歉地表示最近实在太忙了。比如班上有一对父母要管店，每天几乎晚上十一点回到家里，早上七点不到出门，一天都和孩子说不上一两句话；可周末了他们也照样待在店里。因此，当学生出现一些问题时，如不会拼读，读不了题，家长似乎一点办法也没有，因为实在没有时间辅导孩子。也有家长在第一次家访时就明确地表示，自己文化程度低，不认识几个字，不知道怎么辅导孩子。更有家长，因为出差长期不和孩子住在一起，亲子之间的关系也变疏远了。班上还有一些离异家庭的学生，家长一个人又上班，又管孩子，的确心力交瘁。每每家长提出这些"刚性借口"时，老师总是感到非常为难。但作为老师，仍要寻找一些办法，让这些家庭的学生在出现问题时也能及时解决；并且给他们提供一些方法建议，让亲子关系更加亲密和谐。

### （一）注意事项

* 班主任要了解家长的难处，给予一些力所能及的支持。
* 班主任要多从学生的身上下功夫，提供一些帮助。
* 班主任要让家长了解家校的分工，同时对于家长的建议要有分辨能力。

### （二）具体措施

#### 1. 我们可以这样鼓励学生

（1）勇做小棉袄、小铠甲，不做小公主、小太阳。让学生知道家长为了家人能得到更好的生活，不得不拼命工作；他们很辛苦、很疲惫，他们也想留在家里陪伴孩子，但是养家糊口占据了他们大部分的时间。在这个时候，鼓励学生要学会体谅父母，体谅他们的难处，并试着换位思考：如果我是父母，会怎么做呢？同时，借此鼓励学生当家里的小主人，做爸妈的小棉袄，小铠甲，做一些力所能及的家务，为家长减轻一些负担。

（2）与父母多交谈、多汇报。父母太忙，可能回家已经精疲力尽了，鼓励学生这个时候主动跟爸爸妈妈谈心，可以谈论自己的进步，也可以说最近碰到的困难和烦恼，还可以告诉父母自己最近的愿望。只有主动说了，父母才知道自己的全部情况，才能一起分享快乐，一起解决问题。让孩子明白如果凡事等着父母来发现，那么父母有可能因为太忙了，而没有发现自己的难处，这样对自己也没有帮助。

**2. 我们也可以这样建议家长**

（1）设置特定的"亲子共处时间"。不管多么坚强懂事的孩子，都需要父母的关爱和陪伴。因此，父母放假的时候，或者得空的时候，一定要开启属于孩子的"亲子时光"，比如一起聊天，一起运动，一起看电影，一起做家务，或者一起补习老师反馈的孩子还比较薄弱的地方，家长要全身心地陪伴孩子，让孩子感受到父母的爱。要提醒父母，一定要尊重"亲子时光"，不要敷衍，也不要食言，这可是孩子特别看重的。

（2）设置特殊的"亲子沟通方式"。因为各种原因亲子共处时间不够的家庭，家长可以根据自己的情况，设置特别的、可持续的沟通方式，如书信沟通，在家里放置一本用于沟通的本子，每天给孩子留言，孩子也可以回复。

**3. 老师可以这样做**

老师可以了解各个家长和孩子的沟通方式，进而把其中有效的沟通方式共享给家长；如对于学习有困难的学生，进行学习结对，给学生提供一些指导；而对于习惯需要改进的，老师要加强对学生的监督和指导。

# 第三节　班主任与爱挑剔型家长的沟通技巧

爱挑剔型的家长要么把挑剔的眼光对准自己的孩子。孩子谦逊有礼，斯文内秀，家长总说："这孩子，一点都不敢表现自己，一点胆子都没有。"孩子活泼外向，大胆张扬，家长又总是批评孩子："这孩子，怎么每天都像个猴儿一样，大大咧咧的，就不能安静点吗？"

他们也会把挑剔的眼光对准学校和老师。比如明明是自己选课没有关注时间，最后没有选上心仪的课，却对学校的选课制度表示不满；孩子的校服丢了，只怪班级管理不良，而不认为是孩子整理习惯有待加强。这样挑剔的眼光很显然对学生的成长不利。

## 一、如何与爱批评的家长进行沟通

爱批评的家长总是习惯性地批评孩子，在他们眼中，好像孩子浑身上下都是毛病。一些优秀学生的家长在和老师沟通时，聚焦的全是孩子的缺点，明明孩子的学习成绩已经名列班级前茅了："老师，你看，这道题他都错了，这么简单的题目，太不仔细了！""老师，他就喜欢看闲书，让他多写点作业总是不情不愿。"一开始，班主任还以为是家长谦虚的说法，但看到家长和孩子私下里的相处，才发现，家长对自己的孩子太严苛了。而一些学习本来就有困难的学生，在家长喋喋不休的批评中，早已经耷拉了脑袋，眼神都暗淡了。亲子矛盾，大多源于家长的不懂欣赏，也源于家长习惯于用挑剔的眼光来看待孩子。

一年级的学生刚刚开启学习之旅，也开始面对学习的压力，小小的心灵非常需要家长的肯定和鼓励。如果家长一味批评，孩子会缺乏自信，缺少自尊。

老师要怎么引导批评型家长，一起呵护这些可爱的小苗儿呢？

**（一）注意事项**

\* 班主任要了解家长批评的原因，是想激励孩子，对孩子还是有不满。

\* 班主任要了解批评给孩子造成的创伤，给予学生一些心理支持。

\* 班主任要关注持续批评对孩子个性发展产生的影响。

\* 班主任要在家校沟通时，进行赞扬教育的引导。

**（二）具体措施**

**1.遵守"对半原则"** 在家长会上，老师可以专门与家长畅聊亲子沟通的方式，建议他们多采用"肯定（表扬）+ 批评"的方式。我们指出孩子不足的地方，也要去寻找和看见孩子表现很棒的地方。不要天天批评孩子，每天要多发现一些孩子做得好的地方。同时要引导家长合理预期，了解孩子的短处，切不可方方面面都要求孩子出色。

比如今天孩子回家学习拖拖拉拉，可以批评他没有时间观念，浪费时间，学习不够自觉。但批评之后如果发现孩子做得好的地方，如晚饭吃得很干净，吃完饭后会收拾自己的碗筷，会主动削好自己的铅笔，也要不吝表扬。这样孩子既能坚持这些优秀的行为，也会从被批评的情绪中走出来。总之，和孩子一天的交流中，千万不要全部充斥着批评，这样会破坏良好的亲子关系，也会破坏温馨的家庭氛围。

▌2.开展"夸夸节"▌　每个学期在班级设置夸夸节。让学生给爸爸妈妈准备奖状，写一写爸爸妈妈的优点；也让爸爸妈妈给孩子准备奖状，写一写孩子的优点。并且鼓励家长、孩子与奖状合影，记住互相欣赏的时光。每当家长看到孩子稚嫩的画笔、稚嫩的文字时总是特别感动；而孩子看到家长的奖励时，眼中也会闪烁着兴奋的光芒。

▌3.借助班级文化▌　老师要了解自身影响的有限，当我们无法改变一个家庭的教育方式时，可以在班级开展一些活动，比如开展"每日明星"，在班级的电脑桌面上，每天放上一位学生的照片，并在照片上配上醒目的体现他优点的文案，如"听写最细心的人""卫生达人""光盘先行者"等等，并让学生与之合影，把照片发给家长或者发到群里。为经常被批评或较少被表扬的学生提供一些展示的机会，平时遇到机会就夸一夸他的优点，这样学生也能变得自信，而家长可能慢慢地被感染。

我们可以相信歌德这句话："有错必纠是对的，但鼓励他人上进的效果会更好。"

## 二、如何与总是觉得"不公平"的家长进行沟通

家长看重老师的公平，学生也喜欢公平的老师，公平是对学生最大的尊重。

如果有家长认为老师"有失公平"，老师一定要仔细甄别。有些家长是对整件事情不够了解，仅仅了解了片面的信息就下结论。比如"为什么小刚选上了校足球队，我家小明就没选上呢""老师为什么总是叫小花小云小梦他们当领读员，我家小明怎么就没机会"。也有部分家长眼中的"不公平"等于没有偏袒自己的孩子。比如老师让全班学生选举班干部，家长并不会有意见；可是如果自己的孩子落选了，就会觉得不公平。再比如老师把自己孩子的座位排在最中间就是公平，如果排在边角就是"不公平"。对于这种"不公平"，老师一定也要引起重视并且进行引导。因为家长对老师的有些做法不满时，不一定会开诚布公地和老师沟通，部分家长会选择"沉默"应对。这样虽然表面上维持着良好的家校沟通，但其实不利于家校共建。

**（一）注意事项**

\* 班主任要保证家校沟通的畅通，不让家长的不满情绪发酵。

\* 班主任在制定规章和公布赛事的信息时，要做好前置性解释。

\* 班主任的工作要留痕，以备后续解释。

**（二）具体措施**

**▌1. 提前公布 精准解释▌** 当学校或者班级将要开展某项活动时，尤其是存在竞选时，老师一定要做好解释工作，讲明要求和规定，并提醒所有家长查看相关信息和文件。如运动会挑选运动员，是根据体育素质检测的成绩择优选取的；座位按时轮换，每个学生都有可能坐到教室的各个角落；挑选班级的领读员，并不是老师有意偏向哪几个学生，而是朗读的示范作用至关重要，跟读最规范的声音才能对学生有帮助、对全班有帮助，才会入选。这些活动开展之前，一定要对学生和家长都进行介绍，确保人人知晓，不存在误解。

**▌2. 事后反馈 真诚激励▌** 在活动举办后，一些同学选上了，一些同学落选了。个中滋味，各不相同。为了避免家长的误解和不满，老师对活动的情况进行呈现和反馈时，可以辅之以简短的总结，语气要非常诚恳。简要祝贺获胜的同学，也积极肯定每一个敢于参与的同学都有一颗拼搏的心和不断精进的决心。

**▌3. 特殊期待 及时杜绝▌** 对于一些家长需要特殊关照的心理，老师一定要在一年级的时候就开诚布公地表明自己的态度。譬如表示"请家长放心，老师对待全体学生都会一视同仁"。老师会根据学生的个性和特点进行个性指导，如自信心不足的学生，多多鼓励；浮躁的学生，进行约束和转换能量，但不会进行"特殊关照"。事先明确了要求，永远自然也就不好再提出特别要求了。不会不理解了。

**▌4. 处理冲突 全方位沟通▌** 学生之间发生冲突，老师处理不当时，最容易让家长产生老师"处事不公"的看法。学生之间发生冲突时，老师要尽量在学校里把事情处理好，不要等学生回去和家长说，老师要事先把事情全盘和家长讲清楚。因为一些学生为了规避批评，总是挑对自己有利的方面讲，这很容易造成家长对老师的误会。师生如果觉得事情很小，可以友好解决，就不需要跟家长讲，但家长事后又来问时，不管是多小的事情，老师一定要进行全方位地沟通，要找到涉事学生、双方家长、证人，把事情的来龙去脉讲清楚。

## 三、如何与总是认为老师"怠慢"自己的家长进行沟通

有一位班主任特别细心，也喜欢沟通，她每次和家长反馈孩子的事情，都能和家长聊上一阵子，教了几年后，家长们已经习惯了这种反馈方式；后来因为工作变动，这位老师被调走了，班级换了一位班主任，但新接班的班主任个性迥异，她快言快语，做事风风火火，和家长沟通时，往往三两句话就结束了。于是个别家长觉得老师怠慢了自己，怎么一两句话就打发了自己，也太不重视自己的孩子，因此对新班主任心生不满。

很多时候，我们发现家长认为老师"怠慢"了自己的原因主要是来自"对比"，比如就像前面这个案例中前后老师的对比，原来的老师热情，新老师太"冷漠"了；有些家长还会去打听自己班和其他班老师的差别；而家长最在意的是老师怎么对待孩子，为什么老师总是叫小明回答问题，自己的孩子怎么就得不到关注呢？当然，还有家长在乎老师对待家长的态度，怎么老师和小明妈妈有说有笑，碰到自己就没话可讲了呢？很多情况下，家长仅仅是从自己的视角去看待这些事情，很容易陷入误解。因此，为了消除家长觉得老师"怠慢"了自己的看法，我们可以从这些方面着手：

### （一）注意事项

* 班主任既要了解学生，也要了解家长。
* 班主任要让家长了解他的个性和行事风格。
* 班主任在与家长沟通时要让家长感受到温度。
* 班主任要做好前置性解释，避免引发误会。

### （二）具体措施

**1. 全面了解 平稳接班** 班主任在接手班级后要把了解的重点放在学生和家长身上。譬如了解班级的整体情况，了解学生的个性，了解特殊学生的特点，等等。对于家长，了解家长的配合情况，了解家委的分工，了解特殊家长的沟通注意事项，等等。新接手班级的老师还要了解原来的班主任的管理方式和待人处事的风格。在家长会的时候，让家长明确知道，不同的老师有不同的管理风格，接班老师会延续原来班级管理中做得好、有成效并且适合班级发展的方略，但是也有自己的风格和管理方式，在和家长沟通时，也会和原来的班主任有所不同，请大家配合。大家一起磨合，才能让班级走上有序发展的

轨道。

▌**2. 热情沟通 集中突破**▐  其实就算不做对比，家长也更喜欢和热情细致的老师沟通。老师对家长经常只回复"好的"可能会对家长有意见；其实同理，如果老师就回一个"好的"，家长也会同样心生不满。因此，我们在和家长沟通时，如家长说："张老师，小明的语文书忘带了，我现在放在保安室了，您下课让他来拿一下。"如果仅仅是事务性回复，我们的确可以简单回一个"好的"。但其实完全可以加一个小表情，或者使用更活泼的语气，如"好的呢"，让双方的沟通更亲切。而对于家长反馈性的沟通，如"老师，小明最近在家里老是偷偷地玩 IPad，心思也不在学习上，我都愁死了"，老师可以选取空闲的时间，深刻地和家长聊一下这些话题，分析原因，提供对策，让家长不焦虑，获得处理此类问题的方法。对于一些询问性的沟通也是如此，如"老师，这次选课您觉得小明适合选什么课"，如果只回复"书法课"，就太过于生硬简单，可以结合学生的特点给家长一些建议。这样家长在和老师沟通时就会觉得老师重视自己的孩子，尊重自己，也就不会有被"怠慢"的感觉。同时在家长会上老师也要告知，如果老师回复得很简单，那也是因为工作繁忙，无法长久地交谈，请家长理解。

▌**3. 平等公正地对待学生**▐  家长最讨厌区别对待的老师，比如对优等生宽容，对学困生没有好脸色，小学生能感觉到，家长也会很有意见，进而被怠慢的感觉会演变成敌对感。因此，老师一定要平等地对待每一个学生。但对于不同的学生，老师应该因材施教，采用不同的教育方法，所以，老师在家长会和班级群里可以做一些解释性的介绍：对于举手，老师会给予每一个学生机会，但因为一节课能够回答问题的机会有限，老师会整体权衡，这堂课某些学生没有回答问题，下一堂课会优先给予机会；对于和学生的沟通，内向胆小的学生，老师偏向于采用和风细雨的沟通方式；而对于顽皮、不自律的学生，老师可能会很严厉。因此并不是老师对学生区别对待，而是老师针对学生不同的"小毛病"，给予合适的"药方"，要让家长认可并且理解老师的用心。

## 四、如何与对任课老师有偏见的家长进行沟通

家长对任课老师不满，是一件非常正常的事情，老师要以平常心看待。毕

竟每个人看法不一，再优秀的老师也很难让所有家长满意。当然，班上很多家长都对某个老师表示不满时，班主任一定要进行调查，并且给家长做好解释工作。

一般情况下，家长向班主任表达对某个任课老师的不满，无非有这些方面的原因：认为任课老师太年轻，没有教学经验；任课老师在学生的某件事情上处理不当，引发家长不满；任课老师的某些方面让家长难以接受，如作业布置过多，作业布置过少，作业要求家长批改，等等。也有一些特殊情况，比如任课老师在担任副班主任的班级花费时间较多，而在自己孩子所在的班级辅导的时间太少；任课老师太严厉，让刚上学的学生感到害怕……

不管是何种原因，当家长跟班主任反馈时，班主任首先要表扬家长，如"谢谢小明妈妈对我的信任，您把事情告诉我，我们才能一起合力解决这个问题。如果您要是不说，我一不知道，二有可能让事情严重化。您真是智慧的家长，明白问题只有主动去解决才能消除。"然后再追问一些细节，务必将事情原委了解清楚，才能开展工作，消除隔阂。

那么班主任应如何解开家长对任课老师的心结呢？

**（一）注意事项**

* 班主任不要偏听，要多方调查，了解全貌。

* 班主任要重视对家长的情绪引导，先从情绪入手。

* 班主任要重视孩子的桥梁作用，扭转家长的态度。

* 班主任要全面了解任课老师和学生的心声。

* 班主任要让家长明白任课老师的付出

**（二）具体措施**

**1.定期反馈 给予安全感** 很多家长孩子一换老师就心生焦虑，担心孩子适应不过来，会影响学习。这个时候，班主任和任课老师要一起做好反馈工作，及时反馈学生在学科上的表现，尤其要多表扬学生，碰到有困难的学生，要及时沟通，避免学生情况严重化，同时给予一些专业的指导，让家长能感受到老师的专业性。这样家长就不会因为不知晓孩子的在校学习情况而胡乱猜疑，就会放心很多。同时班主任也可以多夸赞一下任课老师，如作业整理课、晚托课任课老师额外抽出时间来班级辅导，学生们也学得很用心。通过文字和照片的结合，让家长对任课老师更加信任。

**2. 告知利害 家校一条心** 有些学生会因为一些小事产生情绪，讨厌或者害怕上某门课，或者讨厌某个老师。小学生的情绪都很直接，有时候被老师严厉批评了就会记恨老师，甚至通过上课不配合、不听课来对抗老师。当学生回家对家长表达"我讨厌某某老师""某某老师批评我"，或者"某某老师对我很凶"，有些家长一下就被孩子的情绪煽动了，并且还会当着孩子的面批评老师，或者诋毁老师。班主任要及时告诉家长：这是非常危险的，如果因为讨厌一个老师，而讨厌一门学科，可能会影响学生的学习生涯，那么学生才是最大的受害者。因此遇到这样的情况，班主任要告知家长不要去"添柴"，而要去"灭火"。帮助家长消除孩子的这种负面情绪，并通过积极鼓励，让孩子重新喜欢上这门课，重新恢复对老师的喜爱。

**3. 担当桥梁 师生拧成绳** 当家长跟班主任反馈任课老师的事情后，班主任可以作为中间人委婉地向两边传话，也可以建议任课老师主动和家长进行沟通解释；同时应跟进这件事情的处理进展，了解家长后面的想法，以推动矛盾彻底解决，让任课老师和家长、学生之间重新修好。如果是多位家长对某一位老师不放心，班主任还可以邀请任课老师一起参加班级活动，拉近任课老师和学生之间的距离，让学生去影响家长。因为任何一个家长都不会对学生喜欢的老师有意见。

# 第四节　班主任与"假专家"型家长的沟通技巧

随着家长对孩子教育的日益重视，家长的自主学习能力也在不断提升。我们身边不乏专家型家长，不仅了解孩子的身心特点，也懂得科学的育儿方法，并且能言传身教地引领孩子成长。当然，也会出现一些"假专家"型家长，会以偏颇的眼光来看待教育现象，或者忍不住想要对班级的管理施加影响，给班主任的管理工作增加了一些干扰。那么对于家长的这份"热心"，我们该如何处理呢？

## 一、如何与喜欢"干涉"的家长进行沟通

随着家长对家庭教育的重视程度日益加深，以及对教育手段的不断探索与

了解，家长正以前所未有的热情，全身心关注孩子成长的每一个细节，不仅关注着孩子的学业进步，更密切关注着班级的整体发展动态。

在这一背景下，"家长干涉班主任的工作"这一传统观念显然已不合时宜，它错误地将家长置于了教育的对立面。实则不然，当家长对班级管理和班级发展积极提出建设性意见时，这恰恰是家长"共营"班级、携手育人的重要体现。班级，这个孩子们学习与成长的温馨港湾，不应仅仅是班主任一人的责任田，它同样属于每一位学生、每一位任课教师，以及每一位心系孩子未来的家长。

一年级班主任跟家长也是刚开始打交道，我们要通过接触和分析，了解家长的干涉属于哪一种类型的干涉。

一些家长完全是出于热心。例如："老师，六一节到了，我们是不是要开始准备学生的礼物了。""老师，我看到很多班级都有绿植，我们班是不是也应该养护一些绿植？"对于这样的家长，我们要表示感谢，感谢他们对班级工作的关注和热心，也要保护他们的热心，对于他们的提议热情地给予回复。当然，班主任不能照单全收，仍要在班级整体建设规划的视角下，有选择性地采用合适的建议。

当然也有一些家长是出于私利，是为了自己孩子的利益去来提建议。例如："老师，我们这次班级活动就举办班级义卖吧，我们小明非常喜欢义卖活动。""老师，我们家小明一直在外面学习足球，这次校长杯就让他上场吧！他很适合当前锋的。"针对这种情况，班主任不要反感，而是要平和地解释，一切按班约校规行事，不对任何学生特殊对待。

最棘手的是家长对于老师的做法的质疑和不认同。例如："老师，我觉得语文总是布置一些抄抄写写的基础作业，对学生的能力提升没有帮助，应该多布置一些思维提升的作业。""老师，我觉得每天都应该组织学生进行户外活动，这样就能减少近视。"针对这些情况，老师要公开进行回答，从实际情况出发进行剖析解说，让家校沟通保持畅通和谐。

分析了家长干涉班级事务的原因，我们可以从这几个方面来引导家校共建：

**（一）注意事项**

\* 班主任要维护班级群的秩序和家校之间的和谐。

\* 班主任要做好各项制度和活动的解释工作。

\* 对于家长的提议,班主任要有保留的接纳或礼貌性地拒绝。

**(二)具体措施**

**1.从旁观走向真管** 我国的教育专业化在不断的发展,但是很多家长只了解教育的表象。比如有些家长认为排座位最重要的依据是个子的高矮,其实不然,一些学生因为某些特殊原因,如注意力比较差、学习能力相对比较弱,如果仅仅因为个子高就排在后面,那么他就很难形成良好的听课习惯,老师为此考虑,也会将他排在前面。所以班主任要在这方面做好家长的工作。比如有一位家长多次因为老师不及时回复或者忘记回复她的短信,对老师非常不满。虽然老师做了多次解释,表示因为忙于工作,没法及时回复,后面又忘记了回复,但家长一直没有接纳。为此,老师在班级活动时多次邀请了该家长来参加活动,该家长亲眼看到了老师一天中工作的繁忙,一个课间老师可能要处理七八个告状,每节课都在不停地忙碌。该家长终于见到了老师真实的工作状态,再也不计较之前不回复的事情了,反而变得体谅和配合老师。

**2.提议而非决策** 在家长会上,一年级班主任可以告诉家长,老师非常欢迎家长们共同管理班级事务,并提出宝贵的意见;但每一个提议和建议,老师都会在通盘考虑整个班级的情况下做出相应的取舍,适合班级的会采纳,而不适合班级的就不会采纳。比如在布置作业方面,老师会根据年段和学情,布置适合学生能力发展的作业;并不是思维含量越高的作业就是更好的作业。而家长可以根据自己孩子的情况,给予调整。

## 二、如何与信奉"快乐教育"的家长进行沟通

一些家长因为对现在过于"卷"的教育现状不满,为了让孩子的身心健康发展,于是站队"快乐教育";也有家长认为"双减"政策的实施,就是让家长关注孩子的全面发展,就是让大家向"快乐教育"看齐;还有家长不忍孩子学习太苦太累,用"快乐教育"作为挡箭牌。

其实很少有家长真正理解"快乐教育"。"快乐教育"的理念出自社会学家赫伯特·斯宾塞,他在《斯宾塞的快乐教育》中写道:"如果教育的目的是让孩子成为一个幸福快乐的人,那么教育的手段和方法也应该是快乐的。""快乐教育"其实就是激发学生学习的主动性和能动性,让学生"好学""乐学",体

验到学习带来的快乐。但多数家长在听到快乐教育时，更关注的是"快乐"二字，而忽视了"教育"二字。家长对孩子的行为不加约束，放松对孩子学习的要求，接受孩子懒散的学习状态。这样的教育，其实是把快乐等同于舒适安逸、不受约束。

"老师，小明觉得拼音拼读很枯燥，我就没有让他每天拼读。"

"老师，你也知道，我们家因为拆迁，生活是有保障的，也就不需要在学习上这么逼孩子。他能开开心心就行。"

真正的"快乐教育"并不是以学生的快乐为中心，而是以学生的成长为中心。我们当然不建议一年级的班主任和家长据理力争，试图去扭转家长的教育观念；但仍要积极沟通，让家长看到片面"快乐教育"的弊端，也让家长真正理解"快乐教育"的内涵。

**（一）注意事项**

\* 班主任要避免不良风气的扩大。

\* 班主任要委婉纠正片面的"快乐教育"观念。

\* 班主任要引导家长正视孩子的成长。

\* 班主任要引导学生的习惯培养和品格塑造。

**（二）具体措施**

**1. 快乐不乘于不管**　接受片面"快乐教育"的学生在习惯养成方面会出现很多问题，譬如有的家长不忍心把熟睡的孩子叫醒，造成孩子经常迟到，缺乏时间观念；有的家长对于孩子的拖拉束手无策，孩子很多事情都完成不了，家长也只能不了了之；有的家长心疼孩子写作业太累，就帮孩子代劳。这些不良习惯如果不及时纠正，就会对学生的成长造成不好的影响。因此不管家长出于何种理由表示要降低要求，老师仍然要坚持要求，并告知家长学生习惯养成的重要性，通过持续反馈和跟进，引导学生养成良好的习惯。

**2. 寻找快乐的榜样**　家长之所以选择"快乐教育"，是因为总是片面地认为学习是很苦的事情。因此，老师可以在班级里寻找快乐学习的情况，比如学生陶醉在课文的故事中，沉浸在阅读的快乐中，感受到解出一道题的乐趣。这时老师可以把这些画面拍摄下来发到家长群里，加以文字描述，让家长看到学习也是一件很快乐的事情。

**3. 体验真正的快乐**　每一个学生，只要引导得当，都能体会到学习的快乐。因此，老师要善于引导被"快乐教育"惯坏的学生去体验学习的乐趣，并积极发现属于他自己的快乐。如发挥学生的特长，譬如小明虽然懒散，但是朗读非常棒，就让他当领读员，把他声情并茂的领读录下来，发在班级群进行表扬，或者私下发给家长进行表扬；小丽虽然学习方面还有较大的进步空间，但是书法写得好，因此可以大力夸赞她写字时投入的状态，同时引导她把这种状态转移到其他方面，并对每一次进步进行表扬，也让家长看到自家孩子的进步，一起促进学生成长。

### 三、如何与背后"唱反调"的家长进行沟通

家校沟通不是老师的一言堂，要允许家长有自己的看法。作为班主任，对于家长"唱反调"不能只是反驳，而是要多一些耐心和宽容去了解背后的原因。随着家校沟通的开放性，我们不难听见一些不一样的声音。

"老师，刚入学买了好几套校服，现在又要买演出服，我觉得没什么必要！"

"老师，我们都尽量不让孩子接触手机，可是这些打卡的作业又不得不让孩子接触手机，孩子自觉性差，有时候没有盯住，就玩手机。这些打卡作业是帮孩子，还是害孩子啊。"

当这些声音出现在家长群时，班主任一定要冷静，千万不要直接地认为家长是不配合老师，故意为难老师。其实，我们有时候还要欣赏和感谢这些家长，因为他们能公开表达自己的想法，其实就是想要一起商讨、解决问题。因为相比在背后发表怨言、煽动舆论，我们更希望家长能用这种公开的方式提出问题。

**（一）注意事项**

＊ 班主任要及时倾听和调查家长的诉求。

＊ 班主任要及时解决问题，避免问题严重化。

＊ 班主任要引导积极的班级舆论。

**（二）具体措施**

**▌1.化解分歧三步走▐** 建立共识。老师要表明自己的态度，当大家对班级的一些事务有不一样观点的时候，欢迎公开地表达出来，因为每个人都有表达自己观点的权利，班级是一个很民主的大集体；只是建议大家只陈述观点，不要带着情绪，这样才能有助于沟通。老师还可以补充意见，比如"大家也可以

私下和老师单独沟通，但不建议在班级群或者和少量家长抱怨，这样老师也不知道大家的想法，也就没法更好地做好这件事情"。（3）做好解释。老师要全面详细地解释各项工作，比如买演出服是为了演出效果，为了让学生们呈现最棒的状态，让学生们更全情地投入；讲清楚活动的要求和参加活动的目标，让家长了解活动的全貌。（4）表达尊重。家长如果仍然坚持自己的观点，老师也要表示尊重。如果是个人的问题，以家长的决定为主；如果是班级整体事务，就以多数人的态度，或者班主任从建设班级的出发点来决定。

**2.家校引导一条线** 家长"唱反调"还有这样的情况，家长在孩子的面前批评老师。这种情况，会大大降低老师在学生心目中的威信，"亲其师则信其道"，反之，若家长带着不信任的态度去面对老师的教导，教育效果也会大打折扣。因此针对这种情况，老师在和家长沟通时，要明确告知，家长可以保留自己的看法，但是不应该对学生的想法产生干扰，从利于学生的学习和发展来看，家校统一才是最有效的育人方式。

**3.夫妻教导一条心** 家长"唱反调"的另外一种情况是夫妻双方互相"唱反调"。爸爸认为当天的作业再晚也要写完，而妈妈心疼孩子，认为太晚了，就不要写了，可以改天再写；爸爸认为偶尔吃点零食并无大碍，而妈妈一直严守饮食"规定"，不允许孩子触碰半点零食。在这样的对立矛盾中，学生的价值观会变得非常混乱，不知道哪一方才是自己应该遵循的；日常行为也会变得容易投机要滑：作业写不完，就跟妈妈哭诉；想吃零食了，就逮着和爸爸在一起的机会。针对这种情况，老师在和家长沟通的时候也同样要告知，家长观念统一执行的重要性，这样才能帮助学生树立稳定健康的价值观。

同时，班主任还要有自我保护意识和前置性落实工作的习惯。我们经常看到家长因为某些事情不满，一激动就把老师给投诉了。比如在老师不知情的情况下，家长在群里讨论教师节送不送礼的事情，因为意见不统一就把老师给投诉了。而这种情况，很多时候是由于家长对家委会抱着不信任的眼光，总觉得家委会是用大家的钱来讨好班主任。为了杜绝这种情况，班主任在家长会时就要特别强调：家委会的作用只是为了辅助班主任做一些事务性的工作，绝没有其他作用，家委会的工作会公开公正地运行，也欢迎大家监督，如果家长不放心，也欢迎加入家委会一起为班级出力。同时也制定家委会职责制度，明确只能讨论执行老师授权的工作，不能私自组织其他工作，以免制造不必要的纠纷。

## 四、如何与喜欢在班级群发表"高论"的家长进行沟通

初次开家长会的时候，班主任就已经在班级群里发布了群公约：避免班级群成为家长发泄情绪的平台；避免在班级群发表负能量信息；避免在班级群发布与孩子学习无关的信息。家长们非常配合。但偶尔仍有家长喜欢发表"高论"，有些是对近期的一些教育动态的点评，有些是对一些教育政策的看法，有时候也会表达对学校举办的活动的评判。针对这种情况，班主任要注意引导。

### （一）注意事项

* 班主任要引导家长遵守班级群公约。
* 班主任要营造团结的班级氛围。
* 班主任要关注班级舆论，引导健康的班级舆论。

### （二）具体措施

**1. 提供舞台 发挥作用** 家长喜欢发表"高论"，说明是爱分享型的家长，班主任可以合理地引导。如可以邀请家长参与"家长课堂"，让家长尽情发挥特长，为学生带来精彩的一课；也可以邀请家长在家长会时进行分享，和家长们一起共同交流育儿的方法；甚至还可以邀请家长作为学生小队活动的顾问，为学生们顺利开展活动提供助力，每个家长都要遵守班级群的群规。班主任仍需要委婉告知家长，班级群是用来进行班级事务沟通的平台，若有个人看法，欢迎和老师私下沟通交流。

**2. 遵守公约 不谈私事** 家长会在群里分享一些自己孩子的表现，比如竞赛得奖了，孩子认真写作业了，或者孩子参加一些活动的记录等，这些有意无意地分享，其实是为了让老师知道自己孩子很优秀，但这种操作，容易煽动班级攀比的风气。老师可以私下委婉地告知此类家长：班级群以班级事务为主，为了避免覆盖班级重要信息，请家长不要随意在班级群内发布个人的信息。当然，不要忘了夸赞学生的优秀表现，让家长能够愉悦地接纳老师的建议。

**3. 及时调解 化解矛盾** 当家长因孩子受"欺负"而在班级群里公开指责对方家长时，班主任需迅速行动，温柔引导。应提醒家长，关于孩子的个别问题，最好私下与老师沟通；同时，再次强调班级群规，呼吁大家共同遵守，为

孩子们创造一个健康和谐的成长环境。在与家长私下交流时，班主任的态度要和缓，要理解家长虽知群规却仍发不当言论背后必有原因。因此，首先要安抚家长的情绪，再着手解决问题。若家长一时难以启齿，老师不必急于追问，但要传达以下几点想法：（1）家长在群里的形象与孩子紧密相连，不当言论可能会给孩子带来不必要的困扰。（2）公开表达不满虽直接，却非最佳解决之道，还可能激化矛盾。唯有冷静协商，才能真正解决问题。（3）老师会公平公正地处理每一件事，不偏袒任何一方，希望班级能团结和谐。（4）如果家长现在不想多说，可以等准备好后再找老师。无论何时，老师都会与家长并肩作战，共同圆满解决问题。

# 附　录

## 附录一　家长会发言稿案例

### 幸福牵手　我们一起走

亲爱的家长朋友们，大家晚上好！

因为还有部分学生和家长没有和我见过面，我先自我介绍一下，我是105班的班主任兼语文教师张老师，很高兴和咱们的孩子结缘，与各位相伴，助力您的孩子成长。

今天是一个不平凡的日子，因为孩子们要上小学啦！这是他们成长历程中很重要的一个时间节点！

前几天家访，就有学生问我："我们的校长是谁？老师长什么样？"可见学生们对上小学充满了期待。

小学的第一次家长会，是您和孩子第一次了解学校、了解老师的重要会议，也是第一次学做小学家长的培训，还希望家长们专心听讲，认真做好笔记，您认真的样子就是孩子学习的榜样。

虽然，我们来自不同的地方，但我相信：我们对孩子成长的期待，对孩子学习新征程的期待是一致的。

"百年修得同船渡"，茫茫人海，能成为您孩子的老师、班主任，是一种难得的缘分，我非常珍惜这样的缘分。每次任教一个新的班级，从拿到班级名单的那一刻起，我就会一个一个细数名单上的名字，在心里告诉自己，这是我的班级，这是我班的学生，这是我班的家长！每做一件事，我始终把"更有利于学生的发展，更有利于学生健康成长"作为目标，努力在班级中营造积极向上的氛围，激励学生成为最好的自己。也许就是这样的真诚，这样的踏实，这样的爱，让我所任教班级的学生和家长都能毫无隔阂地接纳我，视我为知心人。正是这份信任与认可，让我幸福地走在教育的路上。

我是一名有三十二年教龄的教师，学习能力相比年轻人会弱一些，带班的过程中，肯定有很多事情需要我们家长来协助。但是，我有 6 次带一年级学生的经历，有当母亲的经验。我能把自己成功的经验再次付诸实践，并指导大家从我失败的经历中学习教训，避开育儿的雷区，这也是一种优势。我相信：只要我们理念达成共识，思想保持一致，行动相扶相助，我们 105 班的学生，一定会快乐幸福成长！

前几天家访的时候，有家长和我说："张老师，孩子要读一年级了，我们没有经验，好紧张，比孩子还紧张。"我想，这可能是大多数家长的想法。紧张，是因为我们对孩子有期待，又不知道孩子上学后会出现什么情况，出现了状况不知道该怎么办。

这是一种好现象，说明我们的家长对孩子的教育是非常重视的。那么，就从今天开始，让我们学做淡定而优秀的家长吧！

孩子上学了，对于您和孩子来说，意味着作息时间的改变，生活学习内容的改变，关注点的改变。一年级是孩子成长过程中一个重大的转折点，通过这几天家访接触以及最近钉钉群上的交流，我已经明显地感受到了我们班家长对孩子教育的重视，对班级工作的热情支持，以及家长们满满的正能量！接下来的日子，我将会把您的孩子当作自己的孩子一样来呵护，把您当作我的盟友，当作我的兄弟姐妹。当然，我也希望您把我当成自己人，当成朋友，携手助力孩子成长。

今天的家长会，我将从以下几个方面进行介绍：

下面我来介绍我们班的任课老师。（此部分根据实际情况介绍）

为了班级之后的教学工作能正常展开有些事项要和家长事先约定一下。

1. 家长群交流约定：之前我已经在班级钉钉群里转发了家长群公约，看到多数家长都已经阅读了。这些天，我们家长在群里的互动都非常文明，只交流班级和孩子的事情，为你们点赞！这里还要给大家一些温馨的提醒：

（1）请大家记得置顶班级群。

（2）老师发在群里需要填写的表格，大家一定要记得及时填写，方便老师统计。如果老师发了需要确认的通知，请大家记得确认。

（3）有个人问题请私信老师，不要打扰群内其他家长。私信沟通能让老师的解答更有针对性。

（4）班级群、钉钉群，都是公共平台，请注意个人言论是否合适，只发正能量的、跟班级管理有关的话语。相信我们一定可以营造一个温暖、正能量满满的班级群。

（5）如果您联系老师却没有及时收到回复，请不要生气，老师们上课的时候不能接听电话、不方便查看信息。您可以留言，老师空下来的时候一定会回复您请相互理解。

2. 文明接送约定：

为了保证学生上下学的安全，请家长注意以下几个事项：

（1）关于接送方式

汽车接送：汽车不可以在校门口停留，请将汽车停到指定停车场。

电动车接送：家长、学生都得戴头盔，不可以在校门口、车道上随意停车，请将电动车停在非机动车道上，再让学生下车安全进入校园。安全无小事，不存侥幸心理。

步行接送：一年级学生太小，要保证他们的安全，不可以让他们自行回家，家人一定要接送。

（2）关于接送时间：一定要按时上学，无特殊情况不迟到，最好也不过早到校。送孩子的时候务必送到学校门口，看着孩子入校后再离开。如有特殊情况不能按时接送，请提前告知老师。

（3）关于接送的秩序：放学接送时骑车、开车的家长请听从学校保安人员的指挥、引导并给孩子做榜样；尊重学校的一切工作人员（保安、值周老师、护学岗家长），如果有合理的建议可以及时私信班主任。嘱咐孩子如果找不到家长一定不要离开学校，要紧跟老师。

3. 日常教学中的约定：

如果孩子身体有发热、咳嗽、呕吐等特殊情况，切不可带病上学，一定要及时带孩子去就诊，康复后方可入学。因为孩子们在一个班级里学习、生活，很容易发生交叉感染，特别是患流感、水痘、诺如、猩红热等传染病。

（1）我们的入学提醒：

通过家访和表格统计，我们了解到家长已经为孩子准备了完备的学习工具，全班都征订了校服。下面还有一些事情再温馨提醒一下：

①给物品贴上姓名标签：各种文具，能贴上名字的都贴上自己孩子的名

字，能缝的也都缝上。一年级学生丢失物品的"本领"非常强，如果有姓名标签的话，找回的可能性会大一些。

②统一姓名标签位置：校服、课本的姓名标签，要贴在老师规定的地方，这样既美观，又方便遗失时寻找。

③未经允许不能带入校园的物品：零食、饮料等食品；小刀、尖头剪刀等尖锐物品；游戏卡片以及各种玩具；手机、相机、电子手表等贵重物品。

④按规定的时间表上学，培养孩子的时间观念，具体时间表和课程表请惠存。

（2）我们的教室布置

我们共同的期待是把班级建设好，让每一个孩子全面发展。为此，我们要努力营造一个积极、和谐的班级氛围。教室布置需要我们每一位家长配合。

教室布置是班级文化建设的重要内容。开学之初，班级文化建设方面主要有这几件事情需要落实：

①教室的布置

②置物架的购买

③图书角的布置

④班级绿色植物的购置

⑤班级评比栏的设计与布置

班级文化的创建是班级个性化的工作，需要大家群策群力。大家有好的设想可以和老师沟通，有好的资源大家一起分享。

（3）我们的智慧家长：

孩子上一年级了，正式走上了学习的旅程。孩子的生活方式发生了转变，家长也要做出相应的转变，给予孩子足够的陪伴和帮助。为了做智慧父母，育幸福孩童，我们可以从这几个方面着手：

①高质量地陪伴

一年级是孩子习惯建立的关键期，独立写作业、自主阅读、书写工整等习惯的养成都需要家长的监督。父母要尽可能保证至少有一方陪伴孩子的家庭学习活动，给孩子营造良好的家庭学习环境，培养孩子良好的学习习惯，提高孩子的学习效率。

在这几天家访的过程中，我了解到班上一些家长为了孩子的学习做了很多努力，有的家长为了方便接送孩子调整工作，有的家长为了孩子上下学方便把房子租到学校旁边的小区。困难谁都有，而办法总比困难多，我为家长们的这种意识点赞，也为家长的这份责任感动。

②平和的心态

每个孩子都是独一无二的天使，要正确看待孩子的成长过程，尤其是当孩子犯错时或有不足的地方。

③正向的沟通

家长要多与孩子做正向沟通。孩子若回家和您说学校的生活，这时候是最佳的引导时机。可以多问问：今天学了哪些知识？有没有交到好朋友？有什么开心的事？今天你举手发言了几次？……

少做负面的引导性询问：有没有做坏事？有没有打架？有没有被人欺负？……您往哪儿引导，孩子可能就会往哪儿发展。您经常正面引导他，他关注的就是正面的信息；您引导他关注矛盾、摩擦，他的注意力就聚焦在这些方面。

如果孩子回家告诉您，他与同学发生了矛盾，请您与老师做好沟通，并提醒孩子，在学校时也要第一时间告诉老师，这样能更快更好地解决问题。

在校园生活中，一年级孩子之间的相互摩擦是避免不了的，如果没有受伤，只是无意地磕碰，大家不要太计较，这也是孩子成长的一种历练。开学后的两个月是习惯的养成期，老师会很严格，如果您的孩子被老师批评了，不高兴了，家长千万不要兴师动众，而要关注孩子的哪个习惯需要培养。

④积极地配合

班级是一个大集体，集体需要凝聚力，只有做好家校配合，我们才能建立最棒的集体。家长需要合理安排接送孩子的时间；需要指导孩子学会自己整理书包；需要指导孩子准备好第二天的学习用品和生活用品。让孩子检查：铅笔有没有刨好？橡皮有没有放进铅笔盒？纸巾、水杯等有没有装入书包固定的位置？第二天要穿的校服是否准备好？家长需要合理安排学生的作息时间：晚上尽量9点前睡觉，早晨7点左右起床，努力培养孩子按时起床、洗漱、出门前检查学习用品和生活用品的习惯。

⑤家委会的成立

在班级管理中，家委会的作用不言而喻。我们班级家委会的招募岗位和各个岗位的职责后续会发给大家。请大家知悉，也请家长们积极报名，为班级出力，万分感谢。

（4）我们的共识

①亲其师，信其道

不在孩子面前议论老师的不是，也不在家长群、校门口等公众场合随意谈论。请家长在孩子面前维持好老师的形象。老师一定教不好不尊重老师的家长的孩子。"金无足赤，人无完人"，某个老师，包括我，在教育教学方面肯定有不尽如人意的地方，有此类问题请家长私下与老师沟通。

②尽诚心，使尽力

孩子的事情是最重要的。班级里有需要您协助的地方，希望家长们能多多配合，为创建和谐向上的班集体尽诚心，使尽力。

③大格局，莫计较

我们的孩子同在一个班集体，学习、活动过程中难免会产生摩擦，如果只是一些小事，家长们要多包容，莫斤斤计较。家委会和老师在工作的过程中有处理不当的地方，也希望家长们用合适的方式进行沟通。

④大集体，齐步走

如果学校里开展活动，我们有需要统一购买的物品，请家长们尊重集体的建议，大局为重，听指挥，齐步走。

最后，也请家长们相信我，我会用我的爱心、责任心，细心地呵护您的孩子，与你们一起，助力孩子健康成长。我希望和全体家长一起帮助孩子走好他们人生当中的这一段崭新美好的旅程。谢谢大家！

# 附录二　关于座位安排的家校沟通案例

开学一星期后，我根据学生的身高以及平时对学生的观察了解安排好了座位，这时小周同学的妈妈私聊了我。（小周是一个个子比较高、爱讲话的学生，平时课堂上经常主动找别的同学讲话，上课注意力也不够集中，经常手里玩小东西，老师已经多次提醒过了，但没有改变。）

周妈妈：老师，我们家孩子平时注意力不集中，爱搞小动作，坐在后面视线也不太好，能不能给我们调到前面一点呀？

我：周妈妈你好，这个位置的安排呢，我是综合考虑了才这样安排的。孩子身高已经是班级前几名了，如果排前面容易挡住别人。

周妈妈：老师，我们孩子坐在太后面，看不太清楚呢！

我：周妈妈，我们班级这样的座位安排，即使是最后一排也是能看清黑板的，位置间距也是比较合理的。组与组之间我们也是每两个星期就会轮换一次，每个人都会有坐在中间位置的机会，是比较公平的。如果孩子看不清，近视或者散光，要去专业的医院，听医生的建议佩戴一副眼镜或者矫正治疗。

周妈妈：老师，我们孩子上课注意力不集中，坐在后面就更容易分心了，要不您让他坐讲台旁边吧，这样他可能听话些。

我：周妈妈，班级座位的安排我是综合考虑的，一般不能随意调整。现在我们讲合作学习，如果把孩子孤零零地放在讲台旁，他会没有合作学习这样的意识的，你看看现在他周围的同学，都是相对来说比较自觉的孩子，也可以帮帮他，同学们身上都有值得学习的优点，可以相互学习。而且不是说坐在后排我们老师就关注得少了，对每个孩子我们都是同样关注的，我也会和任课老师做好沟通，上课孩子注意力不集中时就叮嘱他一下。但孩子在成长过程中不可能不受环境影响，要学会适应环境。

周妈妈：好的老师，那就辛苦汪老师多多关注下我们家孩子。

通过沟通，我发现小周妈妈其实是认为孩子坐在后排老师的关注度会减少，她担心孩子会被忽视。这个时候我马上明确告诉她老师会关注到每一个孩子，让她放心，同时让她明白孩子要去适应这个环境，向周围优秀的人学习，努力改变自己的不足。

为了让小周妈妈放心，我每天都向她反馈孩子的在校表现，同时我也适时对小周进行表扬。每天在全班面前表扬坐在后排的学生，虽然坐在后面，但是听得最认真，老师可喜欢了。小朋友们在得到鼓励和表扬后，更认真了。后面小周妈妈还发消息和我说："谢谢老师，我们小周说最喜欢坐在后面了，老师今天又表扬他了，现在学习也学得可起劲了，真的太感谢汪老师了。"

学生坐在哪儿，和谁同桌，看似是小问题，实则里面藏着大学问！安排座位是班级管理中一项重要的工作，有可能牵一发而动全身，也有可能就此引发家校矛盾，所以安排座位不仅要有合理的方法，还要照顾到家长、学生的情绪。

# 附录三　一年级亲子活动实施案例

## 亲子游戏活动的实施案例

每个学生都喜欢玩游戏。游戏本身就是一种学习方式，是学生获得经验、发展智能的妙方，也是培养学生创造力、想象力、探索冒险精神的一种方式。亲子游戏不仅有益于家长和学生之间的情感交流，增进亲子关系，还有利于学生各方面的发展。在亲子游戏的过程中，学生能够获得待人接物的方法，并学会将方法迁移运用到现实生活中。

教师可以帮助家长发现近段时间孩子的需求，根据需求设计简单的游戏，让孩子在游戏中获取学习、生活的经验，学会与人交往，学会学习。以下是一年级亲子游戏活动的几个实施案例。

### 亲子游戏一：拼图成画

**准备物品：几个信封**

在信封内放有一幅被撕成若干碎片的画。

**游戏目标：**

1.培养孩子独立判断、分析并解决问题的能力。

2.培养孩子的语言表达能力、反应能力。

**游戏人员：**

父母双方、孩子。

**游戏方法：**

1.每人挑选一个信封。

2.打开信封，独自研究信封中的图画碎片。

3.根据图画碎片，拼成一幅完整的画，并用一句话表达图画内容。

4.比比谁拼得又快又好。

**注意事项：**

父母要做一个安静的陪伴者，不催促，多鼓励。

"拼图成画"游戏不仅可以训练孩子在短时间内的独立判断、分析问题的能力，还能训练孩子的反应能力。还可以将游戏中的图画换成汉字，也就是在信封中放若干小纸条，每张纸条上写一个字，让孩子用这些字拼成一句话，这样也能训练孩子的语言表达能力，潜移默化中也在复习学科知识，可谓一举两得。

### 亲子游戏二：猜字谜

**准备物品：**

几张纸或一块写字板，在上面写上需要猜的汉字。

**游戏目标：**

1.培养孩子与父母的合作能力。

2.培养孩子的领悟能力，身体协调能力。

**游戏人员：**

父母双方、孩子。

**游戏方法：**

1.一人裁判，两人游戏。

2.裁判在纸上或写字板上写上汉字，给一人看。

3.看的人用肢体语言描绘文字的内容，不能说话。

4.另一人根据看的人的肢体语言猜汉字。

5.双方交换，谁猜得多谁获胜。

**注意事项：**

父母要做一个安静的陪伴者，不催促，多鼓励。鼓励孩子多思考、分析、判断。

"猜字谜"游戏可以结合孩子最近学过的生字，通过游戏的形式，帮助孩子复习、提高。不仅可以训练孩子在短时间内的判断能力，也可以培养孩子的理解能力、领悟能力。

### 亲子游戏三：舒尔特方格

**准备物品：**

自制若干 5×5 的舒尔特方格，在方格内任意填上 1~15 的数字。

**游戏目标：**

培养孩子的注意力、手脑并用的能力。

**游戏人员：**

父母双方、孩子。

**游戏方法：**

1. 一人裁判，两人游戏。

2. 从 1 开始，边念边指出相应的数字。一人完成后换另一人。

3. 裁判记录双方使用的时间。

**注意事项：**

坚持练习舒尔特方格可以有效提高孩子注意力的稳定性，提高注意力的广度。当 25 格已经难不倒孩子时，家长可以制作 36 格、49 格、64 格、81 格的方格。方格内不光可以填写数字，也可以填写一首诗、一篇需要背诵的课文等。

舒尔特方格被认为是训练孩子注意力的一种极有效的方法。如果家长坚持每天跟孩子玩一玩，那么孩子的注意力水平可以得到大幅度提高，同时手和脑也能更协调。

## 亲子研学的实施案例

家长可以结合中国传统节日开展各种形式的亲子研学活动。比如："艾香怡人，端午传情"端午节主题亲子活动、"迎中秋，共团圆"中秋节主题亲子活动、"童心相伴，爱满重阳"重阳节主题亲子活动等等。以春节为例，可设计的亲子研学方案如下：

### 我们的春节
#### ——一年级开展春节主题亲子研学活动

新春佳节即将来临，为加强社会主义精神文明建设，推动形成社会主义家庭文明新风尚，引导一年级小朋友更好地传承和弘扬中华优秀传统文化，特举办"我们的春节"春节主题亲子研学活动。

**活动主题：** 我们的春节

**活动时间：** 2023 年 1 月 2 日

**活动地点：** 古镇

**活动流程：**

**活动一：** 游非遗馆，寻春节习俗

和爸爸妈妈一起参观游览河庄非遗馆，感受钱塘人民的春节习俗，了解钱塘的非物质文化遗产，感受钱塘浓厚的历史人文气息。

**活动二：** 读绘本故事，探年俗文化

和爸爸妈妈一起选一本与新年有关的故事绘本，了解里面的年俗文化，用喜欢的方式进行亲子演绎。

**活动三：** 置办年货，尽享年味

和爸爸妈妈一起置办年货，体验年俗文化的乐趣。

将活动放在非遗馆，让一年级小朋友在学习传统年俗文化的同时，感受传统节日的氛围，增进亲子关系。

**幸福中国行　我爱我家乡**

——一年级开展国庆主题亲子研学活动

**活动背景：**

2023 年 10 月 1 日为我国第 74 个国庆节，每一个国庆节，国家都会举行大型的欢庆仪式，以加强本国人民的爱国意识，增强国家的凝聚力。

家乡是每个人心里最深的牵挂。中国地大物博，有 34 个省级行政区，我们学校的学生也来自五湖四海，为促进学生对中国历史、文化的了解，增强民族自豪感，幸福河小学一年级以"幸福中国行　我爱我家乡"为主题开展相应的亲子研学活动。

**活动对象：** 一年级

**活动主题：** 幸福中国行　我爱我家乡

**活动时间：** 2023 年 10 月 1 日—10 月 6 日

**活动目标：**

活动以"幸福中国行　我爱我家乡"为主题，培养孩子的绘画、语言、计算、表达等多种能力和素养，促进孩子与父母的交流，促进孩子和家长对家乡文化的了解，增强民族自豪感。

**活动过程：**

（一）前期准备：和爸爸妈妈一起做好以下准备。具体见表 3-1、表 3-2

表 3-1　"幸福中国行　我爱我家乡"导学单

| 序号 | 内容 | 具体内容 | 培养能力 |
|---|---|---|---|
| 1 | 地图寻踪迹 | 在地图上找到自己的家乡，并且标注出来 | 细致观察 |
| 2 | 家乡知多少 | 收集有关家乡的资料，如家乡的美食、家乡的风景名胜、家乡的名人等 | 信息检索 |

（二）具体实施

表 3-2　"幸福中国行　我爱我家乡"项目实施清单

| 项目 | 内容 | 展示方式 |
|---|---|---|
| 项目一：家乡之行我安排 | 亲子制作：制作钟表，并能根据钟表的时间安排一天的旅游行程 | 作品展示、讲解 |
| 项目二：家乡之美我发现 | 亲子制作：以"家乡"为主题完成创意美术作品，形式（绘画、剪纸、立体工艺均可）、材料不限 | 作品展示 |
| 项目三：谁人不说家乡好 | 亲子讲解：结合地图、视频或图画，简单说一说家乡的美食、景点、名人等 | 在同一个视频中用中文或英语进行展示 |
| | 用英语表达对家乡的祝福 | |
| | 亲子歌颂：用歌唱结合手势舞的方式来表达对家乡的爱 | 视频展示 |

结合重大节日开展亲子研学活动，既促进亲子关系，又能通过家长向学生传达有关节日的历史、文化和意义，从而增强学生的历史文化意识和民族认同感，培养学生的爱国情操和文化自信。

## 亲子劳动的实施案例

家庭是学生成长的重要环境，劳动教育的有序开展离不开家庭的支持。一年级亲子劳动是一种促进家庭团结的活动，家长和学生一同参与劳动，能够加强亲子关系、培养学生的责任心和团队协作能力，也是培养学生的劳动意识、劳动能力与劳动习惯的有效途径，为有效推动与落实学生的劳动教育奠定了一定的基础。

以下是一年级亲子劳动的实施案例：

## "居家种大蒜"亲子劳动

**学习目标：**

1.通过和父母一起种大蒜，培养学生的科学探究意识，提高学生的动手实践能力，使学生能够学以致用；

2.丰富学生的劳动体验，促使亲子关系更加和谐；

3.能够满足家庭吃新鲜蔬菜的生活需求。

**实施过程：**

1.设计项目任务单，家长和孩子合力执行项目

根据前期的班级讨论情况，设计项目任务单。通过设计项目任务单的形式，明确并布置"居家种蒜苗"的活动安排。（见图3-1）

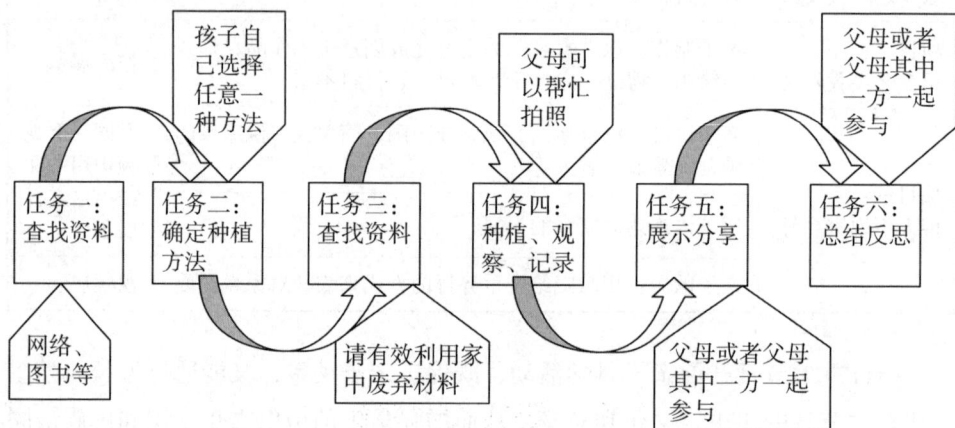

图 3-1 "居家种蒜苗"项目任务单

**学习要求：**

（1）学生和家长一起查阅各种资料，进一步了解大蒜的生长习性，以及种植大蒜的方法；

（2）学生和家长讨论，选择任意一种方法开始种植，种植大蒜的容器可以利用废旧材料；

（3）请学生每天认真观察大蒜的生长情况，并用画图的形式进行记录，也可请父母帮忙拍照记录，并妥善保管好记录的资料；

（4）一个月后在班级进行成果展示，请学生相互评价，并分享自己的收获与感想等。

2. 亲子合力，共同完成项目

对于一年级的学生来说，自主查阅资料较为困难，需要家长及时参与进来，带领学生一起通过网络、图书等途径了解种植大蒜的不同方法以及大蒜的生长习性。然后再根据家里的实际情况，选择合适的种植方法，把书上的知识迁移运用到实际生活中，以合作探究的方式解决实际问题。

3. 班级展示、评价与分享

以"我是种植小能手"为主题在班上进行展示。该任务主要包括两个环节：一是展示，二是分享。其中分享给出了明确的要求：第一，要求学生自己介绍种植过程中的人员参与和分工情况；第二，展示自己的蒜苗生长过程记录图；第三，展示蒜苗的生长情况。展示结束后，学生可以进行自我评价，也可以相互评价。

4. 总结与反思

在评价分享的过程中，有的学生发现自己种的蒜苗长得不是很高，叶子有点发黄，还有个别的学生种的大蒜没有发芽。通过交流，学生自己解决了这些问题，很多没种好的学生表示要换一种方式重新种植。还有些学生分享了自己在种植过程中发生的趣事、收获和感想等。

通过这样的一年级亲子劳动活动，学生能够在实际参与中学到知识，家长能够更好地了解学校教育，与学校共同培养学生的品格和价值观。

## 亲子阅读的实施案例

一年级亲子阅读对学生的成长具有深远影响。一年级是学生阅读习惯形成的关键时期，亲子阅读可以引导孩子接触各类书籍，激发他们对阅读的兴趣，培养终身受益的阅读习惯。家长和孩子共读、共享同一本书，也能增进彼此之间的情感交流，有助于建立安全联结，促使孩子形成健康的心理状态。

以下是一年级亲子阅读的实施案例：

### 一年级开展亲子绘本阅读活动

**活动背景：**

一年级的学生识字量有限，很多学生没有养成阅读的习惯，绘本亲子阅读能帮助学生提高识字量及语言表达能力。绘本不仅有生动的故事情节，还有丰富的自然科学、生活常识、文学、数学、历史等方面的知识，对一年级学生有特别强的吸引力，和爸爸妈妈们一起读、一起表演，又促进了亲子沟通与交流，增进了亲子关系。

**活动对象：** 一年级

**活动主题：** 温馨陪伴 悦读成长

**活动时间：** 2021 年 10 月 1 日—11 月 1 日

**活动目标：**

活动以绘本为载体，培养学生的表达、识字、绘画、审美、想象等多种文化素养，促进学生与父母的交流，增进亲子关系，提高学生识字能力，增强学生阅读兴趣。见表3-3、表3-4。

**活动过程：**

（一）前期准备：和爸爸妈妈一起做好以下准备。

表 3-3　一年级亲子绘本阅读活动导学单

| 序号 | 内容 | 具体内容 | 培养能力 |
|---|---|---|---|
| 1 | 宣传 | 教师发布活动主题，推荐适合一年级小朋友阅读的绘本书目 | 信息检索 |
| 2 | 准备绘本 | 家长带领孩子购买或者借阅相关绘本 | |

（二）具体实施方案

表 3-4　一年级亲子绘本阅读活动项目化实施清单

| 项目 | 内容 | 展示方式 |
|---|---|---|
| 项目一：亲子共演 | 1. 亲子共读绘本；<br>2. 选择最喜欢的一个故事，由亲子共同扮演书中的角色进行表演；<br>3. 将表演的视频发到班级群里，学生相互进行打分，选出班级最佳表演奖、最佳创意奖等若干奖项并进行表彰； | 1. 所有作品在班级群内展示；<br>2. 获奖视频在班级公众号上展示；<br>3. 优秀作品在班级活动现场表演 |
| 项目二：亲子共绘 | 1. 亲子共读绘本；<br>2. 选择孩子最喜欢的一本书，制作推荐宣传海报，做好书推荐；<br>3. 班级内进行评奖 | 1. 所有作品将在班级展出。<br>2. 优秀作品在班级公众号上展示 |
| 项目三：作品人物秀 | 1. 家长和孩子分别选择绘本中的一个人物进行扮演，进行一段人物的自我介绍；<br>2. 录制成视频；<br>3. 班级群内展示互评 | 1. 所有作品在班级群内展示；<br>2. 获奖视频在班级公众号上展示；<br>3. 优秀作品在班级活动现场表演 |

　　亲子共读活动可以在学期中进行，也可在寒暑假中开展。丰富的活动不仅提高了亲子陪伴的质量，也促进了学生之间的交流，对丰富学生阅读生活、增强阅读兴趣也有积极的作用。

# 附录四  一年级亲子活动实施建议

## 一、什么是亲子活动？

学生的成长离不开家庭、学校、社会等各方面的帮助。其中，家长和孩子共处的时间是最长的，良好的亲子关系是学生成长的重要前提，亲子活动是家校共育的重要途径和组织形式。亲子活动，即父母或看护者陪同孩子共同参与的一些有益于儿童成长的活动，通过活动可以促进父母与孩子之间和谐相处，促进孩子身心健康发展。

## 二、亲子活动设计原则？

**需求性**  满足学生和家长需求的亲子活动，才是适切的、有意义的活动。因此，在设计亲子活动前，需要通过问卷调查、访谈等形式，了解学生、家长的需求。只有满足家长与学生的真实需要，才能促进亲子之间情感交流与互动，才更有意义。

**目的性**  组织亲子活动，是为了促进亲子关系的发展及通过亲子活动让孩子获得知识，这些都是需要在制订活动方案时仔细考虑的。围绕一定目的开展的亲子活动，才更有意义、更有针对性。

**合作性**  亲子活动的目的是增加家长陪伴孩子的时间，提高陪伴质量，最终达到家校合作的目的。因此，亲子活动中，需要家长和学生之间相互配合、协作，这样才有助于培养学生的团队精神和合作意识，同时也让家长意识到合作对于孩子成长和发展的重要性。

**教育性**  亲子活动应具有教育意义，对家长和学生都有益。一方面培养学生社会生活能力、解决问题能力、沟通能力等，另一方面家长可以更好地了解孩子的成长需求，学习与孩子进行有效沟通，引导孩子的学习和发展，从而提升家长的教育意识和育儿技能。

**趣味性**  充满乐趣的亲子活动才广受家长和学生的欢迎，才能拥有持久的生命力，从而生发出更深刻的教育意义。充满趣味的亲子活动，让学生和家长获得快乐，同时促进亲子关系更和谐地发展。

### 三、亲子活动如何发起？

**注意事项**

\* 通过各种途径，让家长意识到亲子活动对学生成长的重要意义。

\* 采取有针对性的措施，激发家长的参与热情和积极性，促进家校工作顺利开展。

\* 通过家长会、班级群、家委会等渠道和电话、面谈等方式，及时传达教育理念、孩子表现等，同时积极听取家长的意见建议，形成双向的沟通合作关系。

**第一步，确定活动主题**

活动的主题要能吸引家长和学生积极参与，特别是一年级的第一次亲子活动。比如，在开学前一天安排"亲子游校园"活动。让学生带着学校设计的"游校园卡"，和爸爸妈妈一起逛校园，到相应的地点进行打卡。这样的活动既让家长和学生熟悉了校园，消除了陌生感，也缓解了他们的入学焦虑。

**第二步，征求家长意见**

教师在班级群中发布预通知，提前告知亲子活动的主题、时间、地点等。一方面，家长可以提前预知活动时间，做好参与准备；另一方面，教师也通过预通知，邀请家长对活动提出更好的意见，讨论方案和计划。

**第三步，制定活动方案**

根据前期准备，制定活动方案，包括活动的意义、内容、形式，以及活动的时间、地点、具体安排，等等。确保活动充分考虑到学生和家长的需求、兴趣。

**第四步，确定活动形式**

根据活动主题和学生年龄特点，确定活动的形式，可以是亲子游戏、亲子手工、亲子运动、亲子共读等等，确保活动既有趣味性，又有教育性。

**第五步，准备活动材料**

仔细考虑活动需要的物资、设备，包括活动场地的布置，需要用到的材料和道具，保障的食品饮料等，确保活动顺利进行。

**第六步，安排活动流程**

制定详细的活动流程和时间安排，包括每一个环节的内容及时间安排等，确保活动有条不紊地开展。

**第七步，总结活动经验**

活动结束后，教师要积极与家长沟通，交换彼此对活动的看法，总结活动中的得失。教师可以通过和家长聊天，或者发放意见反馈表，了解家长对活动的看法以及后续需求，力争下次做得更好。

反馈表的内容，可以是：您和孩子喜欢这次亲子活动吗？您觉得这次活动还有哪些需要改进的地方？通过这次活动，您觉得和孩子的关系是否更融洽？对于下一次活动，您有什么想法吗？……

也可以组织分享会，分享活动感受，交流育儿经验，让家长更有主人翁意识，享受亲子活动带来的快乐。

**四、亲子活动可以有哪些创新？**

在设计亲子活动时，应充分考虑家长的时间、精力、兴趣等因素，增加活动的趣味性、互动性，让家长乐于参与。

＊组织活动时要预想效果。要考虑到活动可能产生的影响，让优势最大化。

＊组织活动时要考虑学生的年龄和身心特点。比如一年级的学生，开展怎样的活动更符合家长的需求、学生的需要。

＊亲子活动可以采用直播的形式，让更多的家长观看和参与。

**五、亲子活动方案包含哪些内容？**

**注意事项**

＊亲子活动方案要吸引家长，吸引学生积极参与。

＊亲子活动方案要考虑方方面面，注意细节。

**内容一：活动主题**

为加强亲子活动的安全性，提高安全防范意识，每次活动前都需要制定安全应急预案。

**内容二：活动原则**

1.活动之前要先审批。凡组织 20 人以上的亲子活动，须向德育处报备，得到德育处的审批，未经审批不得进行活动。

2.安全教育放第一。活动前，需向所有参加活动的家庭进行安全教育，讲明具体的安全措施及疏散预案。

**内容三：紧急联系信息**

提前准备好紧急联系信息，包括学校、班主任、家长、医院等的紧急联系电话，确保在紧急情况下能够及时联系到相关人员。

### 内容四：急救措施

至少需要一名具备急救知识和技能的医护人员或其他工作人员，负责处理突发的急救情况，同时准备好急救箱和常用的急救药品。

### 内容五：安全引导

1.安全宣传　活动前的安全宣传非常重要，需要提前告知参与者活动中的注意事项，注意人身安全，遵守活动规则。

2.场地安全　对活动场地进行安全检查，确保没有尖锐物品、易滑的地面、危险的设施等存在，保障学生的安全。

3.食品安全　如果活动中包含食品和饮料，要确保食品的卫生安全，避免食品过期、受潮、受污染等情况。

4.天气安全　如果活动在室外进行，需要考虑天气因素，如高温、大风、雷雨等，制定相应的天气应对方案。

### 内容六：紧急疏散

制定紧急疏散计划，包括指定安全疏散地点、疏散路线和疏散程序等，以备紧急情况下使用。

这些内容可以作为亲子活动安全预案的一部分，通过认真制定和执行，可以有效地保障亲子活动的安全进行。

### 六、如何激发亲子活动的持续性和有效性？

注意事项

＊ 亲子活动的安排应当具有计划性，定期规划，避免随意性和临时性。

＊ 亲子活动的形式应当多样化，涉及不同领域，满足不同孩子的需求。

＊ 亲子活动的目标应当具有可实现性，确保家长和孩子都能看到活动后的成效。

＊ 亲子活动后要给予及时的反馈与鼓励，提升活动的价值感。

（一）开发家庭教育课程

利用问卷调查，收集家长在家庭教育中遇到的困难、困惑，根据问卷及家长需求开设家庭教育课程，定期召开家长学校活动，帮助家长树立正确的教育观念，掌握科学的教育方法，学会陪伴孩子健康成长。

比如，针对新生入学焦虑，家庭教育课程可以从幼小科学衔接入手，从家校配合、习惯培养、心理准备、物品准备等方面，为新生家长提供科学且实用的指导。

再比如，孩子刚上一年级，很多家长会焦虑：幼儿园没有教写字、拼音、计算，虽然暑假报了幼小衔接班，但是效果不好，孩子是"零起点"，怎么办？针对这样的问题，可以开设家长课程"孩子'零起点'，家长不用慌"，指导家长建立正确的教育观，认识和理解自己的孩子，对孩子多一点耐心，帮助孩子养成良好的学习、生活习惯，采取科学的教育方式教育自己的孩子。

一年级可开发的家长课程见表4-1：

表4-1　一年级家长课程开发案例

| 学期 | 时间 | 主题 | 主要内容 |
|---|---|---|---|
| 上学期 | 8月 | 这条路我们一起走 | 从幼小衔接入手，从家校配合、习惯培养、心理准备、物品准备等方面，为新生家长提供科学且实用的指导 |
| | 9月 | 孩子"零起点"，家长不用慌 | 指导家长建立正确的教育观，认识和理解自己的学生，对孩子多一点耐心，帮助孩子养成良好的学习、生活习惯，采取科学的教育方式教育自己的孩子 |
| | 10月 | 运动吧，让孩子更聪明 | 通过运动，锻炼孩子的身体，培养孩子坚持的品格 |
| | 11月 | 做时间的主人 | 指导家长培养孩子的时间观念，做时间的主人 |
| 下学期 | 3月 | 如何破解育儿焦虑 | 帮助家长科学育儿，解除育儿中的焦虑 |
| | 4月 | 书，最好的朋友 | 结合读书节，指导家长陪伴孩子亲子阅读，通过阅读，增进亲子关系 |
| | 5月 | 构建和谐的亲子关系 | 帮助家长与孩子和谐相处 |
| | 6月 | 游戏，点亮快乐童年 | 尝试亲子游戏，在游戏中陪伴孩子，使孩子健康成长 |

（二）开设家长课堂

家长课程是指导家长的，而家长课堂是邀请家长进校园，进班级，为学生讲课。

苏霍姆林斯基说："教育的效果取决于学校和家庭的教育影响的一致性。如果没有这种一致性，那么学校的教学和教育的过程就会像纸做的房子一样倒塌下来。"学校要为家长进课堂铺路，让更多的家长走进课堂，发挥不同家长的职业优势，助力教育。借助这样的活动，帮助家长真正走进学生的课堂，加深对学校教育的理解，提升家庭教育水平。

（三）丰富亲子活动

亲子活动，要吸引学生，吸引家长，要让更多的家长和学生期待下一次，这样的亲子活动是成功的。因此，亲子活动不能局限于不明确地"玩"，不能只是为了留下几张精彩的照片，而是要组织有主题有目标的教育活动，要让参与活动的学生、家长都津津乐道，回味无穷。

**七、适合一年级小朋友的亲子活动有哪些？**

**【案例一】亲子游园**

在一年级学生入学之前，家长带着孩子熟悉校园，在校园各个打卡点完成相应任务见表4-2。

表4-2　幸福游园表

<table>
<tr><td colspan="3" align="center">幸 福 游 园</td></tr>
<tr><td colspan="3">_____ 小朋友，祝贺你成为一名小学生。今天是你第一次正式进入小学校园，你想快点认识你的新学校吗？带着这张游园表，和爸爸妈妈一起逛校园吧！记住了，完成打卡后，一定要记得找老师盖章哦！最后有小礼物等着你呢！</td></tr>
<tr><th>打卡点</th><th>打卡要求</th><th>完成情况</th></tr>
<tr><td>校门口</td><td>第一张入学照片：请爸爸妈妈为你拍一张入学时的照片，记录下你开心、幸福的瞬间吧</td><td></td></tr>
<tr><td>自己的教室</td><td>第一次和老师见面：找到自己的教室，大声地和自己的老师打招呼，并且介绍自己</td><td></td></tr>
<tr><td>交通街</td><td>第一次走盲道：蒙上眼睛，离爸爸妈妈15米远，在爸爸妈妈声音的指引下，回到爸爸妈妈身边</td><td></td></tr>
<tr><td>……</td><td></td><td></td></tr>
<tr><td colspan="3">我的心情（可以用画图来表达）：<br><br><br></td></tr>
<tr><td colspan="3">家长的感想或建议：<br><br><br><br></td></tr>
</table>

这样的亲子活动的目的，不仅是熟悉校园，也是让父母和孩子一起游戏，

让父母更多地陪伴孩子，与孩子一起成长。

**【案例二】亲子劳动**

利用传统节日，组织家长进课堂，带着孩子包清明团子、做月饼、做灯笼等。家长可以做技术指导，指导孩子独立完成，帮助孩子获得新的劳动技能，也可以和孩子一起研制新的做法或学习新的技能。利用学校小农场，家长和孩子一起翻地、播种、施肥、浇水、收割，经历劳动的过程，感受丰收的喜悦。

针对一年级学生的年龄特点，家庭亲子劳动也可以安排如表 4-3 所示。

表 4-3　我是劳动小能手

| 时间 | 劳动内容 | 自我评价 | 家长评价 |
|---|---|---|---|
| 第一周 | 亲子好时光——衣物自己穿 | ☆ ☆ ☆ ☆ ☆ | ☆ ☆ ☆ ☆ ☆ |
| 第二周 | 亲子好时光——鞋带自己系 | ☆ ☆ ☆ ☆ ☆ | ☆ ☆ ☆ ☆ ☆ |
| 第三周 | 亲子好时光——衣物自己叠 | ☆ ☆ ☆ ☆ ☆ | ☆ ☆ ☆ ☆ ☆ |
| 第四周 | 亲子好时光——铅笔自己削 | ☆ ☆ ☆ ☆ ☆ | ☆ ☆ ☆ ☆ ☆ |
| 第五周 | 亲子好时光——笔袋自己理 | ☆ ☆ ☆ ☆ ☆ | ☆ ☆ ☆ ☆ ☆ |
| 第六周 | 亲子好时光——整理书包有秘诀 | ☆ ☆ ☆ ☆ ☆ | ☆ ☆ ☆ ☆ ☆ |
| 第七周 | 亲子好时光——蔬菜我来洗 | ☆ ☆ ☆ ☆ ☆ | ☆ ☆ ☆ ☆ ☆ |
| 第八周 | 亲子好时光——餐具我来摆 | ☆ ☆ ☆ ☆ ☆ | ☆ ☆ ☆ ☆ ☆ |
| 第九周 | 亲子好时光——餐具我收拾 | ☆ ☆ ☆ ☆ ☆ | ☆ ☆ ☆ ☆ ☆ |
| …… | | | |
| 爸爸妈妈有话说： | | | |

**【案例三】亲子公益**

亲子公益活动是为个人或社会提供义务服务的志愿者服务活动，建议活动前做好活动规划，可以用表格的形式如表 4-4。

表 4-4　"学雷锋、献爱心"义卖活动

| "学雷锋，献爱心"爱心义卖活动 | | | |
|---|---|---|---|
| | | | —（　　）小队 |
| 时间 | | 地点 | |
| 摊位设计 | | 义卖物品统计 | |
| 捐赠盈利 | | | |
| 后续安排 | | | |
| 我们的收获： | | | |
| 爸爸妈妈有话说： | | | |

　　以表 5-4 为例活动流程为：活动之前，家长和孩子一起设计本次活动的方案；活动中，家长协助孩子完成义卖活动，必要的时候进行义卖指导；活动结束后，家长帮助孩子回顾本次活动，总结得与失。

　　可以是几户家庭一起走进社区，奉献爱心，发挥社会资源，体现活动育人、协同育人。

**【案例四】亲子共读**

　　亲子共读是家长和孩子一起共同阅读的活动。鼓励家长每天抽 30 分钟左右的时间与孩子一起阅读，享受阅读的乐趣；每月一次，利用周末时间，到校园或公园等风景不错的地方开展读书分享活动；也可以开展"亲子朗读""亲子故事会"等形式的展示活动。具体方案如下。

亲子共读

——12 月亲子共读计划

孩子们，来到我们 12 月的亲子共读了。你愿意挑战自己，读更多的书，学更多的本领吗？亲爱的家长朋友们，你愿意和孩子一起爱上阅读吗？让我们一起加入 12 月亲子共读计划吧！

一、共读时间：12 月 1 日——12 月 31 日

二、共读内容：选择 1 本或几本适合自己的课外书

三、共读计划

1.亲子共读：利用睡前 30 分钟时间，亲子共读课外书。可以是"我读你听，你读我听，你我共读"等。注意读准字音，读懂句子。读完之后，相互提一个小问题，学会听，学会说。

2.亲子识字：在共读的同时，认识 3~5 个生字朋友，想办法记一记，并把它们记录在"识字本"上。日积月累，你就是这个月的识字大王啦！

3.亲子记录：故事天天读，天天新。我们可以有以下几种记录方式，你可以都选，也可以选其中一二种记录。

（1）亲子表演：和家人一起，利用家里可以利用的资源，选择一个故事或者故事中的某些片段，进行表演吧！建议用视频的形式进行记录，我们可以在阅读课时进行分享。

（2）亲子绘画：将感兴趣的故事片段或者故事中的人物，用绘画的形式记录下来，也可以在阅读课时分享哦。

（3）亲子摘录：故事中有那么多优美的语句，你是不是想摘录几句呢？建议你端正摘抄，并配上一幅既简单又漂亮的图画，也可以写写自己读后的收获。期待你的分享。

四、成果分享

12 月底的时候，我们会在阅读课上进行亲子共读分享，你可以用自己喜欢的方式开始准备了。

**【案例五】亲子运动**

亲子运动可以分两种情况，一种是家中的亲子运动，另一种是组织家长和

学生参加亲子运动会。

亲子运动的形式可以结合学生的兴趣爱好进行，如跑步、跳绳、踢毽子、踢足球、打篮球、骑行等。活动结束后家长可以填表记录，以便周期性总结。记录表示例见表4-5。

表4-5 一周亲子运动记录单

| 一周亲子运动记录单 | | |
|---|---|---|
| 学生姓名：_____ 家长姓名：_____ | | |
| 时间 | 运动内容 | 完成情况 |
| | | ☆ ☆ ☆ ☆ ☆ |
| | | ☆ ☆ ☆ ☆ ☆ |
| | | ☆ ☆ ☆ ☆ ☆ |
| | | ☆ ☆ ☆ ☆ ☆ |
| | | ☆ ☆ ☆ ☆ ☆ |
| | | ☆ ☆ ☆ ☆ ☆ |
| 本周，我和 _____ 一起参加了亲子运动打卡活动，我最喜欢的运动项目是 _____。<br>我的运动收获：_____。 | | |
| 家长感想：_____<br>_____ | | |

亲子运动会可以有很多种形式。可以是以亲子游戏为主的游园活动，也可以是主题式的"爸爸足球赛""亲子马拉松""亲子骑行"等，还可以利用周末或节假日时间走进大自然，参加爬山、徒步、户外拓展等活动。这些亲子运动不仅开阔学生的视野，也让家长之间相互影响，相互促进。

## 【案例六】亲子见证

孩子成长的重要时刻，会因为家长的参与而更富有意义，家长和孩子都会终生难忘。国庆节，可以组织"向国旗敬礼"活动，家长和孩子一起到校参加升旗仪式；建队日，邀请新队员家长给孩子戴上第一块红领巾，意义非凡；六一儿童节，家长和孩子一起参加小学的第一个儿童节……这样的时刻，共同见证，让家庭教育更和谐，让学生成长更快。

一年级入队仪式活动方案（亲子部分）

为庆祝建队日，激发队员们对红领巾的热爱之情，增强少先队员的自豪感和使命感，也为了让家长参与孩子的这一重要时刻，我校特举行一年级第二批少先队员入队仪式。

一、活动时间：10 月 13 日建队日

二、活动地点：报告厅

三、活动内容：

1. 回忆：观看纪录片，重温老下沙人围垦造地的历史。

2. 铭记：听老下沙人讲述围垦造地的艰辛（邀请某一新队员的爷爷讲述）。

3. 入队：在家长见证下入队。

家长亲自给自己的孩子戴红领巾。

家长送孩子精心挑选的礼物，写一封家书。

和孩子共读家书。

家长代表发言。

4. 留念：祝福祖国，拍照留念。

四、注意事项（略）

# 附录五　第四届国际象棋亲子联谊赛策划方案及应急预案

## 2024 年 ×× 小学第四届国际象棋亲子联谊赛策划方案

为深入推进学校阳光体育运动，提高学生思维能力，助力良好的亲子关系，×× 小学为了给爱好棋类的同学和家长提供一个自我展示和竞争提高的平台，特组织本次国际象棋亲子联谊赛。现将有关事项通知如下：

**一、活动内容**

2024 年 ×× 小学第四届国际象棋亲子联谊赛

**二、活动时间**

2024 年 4 月 16 日下午 12：30—16：20

**三、活动地点**

比赛地点：一楼餐厅。

等候地点：二楼餐厅。

**四、组织机构**

（一）领导小组

组长：周老师

副组长：汪老师、孙老师、洪老师

组员：李老师、方老师、各班班主任

（二）实施小组

组员：指导教师王老师、棋院裁判员

职责：1. 提供比赛棋具；

　　　2. 维护比赛秩序；

　　　3. 做好裁判工作。

（三）后勤保障组

组员：胡老师、赵老师

职责：1. 提供比赛场地；

2.维护场地卫生；

3.悬挂横幅（2024 年 ×× 小学第四届国际象棋亲子联谊赛）

4.准备好话筒等设备

（四）纪律维护组

组长：王老师

组员：吕老师、许老师

职责：组织学生、家长有序入场比赛、休息。

（五）各班班主任

职责：1.班主任提前一天带领学生明确场地；

2.参赛小队要提前选好队长，便于管理；

3.做好文明比赛教育；

4.明确参加项目和时间，及时告知学生和家长。

## 五、赛程安排（见表 5-1）

表 5-1　赛程安排

| 活动项目 | 活动时间 | 秩序维持 | 秩序维持 |
| --- | --- | --- | --- |
| | | 一楼 | 二楼 |
| 学生、家长准备（纪律声明） | 12：30 | 王老师、各班班主任 | 学校保安、棋院裁判员 |
| 开幕式（洪老师发言；裁判发言） | 12：30—12：40 | 王老师、各班班主任 | 学校保安、棋院裁判员 |
| 第一轮 | 12：40—13：30 | 各班班主任 | 学校保安、棋院裁判员 |
| 第二轮 | 13：30—14：20 | 各班班主任 | 学校保安、棋院裁判员 |
| 第三轮 | 14：20—15：00 | 各班班主任 | 学校保安、棋院裁判员 |
| 第四轮 | 15：00—15：40 | 各班班主任 | 学校保安、棋院裁判员 |
| 第五轮 | 15：40—16：20 | 各班班主任 | 学校保安、棋院裁判员 |
| 比赛结束 | | | |

## 六、参赛对象及报名要求

一年级各班由指导老师与各班班主任组织报名，最终确定参赛名单，报到领导小组组长周老师处详见表 5-2。

表 5-2　一、二年级分组报名对象及要求

| 年级 | 学生组 | 家长成人组 |
|---|---|---|
| 一年级 | 8 男 6 女（需分 A、B 两组）<br>A 组：4 男 3 女　B 组：4 男 3 女 | 最少 4 人 |
| 二年级 | 4 男 2 女 | 最少 2 人 |

选手报名结束后，赛程安排如有变动将另行通知各班主任。

**七、比赛形式和要求**

（一）执行中国国际象棋协会审定的 2020 版《国际象棋竞赛工作手册》。

（二）比赛采用积分编排制，根据报名人数决定比赛轮次，计个人与团体成绩。

（三）比赛时限：双方共用时 30 分钟，如对局未结束，每方各 10 分钟包干，超时判负。

（四）个人名次录取办法：按积分从高到低排列；如选手得分相同则比较各自对手分，对手分高的选手名次在前；如对手分也相同，则比较胜局、相互胜负、违例。

**八、比赛奖项设置**

（一）个人奖：男女各取前 3 名

（二）团体奖：取年级前 3 名（所有参赛选手的得分加上家长选手的成绩为本班总分）

**九、赛事组委会**

活动总策划：周老师

裁判：棋院裁判

秩序维持和选手引导：许老师、王老师

奖状颁发与制作：吕老师、王老师

奖状打印：李老师

奖状书写：余老师

成绩整理：蒋老师

拍照：许老师

宣传稿件：许老师

推送：魏老师

**十、未尽事宜，另行通知**

××小学

2024 年 4 月 4 日

## 2024 年××小学
## 第四届国际象棋亲子联谊赛应急预案

为确保 2024 年××小学第四届国际象棋亲子联谊赛顺利进行，快速、有效、有序地应对比赛中各类安全事项和突发事件，特制定本应急预案。

**一、指导思想**

本着对体育竞赛工作和青少年运动员安全高度负责的精神，加强领导，精心组织，周密安排，及时有效处理比赛期间发生的各类安全事项和突发事件，确保比赛顺利进行。

**二、总体原则**

认真贯彻执行体育竞赛有关规定，对比赛期间的安全工作，本着预防为主、科学前瞻、以人为本、及时有效的原则，坚持整体考虑、统一指挥、逐级负责、政府主导、属地管理，建立职责明确、分工协作、规范有序、资源统筹、信息共享、反应迅速的工作机制。

**三、组织领导**

（一）重大伤病事件及处理办法

1. 运动员在比赛期间出现重大伤病情况时，赛场医务人员应立即进行初步处理，并第一时间报 120 请求援助，并将伤病人员送到赛场就近的大医院进行及时救治（应事先联系好），同时组委会需迅速将事故信息报校领导。

2. 在比赛期间（赛场）出现打架事件，工作人员迅速劝架，必要时请求 110 援助，组委会及时向局领导汇报。

3. 采取有效措施，做好善后处置工作。

(二) 扰乱赛场秩序事件及处理办法

1. 针对故意扰乱赛场秩序、干扰比赛正常进行的，保安人员应及时将其驱逐出赛场。

2. 发现不良分子袭击等暴力侵害时，保安人员应及时处置，并报警 110、120 请求援助。

3. 采取有效措施，做好善后处置工作，并将情况及时向校领导汇报。

**五、其他注意事项**

1. 为了保障各项赛事安全有序地进行，赛前召开网络教练员会议、裁判员会议、工作人员会议和组委会会议，宣布组织纪律，强调安全及各种注意事项，把有关事项责任落实到人，确保措施落实到位。

2. 比赛期间，组委会各部门负责人必须在赛区和赛场；组委会各有关部门负责人在比赛期间应保持手机通信畅通，以便能够及时取得联系。

3. 比赛期间，各参赛代表队领队、教练必须到位，领队作为第一责任人，应该加强对教练员和运动员的管理和安全教育，严格遵守赛会纪律和竞赛规程，发现情况及时向组委会报告。

4. 赛事承办部门要按照体育竞赛的要求，提供比赛场地器材等各项安全保障，确保赛事顺利进行。

5. 组委会要及时公布本赛区的安全应急工作预案、相关事项的责任人、联系人姓名和电话。

6. 若发生安全事件，实行首问责任制，在场有关人员要立即进行应急处理，同时报告组委会，若有需要，立即拨打 110、120 等特服电话，请求帮助。

7. 积极处理好与学生比赛有关的其他事项。

# 后　记

　　《新手上路——一年级班主任要面对的 N 个问题（实操建议）》终于出版了。我很欣慰，也很感恩。

　　2020 年 9 月 1 日，是幸福河小学开门迎新的日子。为了迎接这一天的到来，全体教师在 8 月 18 日就报到了。一所崭新的学校，没有任何的积淀，一切从零开始。刚刚走上工作岗位的年轻班主任，是最忙碌最辛苦的一群人，他们从早到晚，忙着做各种开学准备，忙着参加学校组织的师德培训、学科专业技能培训，他们还要在夹缝中挤出时间参加新手班主任的岗前培训。

　　短短半个多月的时间，在周虹校长的指导下，我和时任德育处主任的洪玉叶副书记联手，组织班主任们进行了"一年级第一次家长会如何开""一年级新生家访怎么访""一年级教室如何布置""一年级新生幼小衔接课程如何设置""一年级规范教育怎么落实""一年级家委如何选"等一系列的培训。

　　班主任们训前查资料，训中模拟试讲，训后及时反思。通过培训，8 位新手班主任顺利走上了工作岗位。

　　尽管做了扎实的岗前培训工作，但新手班主任在实践过程中，还是遇到了不少困难。我想，立足实际，聚焦难点，开展主题研修，是班主任快速成长的快车道。于是，我们针对班主任工作难点、焦点问题开展了"班干部如何培养""如何发挥班级群的效能""家长不守群规怎么办""一年级的班级文化如何建设""一年级学生的规范如何落实""校园突发事件如何处理""突发事件后如何与家长沟通"等一系列的主题研修活动，并物化了研修成果。这些成果，成了我校一届届一年级班主任岗前培训的重要资料，减轻了一年级班主任的工作压力，让他们少走了很多弯路。

　　这些做法，加速了新手班主任的成长，在区域内有了一定的影响。工作室成员谷芳平、王怡忱、韩榕、宋铖铖、汪紫薇、张雅珊、杨赵勰等人，多次在区内做观点分享或班会课展示。我个人多次应邀到区内外兄弟学校做讲座，受到一线班主任的欢迎，老师们评价我讲的内容非常接地气，且通俗易懂可效仿、可复制。2023 年 4 月，我受邀为陕派卓越校长领导力提升研讨班暨《西部教育研究》联盟单位学术年会作了"班主任专业化建设探索"的主题报告，得到了与会专家领导的肯定。2023 年 11 月，我在浙江省小学名班主任研修班中做了"班主任专业化建设的'幸福'模式"工作室建设主题交流，得到了与会学员及专家的点赞。北京市教育科学研究院班主任研究中心项目室主任、班主任杂志社副社长、北京教育学会班主任专委会副秘书长刘京翠老师评价："张老师的做法，立足实际，立足学情，每一个点都分得特别细，具体怎么做研磨得特别透，在新班主任培养方面可以给名班主任工作室的建设带去启发、借鉴和思考。"专家的肯定，同行的认可，坚定了我们前进的步伐。

2023 年，由周虹校长负责的"实炼·模创·赛训：小学班主任场景研修方式的研究"被立为浙江省规划课题，2024 年 1 月，我负责的浙江省教师教育规划课题"四式四场：校本职级制下小学班主任研修样式的研究"顺利结题。课题成果《走向专业自信：在场景式修炼中促进小学班主任最优成长》和《场景式研修：提升小学班主任素养的现代视角》分别荣获浙江省教育科学研究优秀成果三等奖和杭州市 2024 年教育科研（综合类）优秀成果一等奖。至此，我们的研究又迈出坚实的一步。

回顾自己三十多年的班主任工作经历，一路磕磕绊绊，碰过不少钉子，走过不少弯路。我常常想：如果走上工作岗位前，就知道了班主任要做哪些事，怎么才能做好这些事，班主任工作是否就没有那么难了，也就不会有那么多人害怕当班主任了。我把出书的想法和周虹校长进行了交流，得到了周虹校长的大力支持。周虹校长鼓励我："希望我们出的书，能成为新手班主任的枕边书！"

"说干就干，干就干好！"我的出书想法也得到了工作室成员们的积极响应。哪些工作是一年级班主任最棘手的问题？对于从未做过班主任工作的老师，他们最想知道一些什么信息？老师们结合自己的成长经历，相互碰撞，探讨内容的选择、书的框架和版块设计……一次一次地讨论交流，是我们对教育实践的再反思再审视的过程，更是老师们学习成长的过程。于是，《新手上路——一年级班主任要面对的 N 个问题（实操建议）》就诞生了。

感恩幸福河小学周虹校长的引航，她以前瞻的视野和务实的作风，为我们指明了方向，给了我们前进的动力，引领着我们不断向前。没有她的细致指导，就没有我们这本书的诞生。

感恩《班主任》杂志社社长、主编，北京教育科学研究院班主任研究中心主任，中国教育学会班主任专业委员会副理事长、秘书长赵福江老师对我们的指导，并为本书倾情作序。

感恩杭州市教育科学研究所所长郑国强教授对本书的一路倾情指导。

一路走来，感谢时任浙江省教科院院长朱永祥、浙江省教科院王健敏副院长、杭州市教育科学研究院原书记院长俞晓东、杭州市教育科学研究院副院长金卫国、原钱塘区教研室教研员汪世英、钱塘区教师教育学院副院长余谦对我们研究的课题以及本书的智慧指导。感谢幸福河小学每一位参与研究的班主任，为本书提供了丰富的案例与材料。

写书的过程中，我也收获了很多感动，看到了教育人的执着和坚守。汪兴者副校长为本书的顺利出版做了大量的后勤保障工作；学校洪玉叶副书记和德育处王亦蕾主任在我们的课题研究过程中，给予了很多实践的指导；骨干教师谷芳平、高蒙爱勇挑重担，积极投入，严谨科研，为年轻老师树立了榜样；宋铖铖老师在休产假期间，仍在线上积极参与课题研究，认真撰写书稿，高质量完成了自己承担章节的编写工作；韩榕、王怡忱老师虽身兼数职，却排除万难腾出时间撰稿，丝毫没有影响书稿的质量；年轻老师汪紫薇、周芮、杨赵飚、陈晓静、章燕勤奋好学，乐于尝试，敢于突破，在写书的过程中丰富了对教育的理解，促进自我成长。

还要特别感谢浙江大学出版社编辑戴田、丁佳雯老师，他们在审读书稿时，给了我们很多建设性的建议，无论是书稿的结构，还是文字内容的处理，都给予了细致的指导和帮助。

一路走来，我们也曾跌跌撞撞，却坚定目标，铸就了坚韧的内心，为自己的教育梦想跨出了一小步。我想，也许我们的思考、我们的做法、我们的研究还不够深入，也许我们的理论也很不足，但我相信"行者方致远，奋斗路正长"，这种锲而不舍的精神一定会是我们成长路上的推进器，时光流转中，岁月沉淀的智慧与力量一定会推动着我们一直向前。

《新手上路——一年级班主任要面对的 N 个问题（实操建议）》虽成功出版，但错误与不完善之处在所难免，恳请专家、学者和广大读者批评指正。

张松珺

2025 年 3 月于杭州